T0337656

INNOVATIV
KONSTRUIEREN

SYNERGIEN IM BAUPROZESS ZWISCHEN HERSTELLERN UND PLANERN

DETAIL development　　　　seele

Impressum

mit Beiträgen von:
Herwig Barf, Dipl.-Ing. Architekt, Senior Consultant,
    Leiter Fassadentechnik, DS-Plan, Stuttgart
Stefan Behling, Prof. Dipl.-Ing. Architekt,
    Universität Stuttgart
Christian Brensing, M.A. (RCA) London,
    Freischaffender Autor und Berater, Berlin
Ömer Bucak, Prof. Dr.-Ing.,
    Labor für Stahl- und Leichtmetallbau, Hochschule München
Tim Eliassen,
    Geschäftsführer TriPyramid Structures, Boston, MA
Andreas Fauland, Dipl.-Ing. (FH) Maschinenbau,
    Geschäftsführer seele, Gersthofen
Rudolf Findeiß, Dr.-Ing.,
    SSP Sailer Stepan Partner, München
Andreas Fuchs, Prof. Architekt,
    Hochschule Rhein-Main, Wiesbaden
Günter Hartl,
    Geschäftsführer seele pilsen, Pilsen
Thorsten Helbig, Dipl.-Ing.,
    Knippers Helbig Advanced Engineering, Stuttgart
Christoph Ingenhoven, Dipl.-Ing. Architekt,
    Geschäftsführer ingenhoven architects, Düsseldorf
Michael Jurenka, Dipl.-Ing. Maschinenbau,
    Consultant Energy Design, DS-Plan, Stuttgart
Bruno Kassnel-Henneberg, Dipl.-Ing. (FH) Bauingenieurwesen,
    Produktentwicklung und Marketing, seele sedak, Gersthofen

Wolfram Klingsch, Prof. Dr.-Ing.,
    Geschäftsführer BPK Brandschutz Planung Klingsch GmbH,
    Düsseldorf
Jan Knippers, Prof. Dr.-Ing.,
    Knippers Helbig Advanced Engineering, Stuttgart
Josef Ludwig, Dipl.-Ing. (FH) Bauingenieurwesen,
    Geschäftsführer seele austria, Schörfling
Karsten Moritz, Dr.-Ing.,
    Leiter Forschung und Entwicklung, seele cover, Obing
Laura Passam,
    Westfield Shoppingtowns, London
Roland Pawlitschko, Dipl.-Ing. Architekt,
    Architekturjournalist, München
Katja Pfeiffer, Dipl.-Ing.,
    Architekturjournalistin, München
Johann Pravida, Prof. Dr.-Ing.,
    SSP Sailer Stepan Partner, München
Rebecca Rettner, Dipl.-Ing. Bauingenieurwesen,
    BPK Brandschutz Planung Klingsch GmbH, Düsseldorf
Emil Rohrer, Dipl.-Ing. Maschinenbau,
    Leiter Forschung und Entwicklung, seele, Gersthofen
Christian Schittich, Dipl.-Ing. Architekt,
    Chefredakteur DETAIL, Zeitschrift für Architektur und Baudetail
Kurt Stepan, Dr.-Ing. Architekt,
    Geschäftsführer SSP Sailer Stepan Partner, München
Ross Wimer,
    AIA Design Partner, Skidmore, Owings & Merrill, Chicago

Redaktion:
Steffi Lenzen, Dipl.-Ing. Architektin; Katja Pfeiffer, Dipl.-Ing.;
Roland Pawlitschko, Dipl.-Ing. Architekt; Sandra Reinalter,
Dipl.-Ing. (FH); Barbro Repp, M.A.; Antje Schütze, M.A.

Zeichnungen:
Daniel Hajduk, Dipl.-Ing.; Martin Hemmel, Dipl.-Ing.

Grafikkonzept und Titelgestaltung:
Cornelia Hellstern, Dipl.-Ing.

ISBN: 978-3-920034-31-7

Gedruckt auf säurefreiem Papier, hergestellt aus chlorfrei
gebleichtem Zellstoff.

DTP & Produktion:
Simone Soesters

Druck:
Aumüller Druck, Regensburg
1. Auflage 2009

Institut für internationale
Architektur-Dokumentation GmbH & Co. KG
Hackerbrücke 6, D-80335 München
Telefon: +49/89/38 16 20-0
Telefax: +49/89/39 86 70
www.detail.de

Inhalt

EINFÜHRUNG

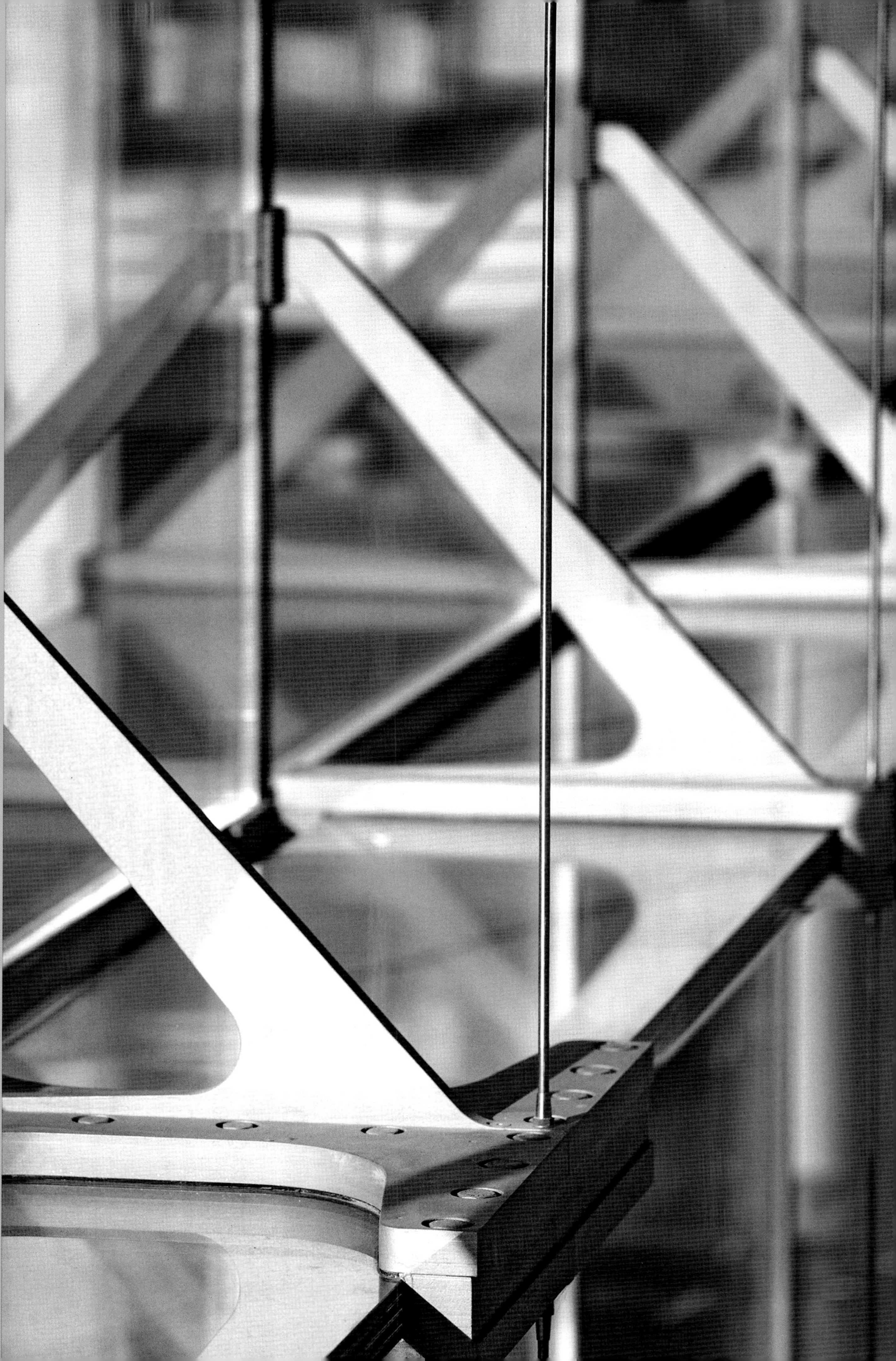

Vorwort

In der Öffentlichkeit und in entsprechenden Publikationen sind es vor allem die Architekten, eventuell noch die beteiligten Ingenieure, die als Verfasser eines Entwurfs oder Schöpfer eines spektakulären Bauwerks wahrgenommen werden. Doch was nützen diesen ihre kühnsten Ideen, wenn sie niemanden finden, der sie dann in die Realität umsetzen kann? Gerade bei den heute immer aufwendigeren Konstruktionen leisten ausführende Firmen und Industrieunternehmen mit ihrem speziellen Wissen und ihren Fertigkeiten oftmals den entscheidenden Beitrag dazu, eine Vision Wirklichkeit werden zu lassen. Dies gilt für den Konstruktiven Glasbau ebenso wie für Folien- und Membrankonstruktionen, für den innovativen Holzbau wie für filigrane Stahltragwerke oder den modernen Fassadenbau.

Wie aber können Planer das gesamte Potenzial solcher Unternehmen gewinnbringend für ihre Ziele nutzen, wie lassen sich am effizientesten Synergien unter allen am Entwurfs- und Bauprozess Mitwirkenden erzielen? Um zu herausragenden Ergebnissen zu gelangen, ist es für Architekten und Ingenieure von entscheidendem Nutzen, auch die Abläufe und Vorgänge der anderen Seite genau zu kennen: Welche Prozesse finden in einem produzierenden und ausführenden Unternehmen von der Auftragsvergabe bis zur Fertigstellung statt, welche besonderen Kompetenzen, welches spezielle Know-how sind vorhanden? Welche Möglichkeiten für Test- und Prüfverfahren existieren, woran wird gerade geforscht oder gibt es bereits Innovationen, die nur darauf warten, bei einem entsprechenden Auftrag umgesetzt zu werden? Antworten auf diese und ähnliche Fragen zu geben ist die Zielsetzung der neuen DETAIL-Reihe »development«.

Der vorliegende erste Band entstand in enger Kooperation mit der Gersthofener Firma seele, einem hochqualifizierten Spezialisten, der auf seinen Tätigkeitsfeldern stets die Grenzen des technisch Machbaren auslotet und weltweit immer dann hinzugezogen wird, wenn maßgeschneiderte Lösungen verlangt sind – im Bereich von Ganzglas- sowie Stahl- und Glaskonstruktionen, von Elementfassaden und seit einem erfolgreichen Zukauf auch im Bereich der Membrankonstruktionen.

Die Planungs- und Bauprozesse zu jeweils einem oder zwei repräsentativen Gebäudebeispielen aus den genannten Bereichen stehen, neben allgemeinen Artikeln zu konstruktiven Themen, im Mittelpunkt des Buches. Dabei schildern die wesentlichen Beteiligten Herangehensweisen und Sachverhalte aus ihrer jeweiligen Perspektive: Architekten und Tragwerksplaner, Vertreter der Bauherren, Projektsteuerer, Fassadenplaner sowie weitere Sonderingenieure und immer wieder die Verantwortlichen des ausführenden Unternehmens beleuchten konkrete Fragestellungen und die dazugehörigen Lösungen von verschiedenen Seiten – der Dialog unter den Mitwirkenden setzt sich in der Publikation fort.

Christian Schittich

1

Innovative Architektur – Forschung und Entwicklung

Stefan Behling, Andreas Fuchs, Universität Stuttgart

Prof. Stefan Behling, Senior Partner im Büro Foster and Partners, ist Direktor des Instituts für Baukonstruktion und Entwerfen L2 und Leiter des IBK Forschung + Entwicklung an der Universität Stuttgart. Forschungsschwerpunkte des Lehrstuhls: solares Bauen, Gebäudehüllen, Bauen mit Glas und Bionik.

Prof. Andreas Fuchs, Architekt, von 2001 bis 2009 wissenschaftlicher Mitarbeiter am IBK2 der Universität Stuttgart, ist Mitgründer des IBK Forschung + Entwicklung und seit 2009 Professor an der Hochschule Rhein-Main. Forschungsschwerpunkte: transparente Klebetechnologien, Glasleichtbauelemente, Konstruktiver Glasbau und integrierte Hochleistungsfassaden.

Kein anderer Bereich hat sich in der Architektur der vergangenen Jahrzehnte so stark weiterentwickelt wie der der Gebäudehülle. Die Innovationen sind dabei von unterschiedlichen Motivationen geprägt. So scheint der Wunsch nach Transparenz ungebrochen; gleichzeitig steigen die ökologischen und ökonomischen Anforderungen an die Gebäude und damit auch an deren Hüllen kontinuierlich an. Sie stellen die Planer und die ausführenden Firmen gemeinsam vor große Herausforderungen. Hier setzt seele als eine der weltweit führenden Firmen für Glas-, Stahl-, Aluminium- und Membrankonstruktionen immer wieder neue Maßstäbe.
Auf die architektonische Suche nach visuellen Effekten, neuartigen Oberflächen und Funktionen wird in den meisten Publikationen abgehoben. Die technische Umsetzung oder Realisation, die den Planer im Falle der Ausführung direkt betreffen, werden jedoch in den seltensten Fällen ausführlich thematisiert. Genau dies aber soll Inhalt des vorliegenden Buches sein.

Forschung und Entwicklung

Seit über einem Jahrzehnt arbeiten das Institut für Baukonstruktion und Entwerfen, Lehrstuhl 2, und das IBK Forschung + Entwicklung intensiv mit der Firma seele an der Entwicklung innovativer Lösungen. Immer neue Themen, die oft erst in der gemeinsamen Diskussion fokussiert werden, verlangen von den individuell zusammengestellten Teams neue und innovative Lösungsansätze. Herausgelöst aus dem Termindruck des täglichen Projektgeschäftes können wir hier gemeinsam neue Wege beschreiten. Ideen werden in unterschiedlichen Maßstäben diskutiert, von der Detaillösung bis zu strategischen Maßnahmen, die dem Werkstoff Glas völlig neue Möglichkeiten eröffnen. Im Fokus steht jedoch die Umsetzbarkeit der Konzepte, die in Form großer, begehbarer und damit erlebbarer Prototypen jeweils für die glasstechnlogy live, den Innovationsbereich der Messe glasstec in Düsseldorf, in die gemeinsame Forschung kulminiert. Jedes noch so innovative Konzept muss sich dann in der Realisierungsphase bewähren, denn nur so lassen sich zuverlässige und belastbare Ergebnisse für weitere, großmaßstäbliche Realisationen erzielen.
Die Glaskuppelkalotte der glasstec 1998 nutzt bei

einem Durchmesser von 12 m zum Beispiel das hohe Leistungsvermögen des Werkstoffes Glas konsequent als lastabtragendes, konstruktiv wirksames Bauteil. Glas eignet sich hervorragend für kontrollierte Druckkräfte. Schließlich ist die Druckfestigkeit mit 700 N/mm^2 dem Werkstoff Beton (35 N/mm^2) um das 20fache überlegen. Das statische System der Glaskuppel gleicht einem Iglu, welches im Idealfall nur auf Druck belastet wird. Das Seilsystem mit den Edelstahlknoten stellt mit seiner Vorspannung sicher, dass die Druckkräfte stets überwiegen.

Die Lust auf Forschung

Jede Innovation bedarf einer Motivation. Der Wunsch oder Wille, Lösungsansätze zu überdenken oder ganz neu zu formulieren, ist sicherlich eine Grundvoraussetzung für Innovationen. Eine weitere ist der Kenntnisstand oder schlicht das Wissen der am Prozess Beteiligten. Dies beschreibt neben der Lust am Experiment die wesentlichen Eigenschaften für eine gelungene Zusammenarbeit in Forschung und Entwicklung. Entsprechend unserer Erfahrung entstehen Innovationen in den seltensten Fällen zufällig oder gar willkürlich. Gerade im Bereich der Gebäudehülle sind die Kenntnisse über den jeweiligen Stand der Technik und die damit einhergehenden Möglichkeiten die Basis jeder weiteren Entwicklung. Gleichzeitig darf das notwendige Wissen die Experimentierfreude nicht einschränken.
Jedes Forschungsprojekt ist das Ergebnis gelungener, aber auch ebenso misslungener Versuche. Die daraus gewonnenen Erfahrungen und Erkenntnisse bilden das Fundament, um die Leistungsfähigkeit bei jedem Forschungsprojekt zu erhöhen. Darüber hinaus fließen neue Konstruktionsansätze, Fertigungstechnologien, Materialien und Inspirationen anderer Wissenschaften sowie Erfahrungen aus Realisierungs- und Forschungsprojekten ein. Aus diesem Grund engagiert sich das Institut für Baukonstruktion und Entwerfen, Lehrstuhl 2, auch seit Jahren im Rahmen der Technology-Transfer-Initiative an der Universität Stuttgart intensiv in der Forschung und Entwicklung. Die Erfahrungen aus einem Entwicklungsprojekt für ein neuartiges, konstruktiv wirksames Glassandwich konnten so in die Arbeit für die kalt gebogenen Glaselemente der Ganzglasbrücke anlässlich der glasstec 2008 einflie-

1 Entwurfsperspektive der Glasbrücke für die glasstec 2008
2 Montage der Glasbrücke
3 Glaskugelkalotte, glasstec 1998

2

ßen. Flachglas ist in die Richtung der Scheibendicke bei großen Bauteilen grundsätzlich biegeweich. Bei den Sandwichbauteilen experimentierten wir mit 3 bis 4 mm starken Flachgläsern. Diese sind bei Elementgrößen von 4 × 1 m extrem biegeweich und können im Rahmen der zulässigen Spannungen mittels einer einfachen Form einachsig gekrümmt werden. Die statisch wirksame und damit konstruktive Verklebung mit dem biegeweichen Kern und der zweiten Decklage ergibt so ein extrem leistungsfähiges, nicht thermisch gebogenes Glas-Verbundelement.

Neue Glasbiegetechniken
Nahezu gleichzeitig realisierte seele den Glasvorbau des Bahnhofes in Straßburg auf Grundlage der Planung des französischen Architekten Jean-Marie Duthilleul in Zusammenarbeit mit dem Ingenieurbüro RFR. Erstmals kamen hierbei kaltgebogene Verbundsicherheits-Glasscheiben in einer Primärkonstruktion aus 16 Stahlbögen zur Anwendung. Anstelle des von uns vorgesehenen Sandwichkernes übernimmt jedoch eine PVB-Folie die Funktion des Abstandshalters und konstruktiven Verbundes der jeweiligen Deckscheiben. Der wesentliche Vorteil liegt mit Sicherheit in der optischen Brillanz und einfachen Reproduzierbarkeit der kaltgebogenen Scheiben.

Entwicklungspotenziale
Auf Grundlage dieser Erfahrungen entstanden an der Universität Stuttgart die ersten Skizzen für eine Ganzglaskonstruktion, welche mit drei einachsig gebogenen Glaselementen eine begehbare Glasbrücke bildet und auf unterstützende Stahlelemente völlig verzichtet. Die Lauffläche besteht aus acht 4 mm dünnen Glasscheiben und die Brüstungen aus jeweils sechs 4 mm dünnen Glasscheiben. Sowohl die Laufplatte als auch eine Brüstung wurden mit gestoßen und überlappend laminierten Glasscheiben im Elementkern gefertigt. Damit entsprechen diese in ihrer Herstellungsphilosophie vielmehr dem Prinzip von Furnierschichtholz als den bekannten Elementen aus dem Konstruktiven Glasbau. Die transparenten Stoßfugen sind in einem Maße unauffällig, dass sie von den Betrachtern nicht wahrgenommen werden. Das Ziel lag keinesfalls in der Entwicklung eines Prototypen für Glasbrücken,

sondern vielmehr in dem Nachweis, welches Potenzial und welche Leistung in dieser neuen Technologie der »Schichtglasplatten« vorhanden sind. Neben ebenen Flächen, welche die bekannten Abmessungen von Floatglas (6 × 3,21 m) bei weitem übertreffen, lassen sich aus der Kombination einachsig, in Zukunft vielleicht sogar zweiachsig gekrümmter Bauteile gerade für großflächige Verglasungen von . Atrien ganz neue Entwurfsansätze ableiten.

Zusammenarbeit von Hochschulen und Firmen
Im Idealfall ist die Zusammenarbeit zwischen Industrie und Hochschule ein ständiger Dialog. Dieser muss kultiviert und gepflegt werden; es sind nicht die Institutionen, sondern die jeweiligen Personen, die miteinander kommunizieren und kooperieren. Respekt gegenüber der jeweiligen Leistung ist ein wichtiges Fundament, um die Zusammenarbeit über Jahre fortzuführen. Ein Ziel ist sicherlich, die immer neuen technischen Möglichkeiten mit den Anforderungen aus der Architektur abzugleichen und sich gegenseitig zu inspirieren und motivieren.

IBK2 Universität Stuttgart
Das Institut für Baukonstruktion und Entwerfen, Lehrstuhl 2 der Universität Stuttgart, ist unter der Leitung von Prof. Stefan Behling und Dipl.-Ing. Peter Seger, Akad. Oberrat, in der Lehre und Forschung tätig. Die Lehre der Baukonstruktion beschäftigt sich mit der Integration der Subsysteme Tragwerk, Hülle und Technischer Ausbau zum Gesamtsystem Gebäude unter den Gesichtspunkten der Funktionalität, Ästhetik, Wirtschaftlichkeit und Nachhaltigkeit. Die Erforschung neuer Materialien und die Entwicklung von neuen Bautechnologien und Bauweisen sind Schwerpunkte des Bereichs Forschung des IBK2.

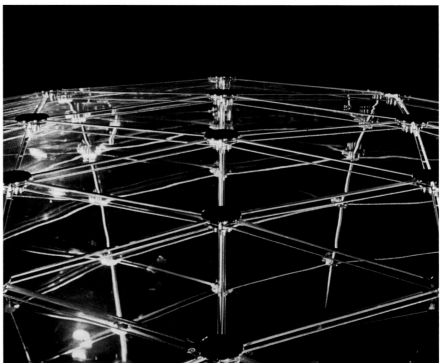

3

4

5

4   Montage der Treppenstufen des Forschungsprojekts »Ganzglastreppe« anlässlich der glasstec 2006: Dank der neuartigen, hochtransparenten Verfahren der Klebe- bzw. Laminiertechnologie scheinen die Glasscheiben auf den Beschlagteilen zu schweben – in Wahrheit bilden sie eine kraftschlüssige Einheit. Die Verbindungstechnik fügt die einzelnen Elemente zu einer tragfähigen Gesamtkonstruktion, gleichzeitig ermöglicht sie eine einfache Montage bzw. Demontage.

5   Ein wichtiger Forschungszweig in der Industrie und an Hochschulen befasst sich mit neuen Anwendungsmöglichkeiten von Membranen und Folien.

Literatur
- Sophia und Stefan Behling: Sol Power. München 1996
- Sophia und Stefan Behling: GLASS. München 1999
- Andreas Achilles, Jürgen Braun, Peter Seger, Thomas Stark, Tina Volz: glasklar. München 2003

Die Industrie findet in der Hochschule einen kompetenten und unabhängigen Partner. Nirgendwo sonst werden die aktuellen Tendenzen in der Architektur, sowohl unter gestalterischen als auch technologischen Aspekten, so intensiv diskutiert wie an der Hochschule. Seit Jahren werden bei uns herausragende Architekturbeispiele, unabhängig von ihrer jeweiligen gestalterischen Tendenz, analysiert und aufbereitet. Diese Analysen können direkt in Forschungsarbeiten einfließen und erweitern die Diskussionsgrundlage von Anbeginn. Dabei beschäftigten sich die Arbeiten der vergangenen Jahre mit einer Vielzahl unterschiedlicher Themen wie beispielsweise der Integration solaraktiver Komponenten in die Gebäudehülle, der Entwicklung einer adaptiven Gebäudehülle, transparenten Klebeverbindungen im Konstruktiven Glasbau, Produktionstechnologien für Freiformfassaden aus Metall oder Glasverbundelementen mit integrierter Lichtleittechnik.

Membran- und Folienarchitektur

In diesem Kontext ist der Trend in der Gebäudehülle zu leichten und effizienten Konstruktionen mit multifunktionalen Eigenschaften unverkennbar. Eine wegweisende Rolle spielt hierbei der Einsatz von Membranen und Folien. Diese bilden einen weiteren wichtigen Forschungs- und Entwicklungsschwerpunkt in der Industrie und an Hochschulen. Neben der Lastabtragung bietet der Hochleistungsbaustoff ETFE ökonomische Vorteile und trägt bei sinnvollem Einsatz und fachgerechter Planung zur Ressourcenschonung bei. Diese positiven Eigenschaften lassen eine zunehmende Bedeutung der Folienarchitektur in der Architektur erwarten. Entwicklungen wie z. B. mit Folien laminierte LCD-Schichten, die bei Anlegung einer Spannung ihre Lichtdurchlässigkeit verändern, Folienbeschichtungen, die bei Bestrahlung zum Leuchten angeregt werden, oder auch die Lichteinleitung an Folienschnittkanten erschließen neue innovative Anwendungsmöglichkeiten und bieten Architekten und Bauherren interessante Perspektiven.

glasstechnology live

Seit 1996 bestreitet das Institut die glasstechnology live im Rahmen der glasstec in Düsseldorf. Auf über

3000 m² sind hier die aktuellen Tendenzen im Bereich Glas, Glasveredelung, Glasbeschichtung, Architekturanwendung, Solar, Design und Fassadentechnologie zusammengefasst. Dies bietet einen unvergleichlichen Überblick und Inspiration zugleich. Die intensive Arbeit an der Ausstellung und der geführte Dialog mit den Firmen manifestieren sich unter anderem in den Buchpublikationen (z. B. Sol Power, GLASS, glasklar), die im Zuge dieser Kooperationen entstanden sind. Im Rahmen jeder dieser Ausstellungen gelang es darüber hinaus, wegweisende Konstruktionen in Zusammenarbeit mit den beteiligten Firmen und Ingenieuren zu realisieren und internationalen Besuchern zu präsentieren. Nicht zuletzt wurden drei Projekte, die Ganzglasbrücke, die Ganzglastreppe und two2one, ein Glastrennwandsystem der Firma König+Neurath, von einer Jury aus Architekten und Ingenieuren mit dem Innovationspreis Glas + Architektur ausgezeichnet.

Fazit

Ein wesentlicher Vorteil der Zusammenarbeit mit Forschungsinstituten liegt für die Firmen in der unabhängigen Kraft, die mit in die Diskussion eingebunden wird. Die Forschungsinstitute sehen sich keinesfalls als Dienstleister, sondern vielmehr als gleichberechtigte Gesprächspartner und Koordinatoren der gemeinsamen Forschungsarbeit. Innovation lässt sich nicht in einen Terminplan zwingen. Sonst könnten wir die Fragen nach der zukünftigen Energieversorgung oder der Mobilität einfach in Arbeitspapieren skizzieren und danach abarbeiten. Die Zukunft und ihre noch unbekannten Herausforderungen sind nicht vorhersehbar, aber wir können intensiv daran arbeiten und im Idealfall Lösungen erahnen, die allen Beteiligten einen Vorsprung gegenüber dem Stand der Technik ermöglichen. Wir hegen die Hoffnung, dass dieses Buch dem interessierten Leser Einblick in die spannenden Prozesse der Konstruktion, Entwicklung und Realisation wegweisender Projekte bietet. Die ernsthafte Suche nach innovativen Lösungen und Strategien bildet den gemeinsamen Nenner für diejenigen, die an Projekten beteiligt sind. Wir freuen uns auf die Herausforderungen, die uns allen die Zukunft bringen wird.

Zur Kooperation zwischen Herstellern und Planern

Christian Brensing (CB) im Gespräch mit Wolf Mangelsdorf (WM), Buro Happold

CB: Wie ist die Arbeit zwischen Buro Happold und den herstellenden Fassadenfirmen aufgeteilt?

WM: Normalerweise erledigt Buro Happold die eigentliche Tragwerks- und die Konzeptplanung der Fassade. Wenn die Arbeit zu den Baufirmen übergeht, übernehmen sie die Verantwortung u. a. für die Verbindungsdetails und die Ausführung des Stahlbaus. Wir Ingenieure dagegen setzen uns mit den jeweils spezifischen Lastanforderungen auseinander und detaillieren sie entsprechend der bisherigen Annahmen weiter. Ein guter Entwurf kann wirklich von einem frühen Hinzuziehen der Baufirmen profitieren. In einem frühen Stadium legen wir mit ihnen den Bauablauf, die Art und Weise der Konstruktion und die Materialien fest. Dies alles trägt zum Erfolg eines Projektes bei. Wir Ingenieure können uns zwar vieles ausdenken, aber bauen können wir es eben nicht ohne Weiteres – zumindest nicht in einem vernünftigen Zeit- und Kostenrahmen.

CB: Wie sieht die tägliche Arbeit im Projektteam aus?

WM: Der eigentliche Wert liegt darin, wie wir miteinander umgehen und auftretende Probleme anpacken. Ich kenne kein einziges Projekt, das von Anfang bis Ende fehlerfrei abläuft. Es gibt stets Ungereimtheiten, das Unvorhersehbare kommt immer. Entscheidend ist, wie wir dieser Unsicherheit begegnen. Am Beginn eines jeden Projektes versuchen wir, auf irgendeine Art die Zukunft vorauszusehen; zunächst mithilfe unserer Ideen und Berechnungen und später mittels Zeichnungen. Der wichtige Schritt ist dabei der Übergang von der Computerzeichnung zum real existierenden Objekt. Und gerade dieser Schritt ist nie zu 100 Prozent planbar. Ungereimtheiten können aber auch durch Meinungsverschiedenheiten auftreten oder aber in der Art und Weise, wie jemand etwas aus der Vorstellung heraus umsetzen möchte. Daher ist es sehr wichtig, von Anfang an miteinander zu kommunizieren und zu kooperieren. Nur so stecken alle von der ersten Sekunde an im Entwurfsprozess mit drin. Wir verhindern damit, dass etwas ent-

worfen wird, was so gar nicht realisierbar wäre. Es handelt sich um einen komplexen, über den gesamten Planungs- und Bauablauf währenden Abstimmungsprozess. Wenn das Unvorhergesehene passiert, zum Beispiel, wenn jemand etwas Wichtiges in seinen Planungen übersehen oder vergessen hat, geht es darum, wie wir gemeinsam mit der Situation umgehen. Eine geradlinige, konstruktive und produktive Umgehensweise ist hier die einzig sinnvolle Lösung und sichert den Erfolg des Projekts.

CB: Buro Happold ist bekannt für seine Zusammenarbeit mit Architekten. Wie kommt die Baufirma in diese Konstellation?

WM: Der Architekt legt in den meisten Fällen den Entwurf fest, entwickelt das Konzept und die Ästhetik. Wir Ingenieure sorgen dafür, dass der Entwurf auch physisch machbar ist. Der Prozess beruht auf einer Reihe von Schritten. Zunächst erarbeiten wir ingenieurtechnische Lösungen und erstellen Berechnungen. Diese beeinflussen nicht selten die Ästhetik des Architektenentwurfs. Nehmen Sie zum Beispiel das Dach über dem Innenhof des Britischen Museums in London. Zwar ist es kein Projekt von seele, aber es lässt sich an ihm sehr gut die Entwicklungsgeschichte des Knotens studieren. Ich erkenne eine Analogie im Entwurf und in der Geometrie zum Tragwerk des Westfield-Einkaufszentrums. Vom Prinzip her handelt es sich um die gleiche Art von Konstruktion, eine in Dreiecke aufgelöste Gitterschale. Das menschliche Auge kann vom Boden aus keine großen Unterschiede erkennen. Nachdem der Architekt die Arbeit des Ingenieurs nach ästhetischen Gesichtspunkten überprüft hat, werden die Baufirmen hinzugezogen. Der Austausch zwischen Architekt und Ingenieur bringt den Entwurf bezüglich der Machbarkeit voran. Dabei müssen wir besonderen Wert darauf legen, diesen bereits begonnenen Dialog mit den Firmen fortzuführen. Er entwickelt sich von der ersten Idee über den gesamten Entwurfs- und Bauprozess bis hin zum fertig gestellten Bauwerk. So kommen wir Schritt für Schritt dem endgültigen Kunstwerk näher.

Der Architekt und Bauingenieur Wolf Mangelsdorf ist seit 2002 Partner bei Buro Happold – einem internationalen und multidisziplinären Ingenieurbüro mit mehr als 30 Jahren Erfahrung und über 1600 Mitarbeitern weltweit – und leitet die Tragwerksplanungsgruppe im Londoner Büro.

Wolf Mangelsdorf zur Kooperation zwischen Buro Happold und seele
»Ich glaube, dass es einige Gemeinsamkeiten zwischen seele und Buro Happold gibt. So sind unsere Entwurfsansätze sehr ähnlich. Das heißt im Einzelnen: ein früher Austausch über das Projekt, die gemeinsame richtige Auswahl von Materialien und Tragwerkssystemen, das Zusammenstellen des richtigen Teams. Wenn wir mit Firmen dieses Formats kooperieren, dann ist das etwas ganz Besonderes: Es macht mehr Spaß, und es ist schön zu sehen, wie die eigenen Ideen weiterentwickelt werden. Ein gemeinsames Projekt ist beispielsweise das Terminal 3 des Flughafens Heathrow in London. Es zeigt, dass seele sehr gut mit den Designteams zusammenarbeitet und Lösungen von hoher ästhetischer Qualität einbringt.«

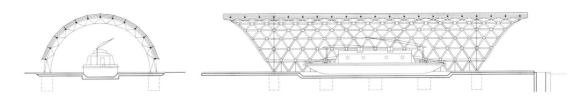

6

CB: Wie lange und bis zu welchem Punkt verfolgen Sie den Entwurfsprozess?

WM: Vom Entwurf bis zur Ausschreibung liegt die Verantwortung für den Entwurf der Tragwerkselemente bei den Ingenieuren. Danach übernehmen die Baufirmen die Verantwortung für die Ausführung und die Berechnung der Anschlüsse. Sie arbeiten den Entwurf auf Grundlage unseres Konzepts weiter aus, führen spezifische Berechnungen durch und detaillieren unsere Pläne nach ihren technischen Standards. Natürlich begleiten wir das Projekt über diesen Punkt hinaus bis zu seinem Ende. Entweder

haben wir einen Bauleitungs-Ingenieur oder wir machen regelmäßige Baustellenbesuche. Auch in den Herstellungsphasen arbeiten wir sehr eng mit den Firmen zusammen. Alle Projekte der vergangenen Zeit mit stark ausgebildeten Fassaden und Stahldetails verfolgten wir in allen Belangen so weit wie möglich weiter. Heutzutage sind das oft sehr komplexe Geometrien. Sie erfordern vom Tragwerksingenieur eine andere Art der Bearbeitung, zum Beispiel darin, wie er die Information an die Baufirmen weitergibt.

CB: Welche Entwurfsmethoden verwenden Sie bei Buro Happold?

WM: Immer häufiger bewegen wir uns von der herkömmlichen Zeichnung weg in Richtung dreidimensionale Geometrien. Unsere 3D-Modelle werden dann direkt in die 3D-Modelle der Hersteller übernommen. In einem ständigen Austausch mit Architekt und Baufirma bereiten wir die Information vor. Dann schreiben wir das Projekt aus und bestimmen eine ausführende Firma. Wir arbeiten so lang zusammen, bis wir klare Informationen über den Herstellungsprozess gewonnen haben. Komplexe Geometrien haben sehr oft ebenso komplexe Definitionen von Schnittstellen. Es geht hier im Wesentlichen um Koordinatentransfer und die Übermittlung von dreidimensionalen Formen. Sehr oft liegt es an der Software, welche die Herstellung verwendet. Unsere gesamte Information wird daraufhin zugeschnitten, so dass sie die Firma schnell und einfach übernehmen kann. In der Regel entwickeln wir bereits in der Entwurfsphase die ersten Details. Unsere Vorstellungen sollten daraufhin weiterverfolgt werden und nicht auf dem Weg verloren gehen. Grobschlächtige Details lassen sich sehr schnell entwickeln. Für elegante und ausgereifte Lösungen jedoch ist eine erstklassige Firma nötig. Meiner Ansicht nach arbeitet seele in diesen Fällen mit einer ganz besonderen, der Situation angemessenen Finesse.

Alles ist letztendlich eine Frage der Haltung. Wir brauchen die geeigneten Leute, die den Wert darin erkennen, dass wir durch eine frühe Entwurfsbeteiligung schließlich ein besseres Endprodukt erhalten.

7

Im Porträt

Christian Schittich (CS) im Gespräch mit Gerhard Seele (GS) und Siegfried Goßner (SG)

CS: Die Firma seele ist jetzt 25 Jahre alt. Wie kam es seinerzeit zur Gründung des Unternehmens, wie zur Partnerschaft zwischen Gerhard Seele und Siegfried Goßner?
GS: Gegen Ende der 70er-Jahre erhielt ich als Geschäftsführer einer Glaserei mit sechs Mitarbeitern Verglasungsaufträge von einer Augsburger Stahlbaufirma. Es handelte sich dabei um das kittlose Verglasen von Stahlkonstruktionen. Herr Goßner war damals technischer Projektleiter bei unserem Auftraggeber. So waren wir über Jahre hinweg zusammen mit dem gleichen Thema unterwegs. Es zeigte sich jedoch relativ schnell, dass das Interesse eines Stahlbauunternehmens mehr auf Tonnagen ausgerichtet war als auf eine langfristige Entwicklung von funktionierenden Fassadenkonstruktionen. Von dieser Erkenntnis bis hin zur Gründung eines eigenständigen Unternehmens dauerte es dann nicht mehr lange.

CS: 1983 gründeten Sie Ihre gemeinsame Firma. Wie waren die Aufgaben zwischen Ihnen beiden verteilt?
GS: Herr Goßner war für die Technik, insbesondere für den Stahlbau verantwortlich; ich selbst übernahm den kommerziellen und den glastechnischen Part. Dieser ist mir auch bis zum heutigen Tage innerhalb der Geschäftsführung der seele holding geblieben.
Was die Technik angeht, so war unser Zusammenschluss eine Symbiose, wie sie besser nicht sein konnte: Konstruktiver-Stahlbau-Wissen traf auf Glas- und Metallbauerfahrung. Unsere Philosophie war es, dem Kunden Leistungen aus den Bereichen Stahl-, Alu- und Glasbau komplett anzubieten und die Mitte der 80er-Jahre noch vielerorts gängige Aufteilung in Einzelgewerke durch eine Offerte aus einer Hand zu ergänzen. Es zeigte sich recht schnell, dass unser ursprüngliches Ansinnen, eine etwas größere Schlosserei für den vorgenannten Komplettbereich aufzubauen, nicht der richtige Maßstab war, da sich durch das von Siegfried Goßner geleitete technische Büro ganz andere Möglichkeiten auftaten. Bereits am Anfang erhielten wir Projektaufträge im sechs- bis siebenstelligen

Bereich. Die Firmenstruktur hinkte logischerweise dem Vertriebserfolg weit hinterher.

CS: Welche Wechselbeziehung gab es zwischen den Aufträgen und dem Ausbau der Produktionskapazität?
GS: Eine im Jahr 1984 angemietete Halle mit 500 m² Fläche war nach Monaten wieder zu klein. Die Diskrepanz zwischen der Erscheinung der Firma nach außen und der noch nicht vorhandenen »inneren Größe« wurde immer mehr zum Vabanquespiel. Besuche von Architekten und Bauherren mussten wir damals mit allerhand Tricks vermeiden, damit die noch kleine Mannschaft nicht augenscheinlich wurde. Für die weitere Expansion benötigten wir also dringend einen speziell auf unsere Bedürfnisse zugeschnittenen Hallenneubau. Der Aufbau der Belegschaft, die Vorfinanzierung der nicht gerade kleinen Projekte und der nun anstehende Neubau waren finanziell kaum zu bewältigen, denn die Banken waren ausgesprochen zurückhaltend. Über die Volumina von kleinen Privatkrediten und Bausparbriefen ging deren Engagement kaum hinaus. So entpuppte sich die Kapitalbeschaffung, insbesondere die kurzfristige Liquidität, als enorme Expansionsbremse. 1984 wurden bei einem Unwetter, dem »Münchner Hagel«, zigtausende Quadratmeter Fensterscheiben schlagartig zerstört. Wir erkannten unsere Chance und entsandten umgehend jeden, der schon einmal einen Glasschneider in der Hand hatte oder ein Kittmesser führen konnte, nach München, auch wenn es sich um keine Fassadenbauaufgabe, sondern um ganz konventionelle Glasreparaturen handelte. Auch ich tauschte das Geschäftsführer-Jackett wieder mit dem Berufsmantel und beschaffte wochenlang »kurzfristige Liquidität«. Da die laufenden Großprojekte ebenfalls positive Zahlen brachten, war der Neubau im Jahr 1987 möglich. Kaum eingezogen, waren die über 1000 m² große Halle und das angeschlossene technische Büro flächenmäßig schon wieder zu klein, sodass wir im Jahr 1989/1990 weitere 10 000 m² an Produktionsfläche hinzubauen mussten. Gerade die Entwicklung der beheizten Fassade machte großflächige Fertigungsbereiche notwendig, insbesondere im Bereich der Lackierung.

Firmengeschichte
1983 bündeln der Glasermeister Gerhard Seele und der Stahlbaukonstrukteur Siegfried Goßner ihr Know-how in einem gemeinsamen Unternehmen in Gersthofen. seele setzt von Anfang an neueste Entwicklungen in seinen Projekten ein und entwickelt schon im ersten Betriebsjahr eigene Patente. Regionalen Bauten folgen sehr schnell deutsche Großprojekte wie die Leipziger Messe. Zehn Jahre nach der Gründung hat seele seine Mitarbeiter- und Umsatzzahlen bereits verzehnfacht. Mit dem Ziel der Internationalisierung werden 1994 eine Firma in Österreich sowie Verkaufsniederlassungen in Frankreich und Großbritannien gegründet. 1996 folgt die Gründung einer zusätzlichen Produktionsstätte in Pilsen sowie 2001 der Start in den USA. Auch der Stammsitz in Gersthofen wächst kontinuierlich. Im Zuge intensiver Forschungs- und Entwicklungstätigkeit im Glasbau erhält dieser Bereich 2004 eine Produktionshalle. 2007 wird dann mit seele sedak ein Unternehmen gegründet, das sich auf Ganzglaskonstruktionen und hochwertige Glasprodukte konzentriert. Mit dem Zukauf der covertex GmbH erweitert seele im August 2007 seine Produktpalette um Membran- und Gewebekonstruktionen; neben dem Stammsitz in Obing gehört ein bedeutender Produktionsstandort in Shanghai zu diesem Geschäftsfeld. 2008 entsteht in Gersthofen ein neues Verwaltungsgebäude, zeitgleich wird dort eine Fertigung für Aluminium-Elementfassaden aufgebaut. 2009 erweitert seele die Produktionskapazitäten am Heimatstandort mit dem Bau einer großen Halle für den innovativen Glasbau. Im gleichen Jahr wird covertex unter dem Namen seele cover in den Firmenverbund integriert.

CS: Und dann folgte auch gleich die Expansion ins Ausland?

SG: Ja, bereits 1993 erschlossen wir die Märkte in Hongkong und England und in weiterer Folge in Amerika und Frankreich. Auch in diesen Märkten war die tragende Säule – und dies ist sie bis zum heutigen Tag geblieben – die investitionsfreudige Haltung der Gesellschafter. Sie beschränkt sich nicht auf Gebäude und Maschinen, sondern fördert insbesondere die Weiterentwicklung von innovativen Ideen. Ziemlich nahe am Puls der Zeit zu sein war die Devise und sie ist es auch noch heute.

CS: Welche sind Ihre wichtigsten Innovationen?

GS: Herausragend waren sicherlich die schon erwähnte beheizte Fassade sowie die selbsttragenden Glasdachkonstruktionen ohne stützenden Stahlbau, aber auch die serienmäßige Fertigung von Elementfassaden im Hochhausbau in einer minutiös geplanten und vorbereiteten Produktionslinie. Ein weiterer hochinteressanter Innovationsbereich ist die Herstellung von selbsttragenden Glaselementen bis zu einer Länge von 15 m und die Möglichkeiten der Glas-Glas-Verbindungen mit einlaminierten Halteelementen. Vorgefertigte, kaltgebogene Scheiben, die sogar in gewissen Grenzen sphärische Biegungen ermöglichen, sind heute unsere tägliche Herausforderung.

CS: Wie profitiert schließlich die Architektur von diesen Innovationen?

GS: Es wäre vermessen, von einem direkten Einfluss unsererseits auf die Architektur zu sprechen. Allerdings können wir die ungeahnten Möglichkeiten von Stahl- bzw. Glasfassadenkonstruktionen in statischer und bauphysikalischer Hinsicht aufzeigen. Deshalb ist es notwendig, unser Knowhow durch zielgerichtete Investitionen in neuartige Anlagentechnik anwendbar zu machen. Ich denke hierbei insbesondere an übergroße ESG-VSG-Isolierglasscheiben, die flach oder als gebogene Einheit neue Architekturen ermöglichen. Hierbei wird es auch wichtig sein, eine Verbindungstechnik zu entwickeln, die Glasstrukturen ohne überdimensionale Unterkonstruktionen gewährleistet. Ich denke aber auch an hochfunkti-

onale Elementfassaden für den Hochhausbau. Auch in diesem Bereich arbeiten wir an der Reduzierung der Tragstruktur ohne Einschränkung des Leistungsspektrums. Die dazugewonnene Nutzfläche wäre ein guter Beitrag in formaler, aber auch in wirtschaftlicher Hinsicht.

CS: Welche Rolle spielt in Ihrem Schaffen der Computer?

SG: All die genannten Neuerungen wären natürlich in ihrer Perfektion nur die halbe Miete, wenn nicht computergestütztes Zeichnen im dreidimensionalen Bereich mit direkter Maschinenanbindung möglich wäre. Der Weg vom Zeichnen in die neue Richtung hin zum Modellieren ist der Anfang einer neuen Epoche mit noch nicht bis ins letzte Detail absehbaren Möglichkeiten. Die oftmals aufwendigen Geometrien moderner Bauwerke können nur umgesetzt werden, wenn wir die Architekturmodelle in unseren Rechnern weiterentwickeln. Die vorgegebenen 3D-Modelle arbeiten wir statisch und fassadentechnisch weiter aus, sodass der Architekt am Ende des Vorgangs sein eigenes Modell einschließlich der fassadentechnischen Umsetzung als dreidimensionale Zeichnung zurückerhält.

CS: Das klingt nach einer engen Kooperation mit den beteiligten Planern.

SG: Dass diese integrierte Vorgehensweise eine besondere Zusammenarbeit zwischen Architekt oder Ingenieur und der ausführenden Firma notwendig macht, erklärt sich von selbst. Man kann sogar von der Notwendigkeit einer partnerschaftlichen Zusammenarbeit sprechen, damit die Architekturvisionen im Bereich wirtschaftlicher Baubarkeit bleiben. Meine persönliche Vision ist die Schaffung einer speziell geschulten Task Force, die im Unternehmen vorgenannte Themen permanent weiterentwickelt und demzufolge in kurzer Zeit technische Lösungen erarbeitet, die nicht nur neuartig, sondern auch wirtschaftlich machbar sind. Denn was wäre die technische Machbarkeit, wenn man sich diese aus wirtschaftlichen Gründen nicht leisten kann? Ich erforsche und entwickle deshalb mit einer Gruppe von zehn CAD-Technikern und Mathematikern Lösungen,

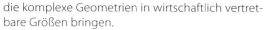

die komplexe Geometrien in wirtschaftlich vertretbare Größen bringen.

CS: Gab es Begegnungen mit Ingenieuren und Architekten, die Sie besonders beeindruckt und in Ihrem Schaffen beeinflusst haben?

SG: Ich möchte nicht einzelne Personen oder Büros herausgreifen, da wir persönlich im Lauf der Jahre mit Dutzenden von Ingenieuren und Architekten eine enge Zusammenarbeit gepflegt haben. Beeindruckend allerdings war, wenn oftmals von Ingenieuren und Architekten Visionen an uns herangetragen wurden, die ich auf den ersten Blick am liebsten als zu abgehoben eingestuft hätte, die sich bei näherer Auseinandersetzung jedoch als durchaus umsetzbar erwiesen. Ich denke hierbei insbesondere an die Anfänge der Seil- und Schalentragwerke, aber auch an selbsttragende Glasstrukturen und Konstruktionen. Vieles davon ist in den 90er-Jahren als revolutionär und demzufolge als nicht realisierbar definiert worden. Und trotzdem haben wir in akribischer Kleinarbeit Detail für Detail konzipiert und durch Berechnungen und Tests die nötigen Nachweise in statischer und bauphysikalischer Hinsicht erbracht. Jetzt ist das mühsam Erarbeitete zum »Stand der Technik« geworden.

CS: Welchen Stellenwert räumen Sie dem Thema Nachhaltigkeit ein?

GS: Nachhaltigkeit spielt für uns auf drei unterschiedlichen Gebieten eine große Rolle. Im Bereich der Technik ist sie nur durch permanente Forschung und Entwicklung zu erlangen. Dazu müssen wir die Budgets für die auftragsunabhängige Forschung den Erfordernissen der internationalen Märkte anpassen. Dies erfordert zudem Investitionen in die entsprechenden Mitarbeiter, aber auch begleitende Investitionen in Anlagen und Gebäude, sodass aus einem gesunden Mix eine – ich möchte fast sagen – natürliche Dynamik entsteht. Eine weitere wichtige Komponente zur Umsetzung von Nachhaltigkeit ist die Stärkung der Wirtschafts- und Ertragskraft der Einzelunternehmen im Konzern. Sie gewährleistet eine hohe Bonität der Gesamtgruppe. Eine wesentliche Rolle spielt hierbei die Stärkung des Eigenkapitals.

Durch sie stehen die notwendigen Finance Facilities zu jeder Zeit ausreichend zur Verfügung. Zu guter Letzt realisieren wir auf Management- und Gesellschafterebene eine strukturelle Nachhaltigkeit. Die Gründer und Gesellschafter, Siegfried Goßner und ich, sind vor zwei Jahren aus dem operativen Management ausgeschieden. Die gesamte seele-Gruppe mit den Standorten in Gersthofen (D), Schörfling (A), Obing (D), London (UK), New York (USA), Strassbourg (F), Pilsen (CZ), Shanghai (VRC) and Dubai (UAE) wird jeweils von einem unabhängigen Management geführt, das sich gegenüber der Holding verantwortet. Die übergeordnete Holding nimmt im Wesentlichen Controlling-Aufgaben wahr, setzt die Konzernziele fest und entscheidet über die Mitarbeiter im Bereich des Managements. Diese kontrollierende, aber auch visionäre Einheit ist in meinen Augen ein wesentlicher struktureller Beitrag zur Erreichung von Nachhaltigkeit.

CS: Und wie sehen Ihre Visionen für die Zukunft aus?

SG: Unser wichtigstes Ziel hat Gerhard Seele bereits besprochen – die Nachhaltigkeit. Unter diesem Schlagwort lassen sich all unsere Ziele zusammenfassen. Visionär wäre meiner Ansicht nach das Ziel, exorbitante Leistungen und Erfolge konservieren zu können, um die darin liegende Schöpfungskraft erneut zum richtigen Zeitpunkt abzufordern. Aber wahrscheinlich reicht auch eine weniger philosophische Vision: das Glasdach als membranartige Konstruktion ohne separate Unterkonstruktion.

GS: Um unser Produktportfolio Stahl-Glas-Fassaden und -Dachkonstruktionen, großflächige Elementfassaden wie auch Glas-Glas-Konstruktionen noch zu ergänzen, haben wir den Produktbereich um die Membrankonstruktionen erweitert. Die transparenten ETFE-Membranen erfahren zurzeit eine boomartige Entwicklung, die sicherlich durch das Projekt Allianz Arena weltweit Geltung erlangt. Der Blick nach vorne zeigt eine in allen Bereichen gut aufgestellte Firmengruppe, die bestimmt auch noch in den nächsten Jahrzehnten ein erfolgreicher Partner für Architekten und Bauherren sein wird.

Gerhard Seele

Gerhard Seele wird 1955 in Augsburg geboren. Während seiner Kindheit gründet sein Vater, Wilhelm Seele sen., die Glaserei Seele in Augsburg. Mit 16 Jahren beginnt Gerhard Seele seine Lehre als Glaser im elterlichen Betrieb, den er mit 20 Jahren nach dem Tod seines Vaters übernimmt. Nach der bestandenen Meisterprüfung für das Glaserhandwerk errichtet er ein neues Geschäftshaus, zwischen 1981 und 1983 folgen die ersten Kleinaufträge im Bereich Metall- und Glasbau. Ende 1983 gründet Gerhard Seele zusammen mit Siegfried Goßner die Firma seele in Gersthofen.

Siegfried Goßner

1954 wird Siegfried Goßner in Emersacker geboren. Von 1968 bis 1972 absolviert er eine Lehre als Technischer Zeichner im Bereich Stahlbau bei Stahlbau Beck in Augsburg, wo er nach Abschluss der Lehre übernommen wird. 1982 eröffnet er sein eigenes Konstruktionsbüro für Stahlbau und erhält im selben Jahr den ersten Auftrag der Firma Glas Seele. Seit 1983 ist Siegfried Goßner Partner von Gerhard Seele.

STAHL-GLAS-KONSTRUKTIONEN

European Investment Bank, Luxembourg

Detail im Gespräch mit Enzo Unfer (EU), EIB

Detail: Herr Unfer, Sie haben als Vertreter des Bauherrn das Neubauprojekt von der Wettbewerbsausschreibung an begleitet. Was waren die Anforderungen an das architektonische Konzept?
EU: Entwurf und Entwurfsarchitekt wurden im Oktober 2002 durch einen anonymen Wettbewerb einstimmig gewählt. Der Wettbewerb unter dem Vorsitz des Spaniers Ricardo Bofill beinhaltete eine Vorwahl und zwei Wettbewerbsrunden. Für die Wahl entscheidend waren einerseits die Erfahrung und Qualifikation, die das Büro mitbrachte, andererseits das geplante Budget und die Umweltkriterien. Die Vorgabe, die wir den Architekten machten, war, ein Gebäude zu entwerfen, das »schlicht, funktional, transparent und umweltfreundlich« ist.

Detail: Was waren die Hauptgründe, die für Ingenhovens Entwurf sprachen?
EU: Die Wahl fiel auf ingenhoven architects, weil sie durch ihren Verdienst als Büro und durch einen architektonisch innovativen Entwurf im städtischen Kontext überzeugten, der mit der Umgebung des Kirchbergs in Einklang stand. Die Tatsache, dass der Entwurf der Nachhaltigkeit und der Energieeinsparung einen großen Stellenwert einräumte, sprach natürlich auch für sie. Der Vorschlag entspricht den aktuellen europäischen Umweltrichtlinien und übertrifft diese sogar zum Teil.

Detail: Das Gebäude wurde im Juni 2008 eingeweiht und im darauf folgenden Winter vollständig bezogen. Entspricht es Ihren Erwartungen?
EU: Der Erfolg des Gebäudes lässt sich einerseits an der Zufriedenheit seiner Nutzer messen, andererseits daran, wie effizient und wirtschaftlich es ist. Der Neubau rühmt sich seiner Fülle an natürlichem Licht und der natürlichen Durchlüftung; jedes Büro ist mit einer Bedienerkonsole ausgestattet, an welcher der Nutzer die Temperatur, die Sonnenstores und das Licht nach seinen Bedürfnissen einstellen kann. Das innovative Energiekonzept garantiert die Temperaturregulierung im Gebäude. Sie hilft dabei, die Temperatur an heißen Tagen niedriger und an kalten Tagen höher zu stellen. Alle Büros verfügen außerdem über Schallschutzmaßnahmen wie schallabsorbierende Teppichböden anstatt Holzböden. Die Transparenz des Gebäudes und das Gefühl der Offenheit reflektieren die Transparenz der Institution der EIB als Ganzes. Jede Anstrengung der beteiligten Planer und Firmen, die unternommen wurde, diente dazu, ein Gebäude zu schaffen, das den höchsten Standards in puncto Umweltfreundlichkeit entspricht. Die Antwort der Mitarbeiter darauf ist allgemein positiv. Wir gehen davon aus, dass der Gesamtenergieverbrauch wesentlich niedriger sein wird als bei herkömmlichen Bauten gleicher Größe. Nichtsdestotrotz hängt der Energieverbrauch des Gebäudes an einem gut kontrollierten und optimierten Betrieb. Dieser muss in der laufenden Nutzung bestätigt und angeglichen werden; es gibt dafür eine gewisse Anpassungsphase. In der Praxis werden nur Zeit und die aktuelle Performance zeigen, wie energieeffizient das Gebäude wirklich ist.

Detail: Wie kam es zur Idee eines nachhaltigen Neubaus?
EU: Das Gebäude reflektiert die Ziele der EIB, die einen wesentlichen Teil ihrer finanziellen Mittel für Projekte bereitstellt, welche die Umwelt schützen und die Folgen des Klimawandels bekämpfen. Mit der Investition in »grüne« Architektur haben wir dies an einem eigenen Vorhaben bewiesen.

Detail: Sind Investitionen in nachhaltige Architektur eine sichere Anlage?
EU: Der Vorteil, in nachhaltige Architektur zu investieren, liegt darin, dass das Gebäude deutlich länger »lebt«. In diesem Sinne ist die Investition in nachhaltige Architektur eine sichere Anlage. Im Fall des Neubaus der EIB verursacht die große Glaskuppel höhere Wartungskosten. Diese Mehrkosten werden allerdings teilweise durch die Gewinne wettgemacht, die das Glasdach mit seinem Maximum an natürlicher Belichtung und der Reduzierung des Energieverbrauchs generiert. Meiner Ansicht nach ist es heutzutage ein Muss, in nachhaltige Architektur zu investieren – irrelevant, um welche Art von Konstruktion es sich handelt. Damit tragen wir dazu bei, einen auch für die kommenden Generationen lebenswerten Planeten zu schaffen.

Enzo Unfer (MBA) leitete zwischen 2001 und 2008 als Vertreter des Bauherrn das Neubauprojekt. Seit der Einweihung ist er verantwortlich für das Facility Management aller EIB-Einrichtungen.

Ziele der European Investment Bank
Die EIB wird 1958 unter dem Trade of Rome als längerfristige Finanzinstitution der späteren Europäischen Union gegründet. Ihre Mission ist es, die EU-Politik durch Finanzierungen zu stärken. Seither hat die EIB rund 600 Mrd. Euro für Projekte der EU-Mitgliedsstaaten, -Partner und -Kandidaten zur Verfügung gestellt. Außerhalb der EU ist die EIB in mehr als 150 Ländern aktiv. Sie bildet die finanzielle Stütze für Projekte im privaten Sektor, in der Infrastrukturentwicklung, der Sicherheit der Energieversorgung und der Nachhaltigkeit.

Geschichte der EIB-Bauten
Erster Sitz der Bank in Luxembourg ist 1968 ein Gebäude an der Place de Metz. 1980 zieht die Bank in einen neuen, für 800 Mitarbeiter ausgelegten Hauptsitz der Architekten Denys Lasdun Partnership auf dem Kirchberg ein. Denys Lasdun realisiert auch den für 300 Beschäftigte konzipierten Erweiterungsbau von 1994. Der Wettbewerb für den Neubau wird 2002 ausgeschrieben. Die offizielle Einweihung des neuen EIB-Sitzes findet am 2. Juni 2008 statt.

Ausschreibung des Neubaus
Nach der Phase der Vorqualifikation im Sommer 2004 erfolgt im September 2004 die Ausschreibung. Die Submission findet im November des gleichen Jahres statt. Der Generalunternehmer wird im März 2005 beauftragt, zwei Monate später die Firma seele.

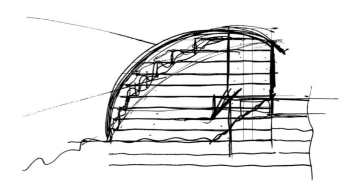

Entwurfsplanung und Ausführung

Christian Ingenhoven, ingenhoven architects

1985 gründet Christoph Ingenhoven das Architekturbüro ingenhoven architects.
Das Düsseldorfer Büro hat zahlreiche Preise in nationalen und internationalen Wettbewerbsverfahren gewonnen, darunter 30 erste Preise und mehr als 60 Auszeichnungen für realisierte Projekte.

Ein röhrenförmiges Glasdach überspannt vollständig das gesamte neue Verwaltungsgebäude der Europäischen Investitionsbank (EIB) in Luxemburg. Es erweitert die bestehenden Bauwerke auf dem Kirchbergplateau. Zwischen dem Boulevard Konrad Adenauer und dem Val des Bons Malades gelegen, bietet der Erweiterungsbau 72 500 m² Bürofläche für bis zu 900 Mitarbeiter und zentrale Einrichtungen für den gesamten Campus.

Das 13 000 m² große Glasdach garantiert ein Maximum an Tageslicht und Transparenz. Der zickzackförmige Grundriss des eigentlichen Bürobaukörpers unterhalb des 170 m langen und 50 m breiten Daches ermöglicht die gleichberechtigte Anordnung der Büroräume und unterstützt auf positive Weise interaktive und kommunikative Prozesse. Das Wohlbehagen der Nutzer zu erhöhen – beispielsweise durch zu öffnende Fenster mit Ausblick in Gärten und Atrien – kommunikative Räume oder eine flexible und transparente Arbeitsumgebung zu schaffen sind Aspekte, die wir stets bei unserer

Entwurfsgestaltung berücksichtigen. Wesentliche Grundlage und integraler Bestandteil unserer Konzepte sind die Mikroklimata in »Pufferzonen«, verschiedene Arten von warmen und kühlen Atrien, Doppelfassaden, eine vorrangig natürliche Be- und Entlüftung sowie die Aktivierung der thermischen Masse der Betongeschossdecken.

BREEAM-Zertifizierung

Die Anerkennung der ökologischen Qualität des Neubaus im Rahmen der BREEAM-Zertifizierung mit »excellent« stellt nicht nur für uns eine Auszeichnung dar, sondern auch für den Bauherrn und unsere Planungspartner, die diesen arbeitsintensiven Weg unterstützt haben. Der Schlüssel zum ökologischen Konzept sind das Glasdach und die V-förmigen Atrien. Die Wintergärten zur Talseite hin sind unbeheizt und haben die Aufgabe von Klimapuffern. Im Gegensatz dazu dienen die Vorhallen auf der Seite des Boulevards der Erschließung und sind temperiert. Sowohl die Wintergärten als auch die

»warmen« Atrien werden über Klappen in der Fassade natürlich belüftet.

Ausführung

Die EIB ist unser erstes mit seele realisiertes Projekt. Die Einbindung der Firma erfolgte als Subunternehmer im Generalunternehmervertrag, der an Vinci CFE vergeben wurde. Das Leistungspaket von seele umfasste im Fassadengewerk primär die gebogene Dachkonstruktion und die Seilfassaden inklusive der hierfür erforderlichen Fischbauchträger. Die im Rahmen der Ausschreibung zur Verfügung gestellten planerischen Grundlagen des von Ingenhoven als Generalplaner geleiteten Teams wurden für die Stahlbaukomponenten durch Werner Sobek und für die eigentliche Hülle von DS-Plan erbracht. Die Ausschreibung erfolgte auf Grundlage des Entwurfs mit wesentlichen Leitdetails. Die Verantwortung für die Ausführungsplanung und die weitere Detailentwicklung oblagen dem Generalunternehmer und seinen Subunter-

nehmern, somit auch seele. Im Rahmen des Angebots unterbreitete das Gersthofener Unternehmen einen Sondervorschlag, die notwendigen Montagestöße der Dachkonstruktion als Schraubverbindungen auszuführen und nicht zu verschweißen. Dies führte zu einer Optimierung des Montageprozesses. Dieser Vorschlag basiert auf spezifischem technischem Know-how von seele. Zur weiteren Qualitätssicherung und Detailfindung erfolgte die vorher definierte Musterstellung eines wesentlichen Fassadenteils in Gersthofen. Handmuster aller weiteren, für das Projekt extra hergestellten Komponenten wie zum Beispiel die Aluminiumgussknoten und Edelstahl-Punkthalter ergänzten die technische Überwachung vor Beginn der Produktion. Der Planungs- und Bauprozess geschah auf Grundlage des gemeinsamen Ziels von Planer und ausführender Firma, ein außergewöhnliches, technisch einwandfreies und ansprechendes Ergebnis produzieren zu können. Dieses Ziel wurde erreicht.

Baudaten
Architekten:
ingenhoven architects, Düsseldorf;
Christoph Ingenhoven
Bauherr:
Europäische Investitionsbank
Luxemburg
Tragwerksplanung,
Dach und Seilfassade:
Werner Sobek, Stuttgart
Fassadenplanung und Bauphysik:
DS Plan, Stuttgart
Technische Gebäudeausrüstung:
HL-Technik, München (Entwurf);
IC-Consult, Frankfurt a.M.; pbe-Beljuli,
Pulheim; S & E Consult, Luxemburg
BGF: 69 996 m²

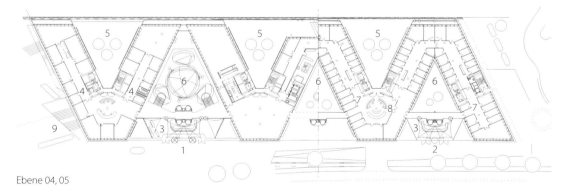

Ebene 04, 05

Grundrisse
Maßstab 1:1500

1 Haupteingang
2 Nebeneingang
3 Foyer
4 Konferenzbereich
5 »kalter« Wintergarten
6 »warmes« Atrium
7 Bürotrakt
8 Kommunikationsbereich
9 Bestandsgebäude

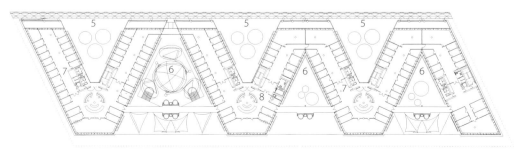

Ebene 07

1

Energiekonzept und Fassadenplanung

Herwig Barf, Michael Jurenka, DS-Plan

Das Ingenieurbüro DS-Plan zeichnet für die Bereiche Fassadentechnik, Energiemanagement und Bauphysik verantwortlich. Herwig Barf ist Teamleiter der Abteilung Fassadentechnik. Michael Jurenka ist bei der EIB für den Fachbereich Energiedesign/Energiemanagement verantwortlicher Projektleiter.

Energieversorgungskonzept
Ein städtisches Blockheizkraftwerk versorgt das Gebäude mit Wärme. Im Sommer dient dessen Abwärme über ein Desiccant Cooling System (DEC) zur Kühlung der Außenluft der raumlufttechnischen Anlagen. Beim DEC-System handelt es sich um einen thermischen Kälteprozess zur Raumklimatisierung, bei dem in einer Kombination aus Verdunstungskühlung und Luftfeuchtigkeitsentzug unmittelbar kühle Luft erzeugt wird. Das nächtliche Kältepotenzial des Außenraums wird über die freie Kühlung aus den Kühltürmen direkt zur Kühlung der Speichermassen genutzt. Kältemaschinen versorgen das Rechenzentrum, IT-Räume, sonstige technische Betriebsräume und die raumlufttechnischen Anlagen für Konferenzbereich und Küche mit Kälteenergie. Bei geeigneter Außentemperatur dient kühle Außenluft zur indirekten Kühlung der Technikräume. Damit wird der Strombedarf für eine mechanische Kälteerzeugung weiter reduziert.
(Quelle: Thilo Ebert, HL Technik)

Zu den wichtigsten Fassadenkonstruktionen der European Investment Bank in Luxemburg zählen die den Atrien zugewandten Holzfassaden, das bogenförmig gekrümmte Glasdach und die drei Seilfassaden. Gleichermaßen unter der Glashülle liegend wurden die auf der Nordseite angeordneten Wintergärten als unbeheizte Kaltatrien konzipiert, deren Temperatur auch im Winter nicht unter 5 °C fällt. Die südlichen Atrien hingegen sind mit temperierten Aufenthaltsbereichen versehen und ermöglichen so die Einrichtung permanenter Arbeitsplätze.

Konzeption

Ausgangspunkt für die Konzeption der Atriendächer und -fassaden war die Realisierung eines energetisch möglichst sparsamen Heiz- und Kühlkonzepts des Gebäudes. Pufferräume vor den Arbeitsbereichen im Inneren der mäandrierenden Büroriegel verbessern nicht nur das Verhältnis von Hüllfläche zu Raumvolumen. Sie ermöglichen auch eine über das ganze Jahr gewährleistete individuelle Fensterlüftung und vermeiden Fehlbedienungen der Nutzer. Im Winter führt die Überströmung der erwärmten Luft aus den Bürobereichen in einem Nebeneffekt zugleich zur leichten Temperierung der Atrien. Lüftet der Nutzer nicht über die Atrienfassade, kommt die Wärmeenergie der Büroabluft mittels einer hocheffizienten Wärmerückgewinnungsanlage wieder der mechanischen Grundlüftung der Büroflächen zugute.

2

Zonierung der Atrien

Das hohe Wärmeschutzniveau der Büroflächen mit vorgelagerten Atrien ermöglicht eine Grundtemperierung des Gebäudes mit thermoaktiver Bauteilaktivierung, die aufgrund ihres moderaten Temperaturniveaus eine effektive Energieausbeute gewährleistet. Die nordorientierten Wintergärten besitzen keine aktive Beheizung und Kühlung. Zur Realisierung von Aufenthaltsbereichen wurde hingegen in den Bodenflächen der Südatrien eine Fußbodenheizung bzw. -kühlung integriert. Diese garantiert ein angenehmes Arbeiten auf den Bodenniveaus, wo beispielsweise Empfangs- und Wartebereiche angeordnet sind.
Das gewölbte Glasdach bildet den wesentlichen Teil der klimatischen Gebäudehülle und wurde daher als hoch wärmegedämmte, vorgefertigte Aluminiumkonstruktion mit einer Zwei-Scheiben-Wärmeschutzisolierverglasung ausgeführt. Im Bereich der horizontalen Dachflächen der südlichen Atrien besitzt die dreieckige Verglasung eine hochselektive, annähernd farbneutrale Sonnenschutzbeschichtung. In einem Drittel der Dach- bzw. Fassadenfläche befinden sich überdies elektromotorisch betätigte Klappen. Diese fungieren als Nachströmöffnung der Atriumentrauchung, ermöglichen es aber zugleich, sowohl die unbeheizten nördlichen Wintergärten als auch die temperierten Südatrien ganzjährig natürlich zu belüften. In der kalten Jahreszeit geschieht dies durch kurze Stoßlüftungsintervalle, die innerhalb weniger Minuten zum Austausch des Luftvolumens führen. In der warmen Jahreszeit werden die Klappen großflächig und permanent geöffnet, um die überschüssigen Einstrahlungslasten abzuführen und Überhitzungen zu vermeiden.

Integrierte Simulationen

Die Geometrie der Dachflächen kommt den thermischen Erfordernissen grundsätzlich entgegen. Sie ermöglicht es, ein im Sommer entstehendes Wärmepolster abzulüften, bevor es zu Überhitzungen in den dachnahen Aufenthaltsbereichen kommen könnte. Um Unbehaglichkeitseffekten vorzubeugen, sind die Lüftungsklappen in der Fassade so angeordnet, dass zu starke Windge-

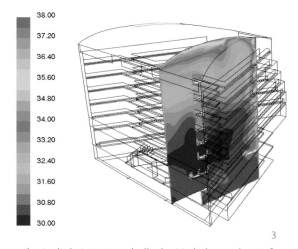

38.00
37.20
36.40
35.60
34.80
34.00
33.20
32.40
31.60
30.80
30.00

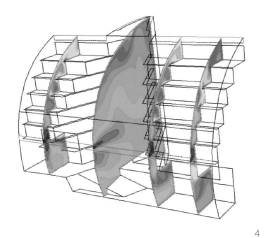

3

4

schwindigkeiten innerhalb der Verkehrs- oder Aufenthaltsflächen unterbunden werden können. Die zur Umsetzung der Temperierungsmaßnahmen erforderlichen Flächen und Leistungsdaten entwickelten wir mit einer integrierten Strömungssimulation in einem virtuellen 3D-Modell. So bestand bereits zu einem frühen Planungszeitpunkt Sicherheit hinsichtlich des Funktionierens des Heizungskonzepts und der Einhaltung der Behaglichkeitskriterien. Dies ermöglichte uns insbesondere, die Auswirkungen unterschiedlicher baulicher Qualitäten auf das Raumklima in den Atrien oder die Energiebedarfsmengen aufzuzeigen – etwa

unter Abwägung von Einfach- bzw. Wärmeschutzverglasung oder der Verwendung von Sonnenschutzglas bzw. innen liegender Textilsegel. Am Ende erwies sich die thermisch optimierte Glashülle für Atriendächer und -fassaden als beste Lösung. Ein Resultat der Simulationen sind die große Transparenz und Tageslichtausbeute, welche eine gute Tageslichtversorgung der Büros auch in den unteren Ebenen garantieren. Die intuitiven Erwartungen der Besucher eines großflächig verglasten Gebäudes werden dabei ganz ohne Abstriche an Aufenthaltsqualität oder Energieeffizienz erfüllt.

Umweltkonzept
· Atrien als Klimapuffer
· Wärmerückgewinnung
· thermische Aktivierung des Tragwerks
· Reduktion der allgemeinen Bürobeleuchtung auf 300 Lux
· Energiebedarf für Büros und Atrien: Strom 21 kWh/am², Heizung 29 kWh/am², Kühlung 21 kWh/am²

1 Gebrauchte warme Luft entweicht über vertikale Lamellenfenster. Brandgas-Ventilatoren befinden sich in Außenräumen unterhalb der Dachfläche.
2 Beleuchtung und Temperatur lassen sich individuell steuern. Eine zentrale Steueranlage überprüft diese Daten mehrmals täglich und setzt die Einstellungen bei Bedarf auf das effizienteste Niveau zurück.
3 sommerliche Lufttemperaturen bei natürlicher Lüftung im Nordatrium
4 maximale sommerliche Lufttemperaturen im Südatrium
5 – 6 zentrale Erschließung des Haupteingangsbereichs mit Blick auf die Mitarbeiterkantine
7 Schemaschnitt Energiekonzept ohne Maßstab

5

6

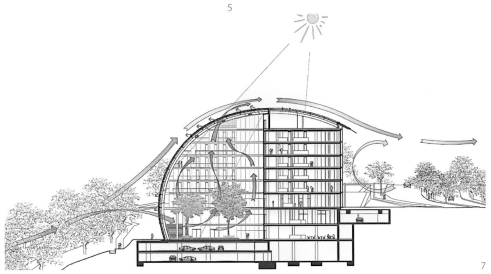

7

8

Brandschutzplanung

Wolfram Klingsch, Rebecca Rettner, BPK Brandschutz Planung Klingsch

Prof. Dr.-Ing. Wolfram Klingsch leitet seit 1997 die BPK Brandschutz Planung Klingsch Ingenieurgesellschaft in Düsseldorf und Frankfurt. Er ist Inhaber des Lehrstuhls für Baustofftechnologie und Brandschutz, Institut für konstruktiver Ingenieurbau, an der Bergischen Universität Wuppertal.

Von 2006 bis zur Abnahme begleitet die bei BPK tätige Bauingenieurin Dipl.-Ing. Rebecca Rettner die Bauüberwachung des Brandschutzkonzepts.

8   Die hohe Transparenz der V-förmigen Atrien erfordert ein ausgeklügeltes Brandschutzsystem.

Brandschutzkomponenten
Die zahlreichen gebäudetechnischen Brandschutzkomponenten sind mittels einer Steuermatrix interaktiv miteinander verknüpft. Hierzu gehören u. a. die Komponenten Branddetektion, Alarmweitermeldung, Personenalarmierung mit Evakuierungsaufforderung, Aktivierung der Sicherheitsbeleuchtung, Aktivierung natürlicher oder maschineller Entrauchungen, Evakuierungsfahrt der Aufzüge, Aktivierung der Luftspülanlage der Treppenräume.

Der ambitionierte Neubau der EIB in Luxemburg zeigt eine Vielzahl von gestalterischen und nutzungsbedingten Besonderheiten, die brandschutztechnische Sondernachweise für die Genehmigung und Sondermaßnahmen bei der baulichen Realisierung erforderten. Computersimulationen und experimentelle Untersuchungen kamen hierzu ebenso zum Einsatz wie ein spezielles interaktives Brandschutzkonzept, welches bauliche, gebäudetechnische und organisatorische Maßnahmen integriert. Damit konnten, trotz der vielfältigen Besonderheiten dieses Gebäudes, die Schutzziele für den Personen- und Sachschutz ohne Einschränkungen gewährleistet werden.

Gewährleistung der Transparenz
Die für die Gebäudeevakuierung notwendigen Treppenräume liegen, bedingt durch die Fassadengeometrie, im Inneren des Gebäudes, was spezielle Maßnahmen zur sicheren Entleerung der Treppenräume in das Freie erforderlich macht. Realisiert wurden die gesicherten Ausgangssituationen durch gläserne Rettungswege, um die Transparenz des Gebäudes und hier insbesondere die Eingangsebenen als charakteristisches Merkmal der Architektur zu erhalten. Die notwendigen Flure vor den Treppenräumen sind in den unteren drei Ebenen in der brandschutztechnischen Qualität EI 30 verglast. Dies ermöglicht die gewünschten Sichtverbindungen in die Atrien und die natürliche Belichtung der Meeting-Zonen. In den Ausgangsebenen binden gläserne horizontale Treppenraumerweiterungen mittels EI-30-Verglasung und einer risikoangepassten verdichteten Sprinklerung die Treppenräume an das Freie an. Die hohe brandschutztechnische Sicherheit dieser Sonderlösung ist experimentell abgesichert.
Die notwendige brandschutztechnische Trennung zwischen dem zweigeschossigen Restaurant und der angrenzenden Ebene 3 erfolgte in Glas in der Qualität EI 30. Dieses garantiert sowohl vom Restaurant als auch von Ebene 3 uneingeschränkte Sichtverbindungen in das Gebäude und in das Freie.
Durch eine risikoangepasste, optimierte Kombination von Sprinklertechnik und Brandschutzverglasungen war es möglich, auf die sonst üblichen

massiven Abtrennungen zu verzichten und eine hohe optische Transparenz des Gebäudes zu realisieren.

Brandfrüherkennung und Entrauchung
Das Gebäude verfügt über eine flächendeckende Anlage zur automatischen Brandfrüherkennung für die Kenngröße Rauch. Diese garantiert in Verbindung mit der gleichfalls flächendeckenden Alarmierungsanlage im Falle eines Brandereignisses eine frühzeitige Personenalarmierung und eine sichere Evakuierung gefährdeter Bereiche. Die flächendeckend installierte Sprinklertechnik gewährleistet eine Lokalisierung und Dämpfung eines möglichen Brandes. Ein Brandereignis bleibt somit lokal begrenzt.
Für die im Atrium 2 vorgesehene Sondernutzung als Versammlungsstätte mit bis zu 1500 Personen führten wir Sonderuntersuchungen zur Entrauchung durch. Im Dachbereich installierte Entrauchungsventilatoren aktivieren sich bei Rauchdetektion automatisch, ebenso wie die für die Frischluftnachströmung notwendigen Zuluftöffnungen auf Bodenniveau. Um eventuelle Störungen durch Windeinflüsse zu minimieren, erfolgt die Ansteuerung der Zuluftöffnungen in Abhängigkeit von der Windrichtung. Dies ermöglicht eine große Höhe der raucharmen Zone, die eine ungehinderte Evakuierung der Versammlungsstätte sichert. Die zu erwartenden Evakuierungszeiten ermittelten wir mittels computergestützter dynamischer Evakuierungssimulationen für eine Vielzahl unterschiedlicher möglicher Brandszenarien in Bezug auf Lokalisierung und Intensität. Damit ist garantiert, dass auch für maximale Personenbelegungen und kritische Szenarien keine Personenrisiken resultieren.
Zur Gewährleistung einer ordnungsgemäßen Realisierung des Brandschutzkonzeptes erfolgte eine enge Abstimmung mit allen beteiligten Fachplanern und eine intensive begleitende Bauüberwachung. Die abschließenden Systemkontrollen zur Funktionssicherheit und zur erreichten Brandschutzqualität bestätigten allen am Objekt beteiligten Planern, Bauausführenden und den Genehmigungsbehörden den realisierten hochwertigen Brandschutzstandard.

Tragwerk und Teamarbeit
Katja Pfeiffer (KP) im Gespräch mit Werner Sobek (WS)

KP: Herr Sobek, die EIB ist eine Ihrer vielen gemeinsamen Projekte mit der Firma seele. Wie begann diese dauerhafte Kooperation?

WS: Ich arbeite seit 14 Jahren mit Gerhard Seele, Siegfried Goßner, den Geschäftsführern Thomas Geissler sowie Andreas Fauland und ihren Mitarbeitern zusammen. Das Haus seele ist von mir dabei stets hoch geschätzt. Wir als Planer wissen, dass es unsere Qualitätsvorstellungen, aber auch unsere Designvorstellungen umsetzt. Häufig entstehen in der Planungsphase durch Gespräche mit der Firma technische Entwicklungen und in Vorabversuchen Innovationen. Auf diese Art und Weise sind immer wieder konstruktive Lösungen über das hinaus entstanden, was wir uns als Planer a priori vorgestellt haben.

KP: Können Sie ein Beispiel dafür nennen?

WS: Ein gemeinsames Projekt ist die Seilfassade für den Zentralbereich der Universität Bremen. Dieses Gebäude hat eine kubische Gesamtform bei vollkommen transparenter, letztlich immaterieller Fassade. Wir haben dort erstmals das Konzept einer

Seilfassade als Konstruktion ausschließlich vertikal vorgespannter Seile umgesetzt, an denen mit Hilfe sogenannter Klippverbindungen oder Pads die Glasscheiben befestigt sind.

KP: Ab welchem Planungsschritt war das Gersthofener Unternehmen einbezogen?

WS: Wir hatten die Fassade konzipiert, aber sofort nach Auftragsvergabe haben wir mit seele bezüglich der Konstruktion zusammengearbeitet. Unser Anspruch war es, die Klippverbindungen zu minimieren und sie konstruktiv so zu gestalten, dass die Gläser trotz die großen Verformungen der Seilfassaden unbeschadet bleiben. Außerdem gab es eine Reihe von Detailproblemen, zum Beispiel dort, wo die sich stark verformende Seilfassade auf sich nicht verformende, steife Bauteile trifft. seele hat 1:1-Muster gebaut, um die Tragfähigkeit der Glashalter zu testen, und Alternativen für die Dichtungen untersucht, die den Bewegungen am Übergang von beweglicher Seil- zu feststehender Fassade unterworfen sind. Das Unternehmen testete u. a. Bürstendichtungen, Dichtungen aus Silikon

Der Architekt und Ingenieur Prof. Werner Sobek ist Inhaber des international tätigen Ingenieurbüros Werner Sobek. Seit 2000 leitet er das Institut für Leichtbau Entwerfen und Konstruieren (ILEK) an der Universität Stuttgart, seit 2008 ist er Präsident der Deutschen Gesellschaft für Nachhaltiges Bauen (DGNB).

9   Die Fassade der Atrien beruht auf dem Prinzip vertikal vorgespannter Seile.

Montage
Die Primärkonstruktion (Rohre Ø 610 mm) führte der Generalunternehmer aus. Die Oberleitung der Montage der Sekundärstruktur und der Dachhaut verantwortete mit einem 40-köpfigen Team die Firma seele. Das Montagekonzept hatte das Gersthofener Unternehmen bereits in der Angebotsphase erstellt. Das ausführende Montageteam für Sekundärstruktur und Dachhaut bestand in Spitzenzeiten aus bis zu 90 Monteuren mehrerer Montagefirmen, mit denen die Firma schon früher zusammengearbeitet hatte. Werner Sobek: »Bei Konstruktionen, die an die Grenze des Machbaren gehen, muss man bereits während der Planung der Konstruktion auch die Montage mitentwickeln. Nur so lässt sich sicherstellen, dass eine Idee überhaupt realisierbar ist.«

9

Vertikalschnitt Träger und Seilfassade
Maßstab 1:50

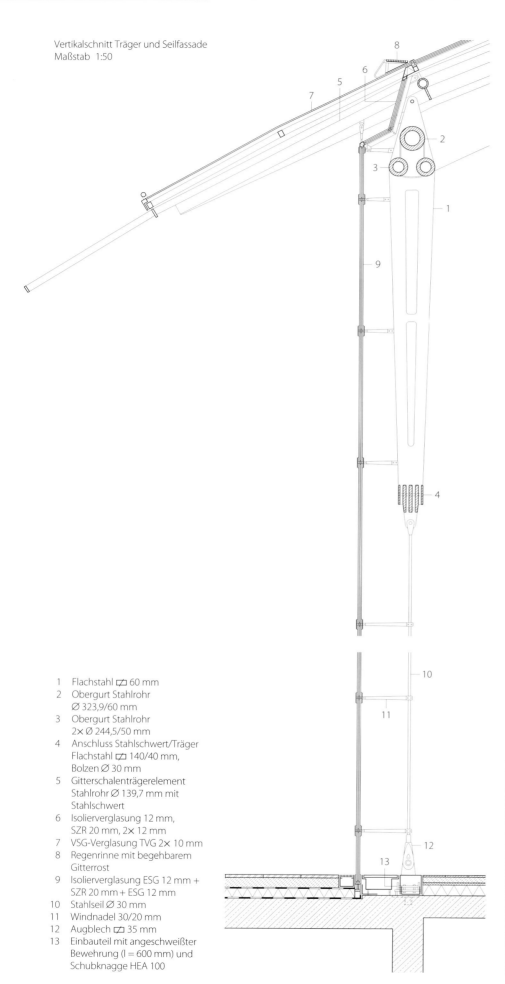

10

und EPDM. Bei Fragen der Dichtung stößt ein Planer manchmal an seine Grenzen.

KP: Würden Sie die Seilfassade der EIB als eine Weiterentwicklung der Fassade der Universität Bremen bezeichnen?
WS: Letztlich haben wir sie weiterentwickelt, indem wir die Glasformate und die Fassade insgesamt vergrößert haben. Die damit einhergehenden Bewegungen haben etwas zugenommen und die metallischen Elemente, die die statische Konstruktion einschließlich der gesamten Detaillierung darstellen, wurden kleiner. Auf der einen Seite werden die Dinge somit größer und komplexer, auf der anderen Seite werden die eingesetzten Mittel Schritt für Schritt minimiert.
Der große unterspannte Träger ist ein Bauelement, das die neuen Anforderungen der Fassade erfüllt. Er hält die Seilfassaden, die oben an der dünnen Dachschale nicht verankerbar gewesen wären. Dort hatten wir im ersten Entwurf zunächst klassische Seile für den Träger vorgesehen. Um auf ein Seil einen Pfosten aufzusetzen, ist eine aus zwei Teilen bestehende Seilklemme nötig. Diese beiden Klemmhalbschalen müssen mit vielen hochfesten Schrauben gegeneinander vorgespannt werden. Außerdem ist ein Übergangsteil notwendig, das die Verbindung zu dem darauf sitzenden Pfosten darstellen soll. Im Rahmen der Ausführungsplanung haben wir den Untergurt durch einen aus liegenden Blechen verschweißten, massiven

1. Flachstahl ⧄ 60 mm
2. Obergurt Stahlrohr
   Ø 323,9/60 mm
3. Obergurt Stahlrohr
   2× Ø 244,5/50 mm
4. Anschluss Stahlschwert/Träger
   Flachstahl ⧄ 140/40 mm,
   Bolzen Ø 30 mm
5. Gitterschalenträgerelement
   Stahlrohr Ø 139,7 mm mit
   Stahlschwert
6. Isolierverglasung 12 mm,
   SZR 20 mm, 2× 12 mm
7. VSG-Verglasung TVG 2× 10 mm
8. Regenrinne mit begehbarem
   Gitterrost
9. Isolierverglasung ESG 12 mm +
   SZR 20 mm + ESG 12 mm
10. Stahlseil Ø 30 mm
11. Windnadel 30/20 mm
12. Augblech ⧄ 35 mm
13. Einbauteil mit angeschweißter
    Bewehrung (l = 600 mm) und
    Schubknagge HEA 100

11

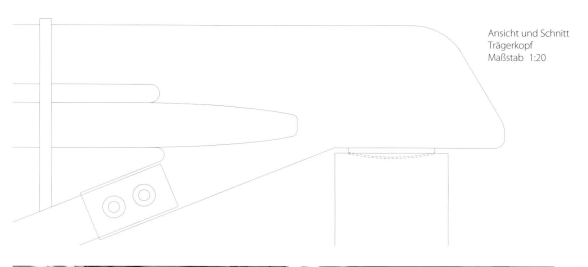

Ansicht und Schnitt
Trägerkopf
Maßstab 1:20

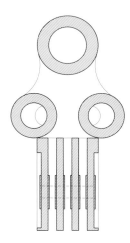

12

Querschnitt ersetzt. Die Pfosten bestehen, da sie hauptsächlich zugbeansprucht sind, aus schlanken Flachstählen. Bei einem Pfosten aus Rundrohr wären Umlenksättel erforderlich geworden, um die Pfosten auf dem Unterspannseil anzubringen. Damit wäre die Komplexität eine viel größere als bei der gebauten Lösung. Im Rahmen der Werkstattplanung hat seele aus montage- und schweißtechnischen Gründen anstelle des massiven Untergurtes einen aufgelösten Querschnitt aus senkrecht stehenden hochfesten Blechen vorgeschlagen. Damit trat der Idealfall ein. Diese Lösung ist von der ästhetischen Qualität her vergleichbar und in der Füge- und der Montagetechnik einfacher.

KP: Wer war mit im Planungsteam?
WS: Wir arbeiteten bereits seit der Wettbewerbsphase mit dem Team von Christoph Ingenhoven zusammen. Das Ingenieurbüro DS-Plan, das für die Fassadentechnik im traditionellen Sinne verantwortlich war, sowie die Fachleute für Haustechnik, Brandschutz und andere Projektbeteiligte saßen ebenfalls am Tisch. Zwei Jahre waren wir mit der Planung beschäftigt. Nach Auftragserteilung an seele für die Dachschale und die Sonderfassaden begannen wir unverzüglich mit einer intensiven Zusammenarbeit. Gemeinsam arbeiteten wir die Details und die Werkstattplanung dieses anspruchsvollen Projekts weiter aus. Die Größe, die Präzision, mit der die einzelnen Bauteile zu fertigen waren

10 Bei dem Trägerkopf – zu sehen ist das Freigabemodell der Gießerei – handelt es sich um ein Bauteil aus hochfestem Stahlguss mit erhöhten Toleranzanforderungen. Gussteil und Obergurte wurden im Werk verschweißt. Die Korrosionsschutz-Lackierung des Bauteils erfolgte im Werk. Die Lackierung an Schweißnähten zu den anderen Bauteilen erforderte auf der Baustelle eine Nachbearbeitung.

11 Die in verschiedenen Werken geschweißten und gerichteten bzw. eingestellten Elemente des Trägers – Ober- und Untergurt, Trägerkopf und Schwerter – kamen per Schiff und Lkw auf die Baustelle. Danach wurden die Einzelteile über Bolzenverbindungen zusammengebaut und als Ganzes mithilfe mehrerer Mobilkräne montiert. Nach dem Einbau des Daches erhielt der überhöht gefertigte Träger, bedingt durch das darauf lastende Gewicht, seine endgültige Lage.

12 Der Untergurt war ursprünglich als massives Bauteil geplant. seele schlug vor, ihn als aufgelöstes Bauteil aus vier vertikal angeordneten hochfesten Flachstahlprofilen zu realisieren. Diese ausgeführte Lösung ersparte aufwendige und schwierig zu überprüfende Schweißverbindungen. Die Verbindung des Daches mit dem Seilträger war höchst komplex. Über Passbolzenverbindungen wurde der Träger mit der Gitterschale des Daches verbunden. Dieser Vorgehensweise lag ein bereits in der Planung ausgeklügeltes System von Verschieblichkeiten zugrunde. Die Fassadenseile wurden vorgespannt, während der Träger noch nicht mit der Dachschale verbunden war. Eine Hilfsabstrebung stabilisierte den Obergurt während dieses Vorgangs. Das Dach ließ sich mit Kettenzügen einziehen, sodass Seilfassadenbinder und Stahldach ohne Toleranzen zusammenpassten.

13

Ansicht und Aufsicht
Knoten an Sekundärkonstruktion
Maßstab 1:50
1   Stahlrohr Ø 139,7 mm
2   Knoten Stahl-Gussteil
3   Isolierverglasung ESG 8 mm, SZR,
    VSG aus 2× 6 mm
4   Strangpressprofil Aluminium
5   Aufzugturm

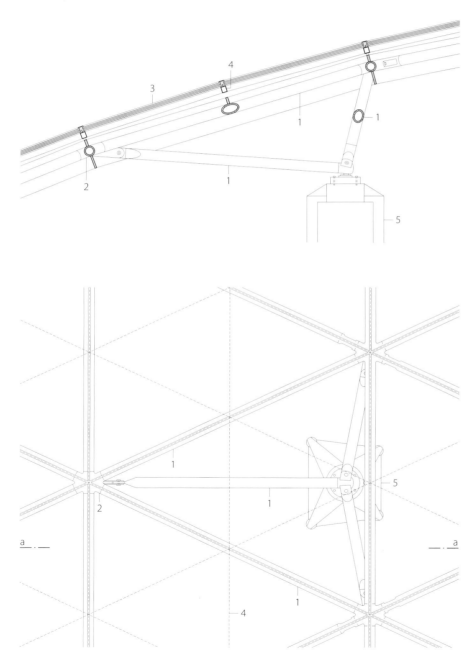

und mit der die Montage- und Vorspannprozesse insbesondere der Seilfassade zu erfolgen hatten, erlaubten keine Verzögerung.

KP: Sehen Sie die Zukunft des Ingenieurwesens in der Zusammenarbeit mit ausführenden Firmen?
WS: In jedem Fall. seele hat beim Projekt EIB die Ausschreibung gewonnen und den Auftrag für die Ausführung bekommen. Wir versuchen mit den Firmen, mit denen wir konstant zusammenarbeiten, so früh wie möglich technische Lösungen weiterzuentwickeln und zu optimieren. Allerdings können wir als Planer Lösungen im Vorfeld der Ausschreibung nicht mit denjenigen Ausführungspartnern diskutieren, die sich später einmal um den Auftrag bemühen werden. Letztlich ist das eines der größten Innovationshindernisse, solange sich die Planungsprozesse und Ausschreibungsverfahren nicht ändern. In der Automobilindustrie oder im Flugzeugbau ist die Vorgehensweise eine andere. Dort holen sich die Planer mehrere Partner und beschreiben ganz klar ein Aufgabenprofil.

KP: So können alle Beteiligten profitieren. Wie setzen Sie diese Vorgehensweise in die Praxis um?
WS: Bei unseren Privatkunden schlagen wir zwei Firmen vor, mit denen wir den Entwurf, beispielsweise einer Fassade, weiterentwickeln – unter einem vorgegebenen Kostenrahmen sowie mit den gestalterischen, konstruktiven und bauphysikalischen Ansprüchen. Die Firmen haben eine faire Chance, und wenn sie gute Arbeit leisten, sehe ich keinen Grund dazu, auf den Markt zu gehen, nur um 10 % einzusparen, die ich durch Ausführungsänderungen wieder verlieren würde.

KP: Was war aus Ihrer Sicht die größte Herausforderung bei der EIB?
WS: Die schiere Größe, die erforderliche Präzision, die schwierige Geometrie der Tonnenschale, die großen unterspannten Träger, und die Verformungsrandbedingungen, das heißt die Gleitmöglichkeiten, die so eine große Stahlkonstruktion haben muss gegenüber einer Massivbaukonstruktion, auf der sie teilweise ruht.

14

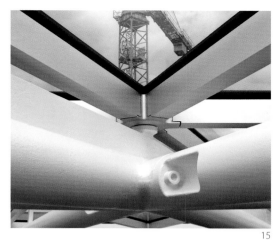

15

KP: Welche weiteren Projekte planen Sie?
WS: Eines unserer derzeitigen gemeinsamen Forschungsvorhaben ist die Entwicklung sogenannter Implantate, sehr kleiner Haltesysteme innerhalb von Glasscheiben, mit denen die Glasscheibe an anderen Bauelementen befestigt werden kann. Die Implantate sind direkt in die Scheibe eingelassen. Es wird damit eine vollkommen neue Generation von Glashaltern entstehen.

KP: Wie werten Sie in diesem Zusammenhang die Entwicklungsarbeit eines Unternehmens?
WS: Die Firma seele lässt sich als Innovationsmotor bezeichnen, da sie kontinuierlich technische Innovationen vorantreibt und sich so lange mit einem

Problem beschäftigt, bis es gelöst ist. Sobald ein passendes Projekt am Horizont auftaucht, hat sie den entscheidenden Marktvorteil. Auch wir als kleinst-mittelständisches Unternehmen sind sehr stark von unserer Innovationskraft auf dem Weltmarkt abhängig. Deshalb räumen auch wir als Planer der Forschung und der gemeinsamen Produktentwicklung mit ausführenden Firmen Platz ein. Auf diese Weise profitieren wir wechselseitig voneinander. Wenn man nur die Entwicklungen der anderen kopiert, hat man im Bauwesen einen Nachlauf von zwei bis drei Jahren. Den können wir uns nicht leisten. Den kann sich auch ein Haus wie seele nicht leisten. Weil es genau dann gefordert wird, wenn Spitzenleistungen gefragt sind.

13 Das Stahlnetz-Tragwerk besteht aus sogenannten Rechen. Ein Kran hob sie in ihre Montageposition ein. Daraufhin wurden sie temporär am Gerüst fixiert und nach Auf- und Kontrollmaß je nach statischen Erfordernissen auf dem Dach in ihrer Einbaulage miteinander verschraubt oder verschweißt. Insgesamt gaben drei Dehnfugen in Richtung des Gebäudequerschnitts elf Montageabschnitte vor.

14 Bei der Dachhaut handelt es sich um zugekaufte Standard-Isolierglas-Elemente. Der Einbau erfolgte mit dem Kran und mithilfe von Gerüsten, die innen und im unteren, überhängenden Bereich auch außen aufgestellt waren.

15 Der Knoten ist durch eine hochfeste Gussteil-Schraubverbindung an den Stahlrohren des Rechens fixiert. Schweißarbeiten auf der Baustelle wurden wenn möglich vermieden.
Die Tertiärkonstruktion aus Aluminium umfasst insgesamt 2200 Standardknoten. Des Weiteren gibt es 1100 Nicht-Standard-Knoten. Letztere sind wiederum in 50 verschiedene Untergruppen eingeteilt. Sie befinden sich an geometrisch komplexen Positionen wie beispielsweise den Dehnfugen, am Dachrand, an den Rinnen oder an den Dachausstiegen.

16 Die Sekundärkonstruktion entwickelte und konstruierte das seele Werk in Pilsen. Es handelt sich um Stahlrohre mit einem Ø 139,7 mm und unterschiedlich dicker Wandung. Je nach statischer Erfordernis sind sie mit einer oder zwei Finnen ausgestattet. Diese Optimierung des statischen Systems gewährleistet den gleichbleibenden Rohrdurchmesser in allen Teilen des Tragwerks.

16

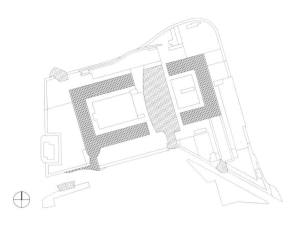

17

Westfield London

Laura Passam, Westfield Shoppingtowns

Laura Passam ist Pressereferentin bei der Westfield Shoppingtowns Limited, London.

Die Westfield Group zählt mit derzeit insgesamt 119 Einkaufszentren in Australien, Neuseeland, Großbritannien und den USA zu den weltweit größten Einzelhandels-Objektgesellschaften. Dabei übernimmt das Unternehmen mit Hauptsitz in Sydney Management und Marketing der Einkaufszentren ebenso wie deren Entwicklung, Gestaltung und bauliche Umsetzung.
Auch bei Westfield London zeichnet die Westfield Group für Entwurf, Realisierung und Betrieb verantwortlich. Zur Unterstützung des hauseigenen Planerteams wurde in diesem Fall die Buchan Group beauftragt. Neben der Bearbeitung der Ausführungsplanung trat das Londoner Planungsbüro auch als Hauptansprechpartner aller am Projekt Beteiligten auf.

Das Einkaufszentrum Westfield London wird nach einer Bauzeit von drei Jahren im Oktober 2008 im Westen von London eröffnet. Mit einem Investitionsvolumen von mehr als einer Milliarde Pfund Sterling, 270 Läden, 40 Restaurants, 14 Großraumkinos sowie Wellness- und Fitnessbereichen auf einer Grundfläche von insgesamt 350 000 m² gilt es als die zurzeit größte innerstädtische Shopping Mall Europas.
Das von den Architekten der Londoner Buchan Group entwickelte Gestaltungskonzept basiert im Wesentlichen auf klar strukturierten »Einkaufsstraßen«, die in Form einer überdimensionalen »Acht« in zwei Hauptgeschossen und einem Mezzaningeschoss übereinander angelegt sind und über die ganze Länge von einem wellenförmigen Glasdach überdeckt werden.

Passagen und zentrales Atrium

Mit ihren großzügigen Abmessungen sollen die Einkaufsstraßen den ungehinderten Blick auf die größtenteils raumhoch verglasten Ladenfronten ermöglichen. Die Verkaufsflächen selbst weisen eine Höhe zwischen 4,5 und 8,5 m auf und erlauben kleinen Einzelhändlern ebenso vielfältige Spielräume bei der kreativen und zeitgenössischen Produktpräsentation wie den großen »Anchor Stores«. Ovale bzw. orthogonale Deckenausschnitte in den Obergeschossen sorgen für vertikale Sichtbeziehungen zwischen den einzelnen Ebenen und ermöglichen die Versorgung des Erdgeschosses mit Tageslicht. Im Herzen des Gebäudekomplexes liegt das Atrium, welches aufgrund seiner Größe und Lage als zentraler Treffpunkt, aber auch als Ort für unterschiedliche Veranstaltungen und Events fungiert.

Glasüberdachung

Am nachhaltigsten prägt das Erscheinungsbild von Westfield London wohl die geschwungene Glasüberdachung, die von der Wellenbewegung von Wasser inspiriert ist. Ausgangspunkt dieser Idee ist ein digitales Modell eines Wasserbeckens im Bereich des zentralen Atriums. In dieses ließen

18

19

die Planer zwei virtuelle Kieselsteine fallen. Die von diesen Punkten sich allmählich ausbreitenden, gegenläufigen Wellenbewegungen wurden daraufhin mit dem Grundriss des Einkaufszentrums überlagert und so lange manipuliert und nachbearbeitet, bis sie den Entwurfsvorstellungen der Planer entsprachen und gleichzeitig die technische Machbarkeit gewährleistet werden konnte. Von dieser Stahl-Glas-Struktur überspannt sind sämtliche Einkaufsstraßen – deren höchster Punkt befindet sich im Atrium. Im Gegensatz zu den stützenfrei überspannten seitlichen Passagen trägt hier eine baumartige Tragstruktur das Glasdach. Diese lässt durch ihre filigranen Bauteilquerschnitte einen lichtdurchfluteten und nach allen Seiten durchlässigen Innenraum entstehen. Die nur scheinbar willkürliche Verteilung von geschlossenen und transparenten Dreieckspaneelen resultiert aus der genauen Beobachtung des täglichen Sonnenverlaufs. Ziel ist es, die Passagen im Sinne eines für den Besucher angenehmen Ambientes mit so viel Tageslicht wie möglich zu

versorgen und zugleich solare Energiegewinne zu erzielen. Eine sommerliche Überhitzung konnte durch die ausgeklügelte Verteilung von transparenten und geschlossenen Paneelen vermieden werden. Nebenbei führt das an einen gesprenkelten Baldachin erinnernde Glasdach zu interessanten, sich im Lauf des Tages permanent verändernden Licht- und Schatteneffekten auf dem Boden der Einkaufsstraßen.

Nicht glasüberdeckte Bereiche sind als Gründächer angelegt, welche Pflanzen und Tieren einen innerstädtischen Lebensraum bieten und zugleich für natürliche Dämmung sorgen. Regenwassernutzung, hohe Energieeffizienz-Standards und reduzierte CO_2-Emissionen sollen auf lange Sicht zu einem nachhaltigen Bauwerk führen.

Realisierung

Aufgrund des großen Zeitdrucks beauftragte Westfield zur Realisierung der Dachkonstruktion zwei hochspezialisierte Firmen: seele und Waagner Biro aus Wien. Waagner Biro übernahm dabei die Überdachung des zentralen Atriums, seele die Überdachung der beiden äußeren, darauf zuführenden Passagen sowie der Eingangsdächer. Konstruktiv setzt sich die Tragstruktur aus Stäben, Rechteckhohlprofilen und Knoten zusammen, die sich zu einem feinmaschigen Netzwerk aus gleichseitigen Dreiecken verbinden.

Bereits einige Jahre vor Auftragserteilung gab seele sein erstes Angebot für Westfield London ab. Ab diesem Zeitpunkt fanden die ersten Gespräche mit der Westfield Group und den Architekten der Buchan Group statt.

Luxury Village

Abseits der glasüberdeckten Passagen, im süd-östlichen Teil von Westfield London, befindet sich »The Village«, ein exklusiver Einkaufsbereich mit einheitlich zurückhaltender Gestaltung, in dem sich Läden internationaler Luxuslabels wie Prada, Gucci, Dior, Versace, Tiffany & Co., Miu Miu oder Louis Vuitton befinden. Charakterisiert wird diese Enklave durch opulente Treppenanlagen, hohe Glasfronten oder klassische Kronleuchter, vor allem aber durch sanft geschwungene Formen sowie ein sinnliches Farb- und Beleuchtungskonzept.

Baudaten
Architekten:
Buchan Group International, London/Benoy, London
Innenarchitekten:
Gabellini Sheppard Associates, New York
Bauherr:
Westfield Shoppingtowns Limited, London
Qualitätsüberwachung
für den Bauherren:
Arup London

Verkaufsfläche: ca. 150 000 m²
Bauzeit: 2006 – 2008

17 Übersichtsplan: Die Überdachung der östlichen und westlichen Passagen sowie die Eingangsdächer stammen von seele. Die Überdachung des zentralen Atriums übernahm Waagner Biro.
18 Das Westfield-Einkaufszentrum liegt in Shepherd's Bush im Westen Londons. Es gilt als derzeit größtes innerstädtisches Einkaufszentrum Europas.
19 Die Anordnung der opaken und der durchsichtigen Dreieckselemente erfolgte unter Berücksichtigung der Energieeinträge. Die meisten der transparenten Dreieckselemente werden bei tiefstehender Sonne beschattet.
20 Abwechselnd transparente und geschlossene Paneele führen zu einem sich permanent verändernden Licht- und Schattenspiel am Boden.

20

Digitale Prozesskette vom Entwurf bis zur Ausführung

Jan Knippers, Thorsten Helbig, Knippers Helbig Advanced Engineering

Jan Knippers und Thorsten Helbig gründen 2001 das Ingenieurbüro Knippers Helbig Advanced Engineering in Stuttgart. Jan Knippers ist Professor an der Universität Stuttgart und leitet dort das Institut für Tragkonstruktionen und Konstruktives Entwerfen (itke).

21 Die beiden von seele geplanten Passagenüberdachungen umfassen eine Gesamtdachfläche von rund 18 000 m² und sind jeweils fugenlos ausgebildet.

22 Formoptimierungsprozess eines ursprünglich von den Architekten geplanten Wellenverlaufs: Folgt die Welle nicht der Staborientierung, kommt es zu störenden Facettierungen der Dreieckselemente und zu einer ungünstigen Dachentwässerung.

23 Der letztlich realisierte Winkel von 60° kombiniert die Erfordernisse von Statik und Ästhetik am besten.

24 Um eine einheitliche Dachoptik zu erhalten, sind sämtliche Streben im äußeren Querschnitt gleich, variieren aber in den Blechdicken entsprechend den statischen Anforderungen.

25 östlicher Dachbereich, Baufortschritt im Februar 2008

Ab den 70er-Jahren ist die statische Berechnung komplex geformter Gitterschalen zwar möglich, dennoch sind diese aufgrund der Fertigungsmöglichkeiten auf einige wenige Regelgeometrien beschränkt. Wirtschaftliches Bauen ist noch bis zum Ende des 20. Jahrhunderts untrennbar mit der industriellen Produktion großer Serien identischer Bauteile verbunden. Für Max Mengeringhausen und Konrad Wachsmann ist die Verwendung möglichst vieler gleicher Bauteile der wesentliche Parameter bei der Entwicklung ihrer Raumtragwerke. Und selbst als Jörg Schlaich und Hans Schober Anfang der 90er-Jahre mit einer Kuppel in Neckarsulm Frei Ottos Prinzipien für Gitterschalen in die Stahl-Glas-Architektur einführen, bleibt die Verwendung von einheitlichen Stablängen mit einer Knotenverbindung, die trotz variabler Anschlusswinkel aus lauter gleichen Teilen besteht, von zentraler Bedeutung. Diese Situation ändert sich gegen Ende des 20. Jahrhunderts durch die Einführung computergestützter Fertigungsprozesse innerhalb nur weniger Jahre radikal. Zwar müssen gewisse konstruktive Festlegungen, zum Beispiel hinsichtlich der Verbindungstechnik, getroffen werden. Eine modulare geometrische Ordnung, wie sie bis dahin Grundlage aller Baukonstruktionen ist, hat jedoch an Bedeutung verloren. Seit den 90er-Jahren sind zahlreiche frei geformte Stahl-Glas-Schalen realisiert worden. Allerdings lassen sich neben ausgesprochen eindrucksvollen Konstruktionen auch

viele Beispiele aufzählen, die gestalterisch und konstruktiv wenig überzeugen. Nicht selten klafft eine Lücke zwischen dem architektonischen Anspruch und der Umsetzung in die Realität. Ursache hierfür ist meistens die beim Bauen übliche strikte Trennung zwischen der Architektenplanung und der Werkstattplanung der ausführenden Firmen. Komplexe Strukturen erfordern allerdings eine durchgängige Prozesskette vom Entwurf bis zur Ausführung. Als neue Herausforderung an das Engineering rückt dabei die Organisation des Informationsflusses zwischen Planung, Fertigung und Baustelle in den Vordergrund.

Gitterschale Westfield

Die erfolgreiche Überdachung des Einkaufszentrums Westfield in London beruht auf einer besonders engen Verzahnung zwischen Werkstattplanung, Fertigung und Montage der Firma seele sowie der Entwurfsbearbeitung und statischen Berechnung unseres Büros, die im Folgenden näher beschrieben werden soll.

Die Ost- und Westmall des Kaufhauses werden jeweils von einer frei geformten Gitterschale mit Dreiecksmaschen und einer Regelspannweite von 24 m überdacht. Beide Dächer haben zusammen eine Gesamtfläche von ca. 18 000 m². Der längste Dachschenkel misst im Grundriss 124 m. Beide Dachteile sind jeweils fugenlos und lagern auf Randkonsolen im Abstand von 12 m auf. Um die

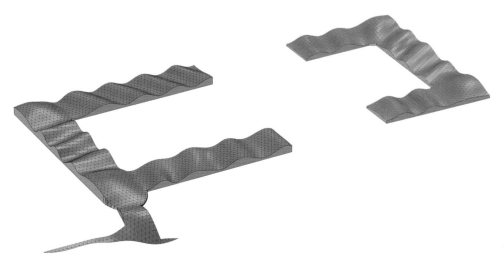

21

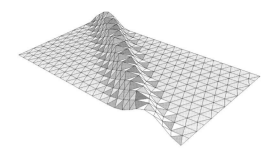
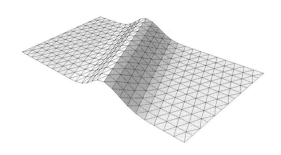

22   23

24

Entwicklung von Schalentragwerken
Die eleganten Passagenüberdachungen und filigranen Gewächshäuser gehören zu den eindrucksvollsten Zeugnissen der Ingenieurbaukunst im 19. Jahrhundert. Der Entwurf dieser frühen verglasten Stabtragwerke wird weitgehend durch die zur Verfügung stehenden Berechnungs- und Fertigungsmethoden bestimmt. Dabei ist die Anzahl der unterschiedlichen Stäbe und Knoten auf ein Minimum reduziert, um den Fertigungsaufwand nicht ins Unermessliche steigen zu lassen. Zudem sind die Methoden der Statik auf einige wenige Regelgeometrien beschränkt. Dies führt zu häufig wiederholten Standardlösungen für Kuppeln und Tonnen. Beispiele hierfür sind die 1863 von Johann Schwedler entwickelten Überdachungen für Gasometer oder später die 1922 von Walter Bauersfeld geplanten Stabschalen für die Zeiss-Planetarien, deren Netzeinteilung dann auch von Buckminster Fuller für seine geodätischen Kuppeln aufgegriffen wird.

25

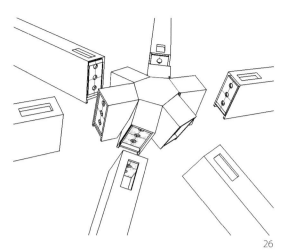

26

27

26 Um die räumlich jeweils unterschiedlich ankommenden Stäbe aufnehmen zu können, sind alle Knoten geometrisch angepasst.

27 Die Knoten und Stäbe lassen sich über eine senkrechte Kontaktfläche miteinander verschrauben. Vom Boden aus sind die hierfür vorgesehenen Öffnungen nicht sichtbar.

28 + 29 Nach dem Baukastensystem werden die Einzelbauteile zunächst in die entsprechende Position gebracht und dann verschraubt.

30 Jeder der insgesamt 3000 Knoten besteht aus 20 von Hand zusammengesetzten und abgeschweißten Einzelteilen.

31 Die Einzelteile werden erst nach Fertigstellung der Montagegerüste, welche dem Wellenverlauf der Dachschale folgen, ausgeliefert. Aufgrund der Just-in-time-Lieferung ist auf der Baustelle nur ein geringer Lagerbedarf notwendig.

Zwängungen aus Temperaturdehnungen zu reduzieren, sind die Lager parallel zum Rand verschieblich. Etwa in der Mitte des zentralen Schenkels befinden sich jeweils Festpunkte für die beiden Dachteile. Für die Eindeckung werden sowohl Isolierglasscheiben als auch gedämmte Blechpaneele verwendet.

Formoptimierungsprozess

Unser erster Beitrag lag in der Optimierung der von den Architekten geplanten Form. Diese gingen zunächst von einem frei gewellten Dach aus. Doch die Geometrie muss in Zusammenhang mit der Netzeinteilung betrachtet werden. Ein Stabzug sollte jeweils parallel zum Rand verlaufen, um die Längsorientierung der Mall zu unterstützen. Die beiden anderen Stabzüge kreuzen dann mit einem Winkel von 30° die Mall. Aus statischer Sicht sind die Wellen am effektivsten, wenn sie – wie ein Wellblech – senkrecht zur Passage angeordnet sind. Dies hätte jedoch Facettierungen zur Folge, die nicht nur optisch störend, sondern auch für die Dachentwässerung problematisch sein können. Geometrisch wäre daher ein Wellenverlauf parallel zur Staborientierung ideal, was jedoch dem Ziel einer statisch hoch optimierten Struktur widersprechen würde. In diesem Fall wählten wir einen Winkel von 60°, der dann – ebenso wie die Breite der Wellen – variiert wurde, um den Eindruck einer frei geformten Geometrie zu erreichen. Das Netz wurde aus der Ebene auf die 3D-Fläche projiziert und mit einer durchgängigen Stab- und Knotenidentifizierung als Grundlage für die statische Berechnung, die Werkstattplanung und die Fertigung verwendet.

Konstruktion

Die Firma seele schlug eine im Hohlprofil liegende Verbindung mit vorgespannten Schrauben der Güte 12.9 vor, welche über eine senkrechte Kontaktfläche Knoten- und Stababschnitt verbindet. Dazu werden insgesamt etwa 3000 Knoten aus dem Gesamtsystem herausgelöst. Jeder Knoten verfügt über eine unterschiedliche Geometrie und besteht aus 20 verschiedenen Elementen. Sämtliche Blechdicken sowie die Anzahl und der Durchmesser der Schrauben sind für die am jeweiligen

Knoten vorhandenen statischen Beanspruchungen optimiert. Die endgültige Genauigkeit der Knoten wurde erreicht, indem die Stirnflächen nach dem Schweißen mechanisch gefräst und elektronisch vermessen wurden. Die fertig beschichteten Knoten wurden dann in Sechser-Paletten verpackt, just-in-time direkt zum Einbauort geliefert, sodass auf der Baustelle nur ein sehr geringer Lagerbedarf erforderlich war, und dort mit den Stäben verschraubt. Das Dach besteht insgesamt aus ca. 10 000 Stäben, die als geschweißte Hohlquerschnitte mit den Abmessungen 160 × 65 mm und einer mittleren Länge von ca. 2,30 m ausgebildet sind.

Digitale Kette

Eine der wesentlichen Leistungen bei der Planung und Realisierung dieser Konstruktion war die Entwicklung eines vollautomatisierten Pla-

28

29

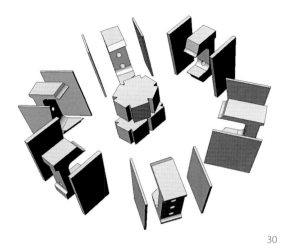

30

nungsablaufes in Abstimmung zwischen Fertigung, Werkstattplanung und Statik. Unser statisches Linienmodell der Netzstruktur diente dabei zunächst als Datenbasis für die Werkstattplanung. Aus dieser zog die Firma seele die geometrischen Daten für die statischen Detailnachweise der Knoten und Verbindungen. Deren Ergebnisse hinsichtlich Blechdicken sowie Anzahl und Durchmesser der Schrauben flossen dann wiederum von uns an die Werkstattplanung der Firma zurück, die sie dann direkt an die Produktion weitergab.

Im Vertrauen auf die sehr hohe Präzision der Vorfertigung sah die Konstruktion keinerlei Möglichkeit des Toleranzausgleiches vor. Tatsächlich wurde nach einer Montagelänge von 164 m eine horizontale Abweichung von der Sollgeometrie von lediglich 15 mm gemessen. Der hohe Vorfertigungsgrad ermöglichte zudem eine schnelle und witterungsunabhängige Montage sowie einen nahezu vollständig werkseitig aufgebrachten und damit sehr hochwertigen Korrosionsschutz.

Ästhetische Vorteile

Die beim Einkaufszentrum Westfield in London gewählte Fertigungstechnologie bietet keineswegs nur konstruktive Vorteile, sondern bestimmt auch das Erscheinungsbild der Konstruktion. Im Unterschied zu vielen anderen Gitterschalen besitzt das Netz nämlich kein sichtbares Knotendetail, obwohl es – von wenigen hoch belasteten Randknoten abgesehen – vollständig verschraubt ist. Knoten und Stäbe bestehen aus sehr vielen geometrisch verschiedenen Blechen, die unsichtbar miteinander verbunden sind. Auf diese Weise entsteht vom Boden aus der Eindruck eines ebenso präzisen wie homogenen Netzes.

Weiterentwicklung
Sowohl in Bezug auf die reibungslosen Abläufe in Planung und Fertigung als auch auf die Qualität der gebauten Struktur haben sich die für Westfield London angewandten Methoden sehr bewährt. So wurden sie inzwischen für andere Bauaufgaben – wie etwa der Überdachungen des von Moshe Safdie geplanten Institute of Peace in Washington D.C. oder des Echelon-Hotels in Las Vegas – weiterentwickelt.

31

32

Das Westfield-Dach – von der Idee bis zur Montage

Günter Hartl, seele

Günter Hartl führt seit der Gründung im Jahr 1996 das Werk seele pilsen. Das Stahlbauunternehmen hat sich in dieser Zeit zu einem Spezialisten für architektonisch anspruchsvolle Konstruktionen entwickelt. Hierbei versucht es stets, neue Ideen zu finden, die in Bezug auf Konstruktions-, Fertigungs- und Montageprozesse den hochkomplexen Entwürfen der Architekten gerecht werden.

Bei Schalendächern wie dem in Westfield werden die Tragwerksfelder normalerweise in der Werkstatt vorgebaut, dann auf die Baustelle geliefert und dort zusammengeschweißt. Das Schweißen und Auftragen des Korrosionsschutzes erfolgen bei dieser Methode allerdings unter besonders schwierigen Baustellenbedingungen. Deshalb setzten wir uns bei dem Projekt Westfield von vornherein das Ziel, eine automatisierte Vorgehensweise zu schaffen, die es erlaubt, eine Dachkonstruktion montagefertig auf die Baustelle zu liefern. Darüber hinaus wollten wir ein Knoten-Stab-System mit einem Knotenpunkt entwickeln, der die räumlich unterschiedlich ankommenden Stäbe gestalterisch aufnehmen kann.

Bei der realisierten Lösung durchlief die vollautomatisierte Vorgehensweise die gesamte Prozesskette des Projekts – von der Berechnung über die Konstruktion bis hin zur Ausführung. Die Möglichkeit der rationellen Ausführung im technischen Büro bzw. der Serienfertigung, die schnelle und präzise Montage über die Schraubverbindungen sowie das heutige optische Erscheinungsbild sind die Ergebnisse einer Bauweise, die auf der Umsetzung einer lückenlosen digitalen Kette beruht.

Konstruktion

Die Entwicklung des Knotens fand in unserem Haus unter Beteiligung der Tragwerksplaner Knippers Helbig statt. Sie optimierten die Geometrie der Konstruktion und deren Tragverhalten, errechneten von jedem Element eine Detailstatik und ermittelten die erforderlichen Wandungsstärken. Die komplette Netzgeometrie basiert auf dem statischen Modell der Tragwerksplanung, das mit sämtlichen x-y-z-Koordinaten in das Programm Pro Engineer übernommen wurde. Über die bereits im Detail fertig konstruierten Knoten und Stäbe programmierte die Firma Bachschuster Makros, die über die vorhandenen Koordinaten des Linienmodells jeden einzelnen der geometrisch unterschiedlichen Knoten sowie die Zwischenstäbe für sich generierten. Die Daten im Pro Engineer – rund 450 000 verschiedene Dateien – wurden in NC-Daten umgewandelt, sodass sämtliche NC-Bearbeitungen wie Brennen, Fräsen, Bohren oder Kanten unmittelbar an die Bearbeitungsmaschine

weitergeleitet werden konnten. Der aufwendige Zwischenschritt einer Programmierung direkt an den Produktionsmaschinen entfiel damit.

Durch diese hoch technisierte Vorgehensweise wurden rund 60 000 Einzelteile für die Knoten und 95 000 Einzelteile für die Zwischenstäbe über Computerprogramme generiert und auf CNC-Maschinen (für den Zusammenbau) hergestellt. Dies gewährleistete ein Höchstmaß an Genauigkeit und Fehlerminimierung.

Fertigung

Aus den vorbeschriebenen Einzelteilen setzten wir mithilfe einer Schablone bzw. Montagevorrichtung die einzelnen Knoten und Zwischenstäbe in Handarbeit zusammen. Daraufhin schweißten wir sie ab. Die Kopfplatten bearbeiteten wir nach dem Schweißen mechanisch, die Stirnseiten der Knoten frästen wir räumlich nach der entsprechenden Geometrie ab. Die Genauigkeit im Zehn-

33

34

Feld	Knoten [Stck]	Gewicht [kg]	Teile [Stck]	Zeich-nungen [Stck]	Dateien [Stck]	Stäbe [Stck]	Gewicht [kg]	Teile [Stck]	Zeich-nungen [Stck]	Dateien [Stck]
Mock-up	77	2464	1579	1617	3311	182	8542	1820	910	4732
1, 2, 3	1014	31423	20787	21801	129792	3265	159832	32650	3610	21315
5, 6, 7	1509	46763	30935	32444	193152	4600	219199	46000	4015	24675
8	126	4025	2583	2709	16128	532	28740	5320	1460	7832
9	128	6549	2624	2752	16384	513	40846	5130	1920	10113
10	51	1502	1046	1097	6528	210	8769	2100	1050	5460
4	69	2208	1415	1484	8832	268	17297	2680	1340	6968
Gesamt	2897	92470	59389	62286	370816	9388	474683	93880	13395	76363

35

tel-Bereich in Bezug auf Winkel und Länge führte zu präzise gefertigten Bauteilen, die wir anschließend an einer digitalen Messstation prüften und dokumentierten. Zusammengeschraubt generieren Knoten und Zwischenstäbe auf diese Weise eine perfekt passende Schalenkonstruktion. Die Schalenkonstruktion zeigt einen fließenden Verlauf ohne sichtbar abgesetzte zentrale Knotenpunkte – ein mit geschraubten Konstruktionen bisher kaum erreichtes Erscheinungsbild. Ein wichtige Rolle spielt hierbei die Tatsache, dass wir den Knotenmittelpunkt im Bereich der zurückgesetzten Zentralplatte mit einem speziellen Glasfasermaterial ausgossen und nachschliffen. Nach Fertigstellung ist der unterschiedliche räumliche Verlauf der ankommenden Stabgeometrie für den Betrachter damit unsichtbar. Die Randträger schließlich stellten wir mit angeschweißten Randzwischenstäben und einer Knotenverschraubung im Werk exakt nach Koordinaten her. Dies definierte die Basisgeometrie und schuf die Genauigkeit für das Netz.

Ausführung

Die Montage verantworteten wir mit einem Team aus Montageleitung, Bauleitung und Obermonteuren – mit Unterstützung eines langjährigen Partnerunternehmens, welches ein bis zu 60 Mitarbeiter starkes Montageteam zusammenstellte und Erfahrung in der Montage von seele-Projekten mitbrachte.

Zu Wartungszwecken ist die gesamte Dachfläche »betretbar« ausgebildet. Dabei bestehen 60 % der Fläche aus gedämmten Paneelen, die Restfläche aus Isolierverglasung. Die Anordnung von opaken und transparenten Dreieckselementen erfolgte keineswegs willkürlich, sondern unter Berücksichtigung der zu erwartenden Energieeinträge. Die Anordnung bewirkt, dass bei tief stehender Sonne die Mehrheit der transparenten Elemente beschat-

32 Fräsen der Stirnplatten auf einer CNC-Maschine

33 + 34 Überprüfung der Knotengeometrie durch elektronische bzw. analoge Messungen

35 detaillierte Übersicht der Werkstattunterlagen

36 Aus dem Ergebnisprotokoll der elektronischen Vermessung geht hervor, dass die Abweichung an keinem der gemessenen Punkte größer ist als 0,03 mm.

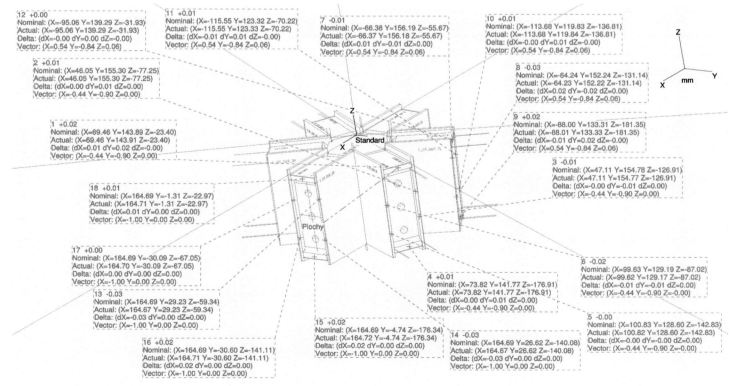

36

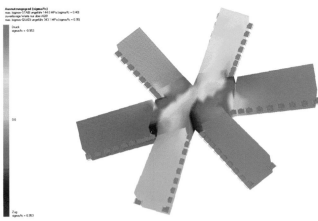

37

38

39

37 Ergebnis der konstruktiven Analyse der Stahlknoten, die mit Farbverläufen den Ausnutzungsgrad sowie die Verteilung von Bereichen mit Zug- und Druckkräften sichtbar macht

38 + 39 Die Einzelteile der Knoten werden mithilfe von Computerprogrammen generiert und einzeln nummeriert, um sie anschließend mit Schablonen bzw. Montagevorrichtungen zusammensetzen und abschweißen zu können.

40 fertig zusammengesetzte und geheftete Knoten

tet wird. Die dreieckigen Dachelemente sitzen mit zwischengelegten Dichtprofilen auf der Gitterstruktur auf; an den Längsseiten sind sie durch je zwei Punkthalter verklemmt und nass verfugt. Die Dachneigungen bestimmten wir so, dass alle Tiefpunkte nach außen entwässern.

Montage und Logistik

Wegen der großen Dachhöhe und der wellenförmigen Dachform arbeiteten wir mit einem zweigeteilten Montagegerüst – bestehend aus einem Flächen- und einem aufgeständerten Stufengerüst, das dem Dach in einem Abstand von 1,5 m folgte. Temporäre Hilfsstützen unterstützten die Schale dabei gemäß den statischen Angaben an den Knotenpunkten. Diese Hilfsstützen richteten wir vor der Montage der Netzkonstruktion exakt nach Koordinaten ein. Dann schraubten wir sie auf einen eigens vorgefertigten Stahlrost, sodass wir sie genau unter den Knotenmittelpunkten einrichten konnten. Auslieferung und Zwischenlagerung der Materialien an der entsprechenden Position auf der Baustelle erfolgten erst nach dem Bau des Montagegerüsts. Die fertigen Stahlbauelemente kamen mit Lastwagen aus unserem tschechischen Werk in Pilsen, Gläser und Paneele wurden von

Zulieferern aus Slowenien und Kroatien im Zuschnitt fertig zugekauft.

Die Randleitern lieferten wir als fertig montierte Bauteile. Bei den insgesamt 118 Leitern handelt es sich um geschweißte Kastenprofile, an denen sich bereits die Anschlüsse für das Netz befanden. Die Schwierigkeit war, die Genauigkeit, die aus dem Dach (den Stäben und den Knoten) resultierte, im Anschluss weiterzuführen: Die Randträger richteten wir präzise auf dem Fassadenstahlbau ein. Wir vermaßen und spannten sie entsprechend ab, um die Schale danach über die einzelnen Knoten und Zwischenstäbe Stück für Stück nach dem Baukastenprinzip zusammenzusetzen. Jeden einzelnen Knotenpunkt maßen wir über 3D-Koordinaten ein, die Knoten und Zwischenstäbe schraubten wir an den Randträger. Die Codierungen der einzelnen Bauteile stellten die richtige Zuordnung auf der Baustelle sicher: Jeder Knoten besaß eine Nummerierung, anhand derer die Ausrichtung sowie die angrenzenden Stabtypen erkennbar waren. Glasscheiben und Paneele beispielsweise wurden vorgruppiert und zwischengelagert, bevor sie ein Kran kurz vor dem Einbau an die entsprechende Stelle hob. Auf diese Weise kamen die Monteure fast ganz ohne Zeichnungen aus.

40

Die Rolle des Fassadenberaters

Christian Brensing (CB) im Gespräch mit Graham Dodd und Wieslaw Kaleta, Arup

CB: Wo liegt der Unterschied zwischen einem Fassadenberater und einem Fassadeningenieur?
Arup: Ein Fassadenberater hat einen guten Überblick über die gesamte Fassadenindustrie und die verfügbaren Systeme. Er unterstützt den Architekten in der Anwendung dieser Systeme und kontrolliert deren Qualität. Wir definieren das, was Arup anbietet, als die Arbeit eines Fassadeningenieurs, denn wir entwerfen über die bestehenden Fassadensysteme hinaus neue und spezifische Lösungen. Dies beinhaltet auch die Tragwerksplanung im Entwurf neuer Fassaden und Dächer. Wir entwickeln ebenso neue Konzepte für die Anwendung neuer Materialien und neue tragwerksplanerische Systeme – sei es nun für Glas-, Metall- oder Steinfassaden. Außerdem sind die Belange der Tragwerksplanung mit denen der Bauphysik verbunden, also die Steuerung der Fassade im Verhältnis zur Durchlässigkeit von Wärme, Licht, Feuchtigkeit und Luft. So erlangt der Ingenieur einen neuen Zugang zur Fassade. Ein Fassadenberater steht immer am Projektanfang. Ein Fassadeningenieur hingegen ist mitten im Projekt und bis zu dessen Ende dabei.

CB: Bietet Arup beide Leistungen an?
Arup: Wir bieten die ganze Palette an – von den frühen Entwurfsphasen bis zur Beratung, welche Fassadenvarianten und Materialien für das jeweilige Projekt angebracht sind. Dabei geht es jedoch nicht nur um ingenieurtechnische Belange, sondern auch um Themen wie Kosten, Vergabe und Bauzeiten.

CB: Wie kamen Sie zu dem Projekt und worin bestanden Ihre Aufgaben?
Arup: Wir stießen erst in einer sehr späten Phase zum Projekt, als seele und alle anderen Firmen schon an Bord waren. Unser Auftraggeber war Westfield Shoppingtowns und unser Auftrag lautete zu berichten, wie etwas geplant und auf der Baustelle ausgeführt wurde. Aufgrund der Größe des gesamten Bauvorhabens teilte der Bauherr die Konstruktion des Daches zwischen zwei Firmen, seele und Waagner Biro, auf, sodass er die Sicherheit hatte, dass das Projekt im engen Zeit- und Kostenrahmen fertig gestellt werden würde. Die Auf-

gabe von Arup war es, die Entwürfe zu begutachten und die Berechnungen bezüglich der Annahmen zur Glasspezifikation und Bauphysik zu überprüfen. Auf diese Weise konnten wir alle Berechnungen von seele validieren. Wir nahmen an Testversuchen teil, bewerteten diese und kontrollierten die Fertigung sowie die Installation auf der Baustelle.

CB: War Arup auch an den herkömmlichen Fassaden von Westfield beteiligt?
Arup: Wir waren an allen Fassaden des Westfield-Einkaufszentrums beteiligt. Arup Facade Engineering ist grundsätzlich in jede Art von Bauaufgaben involviert, die im Zusammenhang mit der Gebäudehülle stehen. Dabei werden wir ständig zu allen Fachfragen in Bezug auf Materialien, Baubarkeit, Forschung und Erprobung, Vergabe, Wärmeschutz und Nachhaltigkeit konsultiert. Natürlich beschäftigen wir uns auch mit Dächern, insbesondere mit verglasten Teilbereichen. Aber nebenbei gesagt: Der Bauherr von Westfield zog uns auch zu Steinfassaden und -böden zu Rate.

CB: Welche Rolle spielten automatisierte Verfahrensweisen während der Entwurfs- und Bauphase?
Arup: Da das Bauvorhaben eine beachtliche Größe hatte, war von Anfang an klar, dass der Entwurf, die Fertigung und die Installation ohne die Anwendung modernster CAD-Programme nicht zu bewältigen waren, insbesondere aufgrund der dreidimensionalen Gestalt. Westfield ist eines dieser Projekte, die komplett digital entworfen wurden. Und: Allein die Definition der Dachform und die architektonischen 3D-Darstellungen während der Entwurfsphase lassen sich nur mit entsprechend spezialisierten Stahl- und Glasherstellern planen und realisieren. Sie müssen die Fähigkeiten haben, von den Werkszeichnungen bis hin zur Ausbildung der einzelnen Komponenten an einem 3D-CAD-Modell zu arbeiten. Die alten Methoden können die Handhabung der Datenmengen und deren Einspeisung in die Fertigung schlichtweg nicht mehr gewährleisten. Wir hatten ungefähr 4000 unterschiedliche Glasscheiben, jeder Knotenpunkt war andersartig. Ebenso die Teile, die damit in Verbindung standen. Doch auch die Überwachung und Logistik sind sehr auf-

Zur Erprobung der für Westfield entwickelten Konstruktion baute seele ein 1:1-Modell. Dieses steht am Stammsitz der Unternehmensgruppe in Gersthofen, wo sich neben Projektmanagement, Engineering und Produktion die zentrale Forschungs- und Entwicklungsabteilung sowie das große Test- und Prüfcenter befinden.

Arup ist ein weltweit tätiges Unternehmen mit Designern, Ingenieuren, Planern und Beratern mit Hauptsitz in London und 10 000 Mitarbeitern in 37 Ländern.

Graham Dodd ist Projektleiter für Bauvorhaben in Europa, Asien und Nordamerika, Wieslaw Kaleta Fassadenbauingenieur und Verantwortlicher für die Geschäftsentwicklung in Polen.

41

41 Durch den Verguss des zentralen Knotens mit Kunstfaserspachtel entsteht eine Schalenkonstruktion mit fließendem Verlauf ohne sichtbare Knotenpunkte.

42 + 43 Aufgrund der Größe des Bauvorhabens und des engen Zeitrahmens teilte Westfield die Glasüberdachung des Einkaufszentrums zwischen den beiden Firmen – seele und Waagner Biro – auf. Auf der Grundlage des gleichen Entwurfskonzepts entwarfen beide Firmen zwar Schalenkonstruktionen, verfolgten dabei jedoch ganz unterschiedliche Ansätze. Während seele die Knoten und Zwischenstäbe der östlichen und der westlichen Passage mit Schrauben verband, setzte Waagner Biro beim zentralen Atrium (das aufgrund der größeren Spannweite mit »Stützen-Bäumen« ausgeführt werden musste) auf Schweißtechnik.

42

wendig. Jede einzelne Komponente benötigte ihre eigene Nummer, sie musste gekennzeichnet, an den richtigen Ort auf die Baustelle gebracht und dann richtig herum eingebaut werden. Natürlich entwarfen die Architekten das wellenförmige Dach, aber es waren die Baufirmen, die es optimierten und die entsetzliche Menge unterschiedlicher Bauteile in den Griff bekamen.

CB: Konnte Arup den Entwurf beeinflussen?
Arup: Wir waren am eigentlichen Entwurf nicht beteiligt. Natürlich hatten wir einige Anmerkungen, aber der Großteil der Arbeit am Dach führten seele und Waagner Biro selbst aus. Die starke Auf-und-Ab-Bewegung des Daches wurde in der Weiterentwicklung des Entwurfs rationalisiert. Das Konzept der dreieckigen Rahmenkonstruktion basiert im ganzen Dachbereich auf jeweils maschinell hergestellten festen Knoten und weiteren, nicht fixierten Elementen. Diese Art der Konstruktion hatte sich bereits bei anderen Bauvorhaben bewährt. Dennoch waren die Berechnungen für das Tragwerk ungemein aufwendig. Die Aufgabe von Arup war es, alle Lastannahmen und das gesamte Konzept auf den Prüfstand zu stellen. Auch prüften wir die auftretenden Kräfte wie zum Beispiel die Durchbiegungen – allerdings ohne die Berechnungen selbst nachzuvollziehen, da dies nicht unserer Beauftragung entsprach.

CB: Arup kontrollierte auch Waagner Biro. Wie unterschied sich die Zusammenarbeit von der mit seele?
Arup: Beide Firmen verfolgten einen unterschiedlichen Ansatz, obwohl es sich um ein und dasselbe Projekt handelte. Die beiden Dachsegmente, eines von seele, das andere von Waagner Biro ausgeführt, verfügen über verschiedene Dachformen und Tragwerke. In beiden Fällen handelt es sich um eine Art von Schale. Das Dach von seele spannt bis zu 25 m weit. Waagner Biro musste aufgrund der noch größeren Spannweiten »Stützen-Bäume« entwerfen. Der zweite Unterschied von Anbeginn war, dass seele an den Knotenpunkten die losen Elemente mit Bolzen verband, Waagner Biro aber auf Schweißtechnik setzte. Für jede Lösung gibt es Vor- und Nachteile.

Aber es war schon faszinierend zu beobachten, wie ein und dasselbe Problem auf zwei unterschiedliche Weisen gelöst wurde. Dabei war jede Lösung mit ihrer entsprechenden Bauweise der von den jeweiligen Firmen bevorzugte Entwurf. An diesem Beispiel lässt sich gut aufzeigen, was der Unterschied zwischen einem Fassadenberater und einem Fassadeningenieur ist. Wäre Arup zu einem früheren Zeitpunkt am Projekt beteiligt gewesen, hätten wir an der Entscheidung mitgewirkt, ob auf der Baustelle nun alles mit Bolzen versehen oder geschweißt werden sollte. Wir hätten ebenso bezüglich der ingenieurtechnischen Varianten die jeweiligen Vor- und Nachteile ausgearbeitet. Vielleicht wären wir zu den gleichen Ergebnissen gekommen. Im Bereich der »Bäume« ergibt es mehr Sinn, vor Ort zu schweißen. In anderen Bereichen mit kürzeren Spannweiten setzt man sinnvollerweise Bolzenverbindungen ein. Ich denke, eines der schönen Dinge am Ingenieurwesen ist es gerade, dass man etwas auf komplett unterschiedlichen Wegen realisieren kann. Arup wollte sich dem nicht in den Weg stellen.

43

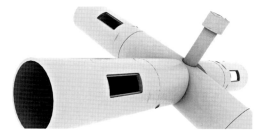

44

Minimierte Schalentragwerke – Herausforderungen und Ausblick

Josef J. Ludwig, seele

Die Herausforderung bei der Realisierung von Schalentragwerken besteht grundsätzlich darin, einen möglichst großen Raum stützenfrei und mit minimalem Materialaufwand zu überdecken, verbunden mit einer leichten Montierbarkeit. Die im Glasbau derzeit üblichen Schalentragwerke sind prinzipiell als Stabgitterschalen zu verstehen, bei deren Auflösung in Stäbe der Versuch unternommen wird, lediglich mit Normalkräften auszukommen (Druck- und Zugkräfte). Die bekannten Dreiecks- und Orthogonal-Strukturen, meist mit Zugdiagonalen ausgestattet, lassen in der Profil-, Form- und Geometriewahl gewisse Spielräume zu, allerdings mit endlichen Grenzen bezüglich der Ästhetik und Transparenz. Die technischen Entwicklungen bieten für diese Systeme heutzutage ausreichend Möglichkeiten, wirtschaftlichere und in der Gestaltung verbesserte Konstruktionen zu realisieren. Hier möchte ich beispielhaft die Optimierung mithilfe von anwendungsfreundlichen 3D-Form-/Geometriewerkzeugen und die anschließende Netzgenerierung und Netzoptimierung erwähnen.

Ausblick

Die Möglichkeiten unseres Systems sind bei Weitem noch nicht ausgeschöpft. Wir beschäftigen uns sowohl mit neuen Ansätzen in der grundsätzlichen Geometriefindung als auch in der Optimierung im Detail (verbesserte Herstellungs- und Montagemöglichkeiten). Eine Reihe von vielversprechenden Ansätzen und Ideen lässt hier die Mutmaßung zu, dass anspruchsvolle Konstruktionen entstehen werden.

In naher Zukunft und mit weiterer Erforschung und Nutzung der Trageigenschaften des Werkstoffes Glas werden voraussichtlich Stabgitterschalen mit aussteifenden Gläsern zum Einsatz kommen. Es ist damit ein weiterer Schritt in Richtung Materialersparnis und Nutzung der Möglichkeiten diverser Materialien getan. Vorstellbar sind Hybridkonstruktionen mit tragenden und weitspannenden Gläsern, die entweder durch neuartige Glaseigenschaften oder Interlayer in der Lage sind, größere Spannweiten und somit größere Felder auszubilden, oder Konstruktionen mit gebogenen bzw. gewölbten Elementen, die durch die Nutzung

ihrer Form eine größere Maschenweite und somit einen besseren Materialeinsatz und mehr Transparenz zulassen.

Der Einsatz optimierter Herstellungsprozesse und innovativer, zum Beispiel tragfähigerer Materialien lässt gerade bei dieser Art von Tragwerk auf optimale Ergebnisse hoffen. Angesichts der Tatsache, dass bei solchen Flächentragwerken der Eigenlastanteil eine wichtige Rolle spielt, ist die Verwendung gewichtsminimierender Materialien unersetzlich.

Ein Seitenblick in die Automobil- und Luft-/Raumfahrttechnik lässt die künftigen vielfältigen Einsatzmöglichkeiten von Faserverbundwerkstoffen und des Klebens als Fügetechnik erahnen.

Wiederum realisierungsnah erscheint mir der Bau von Ganzglasschalentragwerken. Mit der Entwicklung lastabtragender Ganzglasschalentragwerke in unserer Firma steht nunmehr der nächste Schritt bevor, mit gekrümmten Elementen, somit unter Nutzung der Form, völlig entmaterialisierte, transparente Schalenhüllen zu realisieren.

Es bleibt also spannend, in der Aufgabe die Grenzen auszuweiten und neue Konstruktionsmöglichkeiten zu schaffen.

Nach dem Studium im Fach Bauingenieurwesen Stahlbau an der FH München ist Josef J. Ludwig zunächst Tragwerksplaner bei der Firma seele, dann Abteilungsleiter des Bereichs Statik. 1996 gründet er ein eigenes Ingenieurbüro für Tragwerksplanung. Seit 2006 ist Ludwig Geschäftsführer von seele austria.

44 Beim der Mansueto Library in Chicago handelt es sich um einen Lesesaal als Erweiterung der bestehenden Regenstein Bibliothek. Bestandteil des Auftragsumfangs von seele ist neben der Brücke als Verbindung zwischen den Gebäuden auch der »dome« – eine Kuppel bestehend aus Stahlrohren und -knoten mit aufgeständerten Aluprofilen als Glasauflager.
45 lokal und global gewölbtes Schalentragwerk
46 Stabgitterschale mit großer gewölbter Glasscheibe

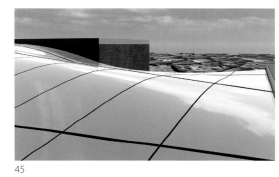

45

46

FOLIEN UND MEMBRANEN

Allianz Arena, München

Detail im Gespräch mit Jacques Herzog und Robert Hösl, Herzog & de Meuron (H&deM)

Detail: Wie kommt ein so renommiertes Büro wie Herzog & de Meuron, das in den letzten Jahren weltweit zahlreiche spektakuläre Kulturbauten verwirklicht hat, dazu, sich an einem Bauträgerwettbewerb zu beteiligen – noch dazu unter enormem Zeit- und Kostendruck?

H&deM: Das hatte zwei Gründe. Zum einen unsere intime und intensive Beziehung zum Fußball und die Erkenntnis, dass dieses Stadionprojekt eine Ausnahmeaufgabe in Deutschland darstellt, ein Stadion gleich für zwei Bundesligavereine, welches zugleich Eröffnungsort der Fußball-WM 2006 sein wird. Zum anderen unsere besondere Beziehung zu München über viele Jahre hinweg mit so wichtigen Projekten wie der Sammlung Goetz als frühes internationales Schlüsselprojekt und den Fünf Höfen als ein großes öffentliches Projekt von städtebaulicher Relevanz. Wir hatten also schon einige Jahre ein Büro in München, als dieser Wettbewerb ausgeschrieben wurde.

Detail: Jacques Herzog, können Sie Ihre persönliche Beziehung zum Fußball näher beschreiben?

H&deM: Ich liebe Fußball. Ich bin unmittelbar neben dem damaligen Fußballplatz aufgewachsen quasi im Hinterhof des FC Basel und habe lange selbst gespielt. Und auch heute noch schaue ich mir leidenschaftlich gerne Spiele im Stadion an. Daher ist mir das Thema auch aus der Sicht des Zuschauers bestens vertraut.

Detail: Welche Bedeutung kommt dem Fußball in unserer heutigen Gesellschaft zu?

H&deM: Fußball ist kein reiner Arbeitersport mehr, sondern ein Sport, mit dem sich große Teile der Bevölkerung beschäftigen. Fußball hat sich in dieser postindustriellen Gesellschaft erfolgreich behauptet. Das ist eine Art gesellschaftliche Oper im großen Maßstab geworden, ohne die klassische Oper zu verdrängen. Einzelne Stars werden wie Filmstars gehandelt und unglaublich hoch bezahlt wie David Beckham zum Beispiel, der eine Art Popstar geworden ist. Vor einigen Jahren war das völlig undenkbar.

Detail: Hat diese Entwicklung Auswirkungen auf die Architektur der Stadien?

H&deM: Bis jetzt hat dieser Bedeutungswandel nie eine Rolle gespielt, weil Stadien meist von Ingenieuren oder von spezialisierten Firmen geplant und nur die wenigsten von Architekten gestaltet wurden. Das ist beim Olympiastadion hier in München der Fall, sonst gab es bisher kaum ein Stadion, das architektonisch besonders geprägt war bis zu unserem Projekt in Basel. Das war, soviel ich weiß, der erste Stadionbau der neuen Generation, bei dem Architektur wirklich im Vordergrund der Überlegung stand und nicht möglichst große Spannweiten, ein großes verschiebbares Dach oder sonstige populistische Kühnheiten.

Detail: Sie haben das Olympiastadion in München angesprochen, das sich zum Landschaftspark hin öffnet. Ist die introvertierte Allianz Arena die Gegenthese dazu?

H&deM: Das Olympiastadion ist ein großartiges Gebäude, hat aber mit unserem Projekt nichts zu tun. Wir haben auch nicht versucht, Analogien einzubringen, das funktioniert selten. Ich finde es toll, wenn München jetzt zwei unterschiedliche Architekturen hat, die von völlig unterschiedlichen Konzepten ausgehen. Beim Olympiastadion als Leichtathletik-Stadion ist eine viel größere Offenheit und Gelassenheit angesagt, die Wettkämpfe sind freundlicher, es sind mehrere Disziplinen auf dem Feld. Das drückt sich natürlich in der Architektur aus. Fußball bedeutet dagegen immer die direkte Konfrontation einer Mannschaft gegen die andere. Das sind beinahe feindselige Kämpfe und das Stadion gleicht schon fast einer Burg, das Spielfeld einem Schlachtfeld – überspitzt ausgedrückt.

Detail: Herr Herzog, haben Sie damit keine Probleme? Sie entwarfen auf Wunsch der Vereine einen Hexenkessel, der die Stimmung zusätzlich aufheizt. Kann das nicht auch zu Gewaltausbrüchen führen?

H&deM: Ich nenne das Innere des Stadions nicht Hexenkessel, sondern Wahrnehmungsmaschine. Die Interaktivität, das totale Verstärken der Emotionen ist das Wichtigste bei allen unseren Projekten. Hooliganismus hat mit Architektur nichts zu tun. Architektur kann Emotionen verstärken, aber Hooliganismus kann weder durch Architektur ausgelöst noch eingedämmt werden. Wir können nicht

Das Gespräch ist ein Auszug aus einem Interview, das Frank Kaltenbach und Christian Schittich im Juli 2005 mit Jacques Herzog und Robert Hösl für DETAIL 09/2005 führten.

Jacques Herzog gründet 1978 zusammen mit Pierre de Meuron das in Basel ansässige Architekturbüro Herzog & de Meuron. Robert Hösl ist seit 2003 Partner im Büro.

41

wegen radikaler unkontrollierbarer Emotionen langweilige Architektur machen – weder für eine Oper oder ein Museum noch für ein Fußballstadion.

Detail: Können Sie kurz das Konzept der Allianz Arena vorstellen?
H&deM: Das ist wie bei einer Kinderzeichnung mit Punkt, Punkt, Komma, Strich, fertig ist das Angesicht. Es sind drei, vier Aspekte, die radikal auf den Punkt gebracht worden sind. Sehr spezifisch ist die Esplanade, dieser fast zeremonielle Weg zwischen U-Bahn-Station und Stadion, wo die Stadionbesucher in Mäandern auf das Stadion zugehen, das hinter dem sanften Hügel liegt und sich erst beim Herunterschreiten offenbart. Die Zuschauer bewegen sich in einer umarmenden Geste um das Stadion herum. Die Kaskadentreppen setzen dieses Einlaufritual ins Gebäude fort. Der andere Aspekt ist natürlich das Gebäude als Zeichen, das seine Farbe von Weiß nach Rot und Blau wandelt, wie eine Membran die Energie von innen nach außen trägt und dort als Lichtkörper wahrgenommen wird. Und drittens die Radikalisierung des Raums im Inneren, der, wie gesagt, einer interaktiven Wahrnehmungsmaschine gleicht, fast wie eine klassische Arena.

Detail: Die Besonderheit war ja, ein Stadion für zwei Vereine zu planen. Gab es zu Beginn des Entwurfs Alternativen, wie diese Anforderung zu erfüllen wäre?
H&deM: Nein, man wusste, dass sich zwei Vereine mit dem gleichen Stadion identifizieren sollten und auch das Nationalteam dort spielt. Das Lichtkonzept mit der Veränderbarkeit der Farbe war von Anfang an ein wichtiger Bestandteil des Entwurfs.

Detail: Ist das Lichtkonzept eine Weiterentwicklung Ihres St. Jakob-Stadions, wo die Fassade in Rot aufleuchtet, wenn der FC Basel ein Tor schießt?
H&deM: Ja, die Hinterleuchtung in den Vereinsfarben schien uns an beiden räumlich unterschiedlichen Situationen eine Möglichkeit. In München, wo der Baukörper frei auf dem offenen Feld steht, ist der Effekt wegen der Fernwirkung deutlich interessanter, während das Baseler Stadion in einem schon bebauten Umfeld integriert ist. In techni-

scher Hinsicht machen wir uns für die Aufstockung des Basler Stadions für die EM 2008, die ja schon im Gang ist, die Erfahrung aus München zunutze und werden ETFE-Kissen einsetzen statt der damals verwendeten Lichtkuppeln aus Polycarbonat.

Detail: In Ihrem Buch »Naturgeschichte« zeigen Sie den Einfluss von Natur und die Kunst als Inspirationsquellen für Ihre Entwürfe. Gab es bei der Formfindung der Stadionhülle solche Vorbilder?
H&deM: Nein. Wir wollten verschiedene Formen zur Individualisierung der Oberfläche. Das Alternativkonzept wäre eine glatte Hülle über das gesamte Gebäude hinweg gewesen, ohne Unterteilungen. Aber diese Differenziertheit schien uns wichtig, um das Innere des Stadions nach außen zu reflektieren, also konkret die Maßstäblichkeit des einzelnen Zuschauers.

Detail: Die Hülle ist in Rauten aufgeteilt. War diese Geometrie rein technisch bedingt oder dient sie der Dynamisierung des Baukörpers?
H&deM: Das hatte nicht zuletzt folkloristische Gründe. Bei entsprechender Beleuchtung mit weiß-blauen Karos mutet das Muster wie die bayerische Flagge an. Die Raute hat aber auch weitere Vorteile konstruktiver und gestalterischer Art. Sie nimmt z. B. die ansteigende Bewegung der umlaufenden Kaskadentreppen auf. Eine rein vertikale Fassade hätte banal ausgesehen, wie die Plastik-Version einer neoklassischen Architektur. Wir untersuchen immer unterschiedliche Strukturen, die dann konstruktive und ikonografische Elemente verbinden.

Detail: Wie lässt sich das Münchner Stadion in Ihr Gesamtwerk einordnen? Mit der klaren Geometrie und monochromen Materialität erinnert es eher an Ihre früheren minimalistischen Projekte als an die jüngsten oftmals sehr dekorativen Entwürfe.
H&deM: Wir lassen uns da nicht festlegen. Uns interessiert Architektur als Möglichkeit, sich heute auszudrücken. Bevor wir mit den Minimalarchitekturen begonnen hatten, hat kein anderer Architekt so etwas gemacht. Wir waren die Ersten, weil wir einen Weg suchten, uns in einer Welt des aufkommenden Dekonstruktivismus und der Postmoderne

zu behaupten – das ist uns auch gelungen. Gegen den damals üblichen Überfluss an Formen war diese totale Vereinfachung die einzige wirksame Waffe. Aber jetzt hat sich die Welt erneut verändert und Architektur hat viele Gesichter. Je nach Projekt fällt das Ergebnis bei uns dekorativ oder weniger dekorativ aus.

Detail: Wo ist das Verbindende, der rote Faden in Ihrem Werk?
H&deM: Ein Gebäude ist entweder besser oder weniger gut, richtig oder weniger richtig, angemessen oder weniger angemessen – das sind unsere Kriterien. Ob die Formensprache minimal oder maximal ist, manieriert oder weniger manieriert, ist uns weniger wichtig. Da haben wir keine Vorliebe, das hängt von jeder einzelnen Bauaufgabe ab.

Detail: Moderne Stadien sind meist mit zusätzlichen Nutzungen überfrachtet wie Fan-Bereichen, Businessclubs, Restaurants. Im St. Jakob-Stadion ist sogar ein Altenheim integriert (...)
H&deM: Damit haben wir keine Probleme. Früher waren Stadien wie Kirchen in die Quartiere eingebunden, an die Geschäfte direkt angebaut wurden,

es waren wirkliche Zentren von Stadtteilen. Heute ist das umgekehrt, die Stadt wächst zu den Stadien hinaus wie in Basel. In München ist das noch nicht der Fall. Auch hier wird sich aber in absehbarer Zeit zeigen – mit oder ohne Masterplan –, dass diese städtische Entwicklung unvermeidlich sein wird, weil das Stadion ein starker Attraktor und ein städtebauliches Zeichen ist. Welche zusätzlichen Nutzungen unter den Tribünen und unter dem Spielfeld untergebracht sind oder ob sie als separate Gebäude neben dem Stadion errichtet werden, spielt viel weniger eine Rolle. Entscheidend ist die Art und Weise, wie es gemacht wird.

Detail: Welche architektonischen Mittel schaffen für ein Stadion eine gute Atmosphäre?
H&deM: Eine falsche Entwicklung der letzten Jahre waren die transparenten Glasdächer, die eine spezifische Räumlichkeit im Inneren nicht ermöglichen. Die Energie entweicht nach oben. Die Allianz Arena hat zwar auch ein transparentes Dach, um Licht auf den Rasen zu lassen, aber während des Spiels wird eine Membran zugezogen. In Basel ist das Dach von vornherein geschlossen. Die Kompaktheit, eine räumliche Fassung nach oben ist für die Atmosphäre extrem wichtig. (...)

Baudaten
Bauherr:
Allianz Arena München-Stadion GmbH
Architekten:
Herzog & de Meuron, Basel
Generalübernehmer:
Alpine Bau Deutschland, Eching
Tragwerksplanung:
Arup, Manchester;
Sailer Stepan Partner, München;
Kling Consult, Krumbach;
Walter Mory Maier, Basel;
IB Haringer, München
Fassadenplanung:
R & R Fuchs, Ingenieurbüro für Fassadentechnik, München
Bemessung Pneu-Hülle:
Engineering + Design, Linke und Moritz GbR, Rosenheim
Gebäudetechnik:
TGA Consulting, München
Lichtplanung:
Werner Tropp Schmidt, München
ETFE-Hülle:
Covertex, Obing
Folienmaterial ETFE-Folien:
Asahi Glass Europe, Amsterdam
Konfektionierung ETFE-Folien:
KfM GmbH, Edersleben
Montage ETFE-Pneus:
Membranteam, Ravensburg
Luftversorgung ETFE-Pneus:
Gustav Nolting, Detmold

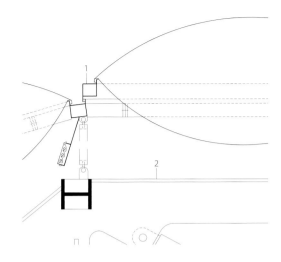

Von der Idee zum Detail

Detail im Gespräch mit Tim Hupe (TH), ehem. Herzog & de Meuron

Zwischen 1999 und 2004 ist Tim Hupe Architekt bei Herzog & de Meuron. Für die Allianz Arena zeichnet er von der ersten Skizze bis hin zur Fertigstellung des Planungsprozesses verantwortlich. Hierfür leitet er ein 30-köpfiges Architektenteam. Im Anschluss gründet er das Architekturbüro Tim Hupe Architekten in Hamburg.

Detail: Herr Hupe, Medienvertreter tauften die Allianz Arena den »Schwimmreifen« und das »Schlauchboot«. Wie klingt das in Ihren Ohren?
TH: Die Allianz als Hauptsponsor hat damals die Aufgabe gestellt, ein sehr sicheres Stadion zu bauen. Interessanterweise haben beide Objekte etwas mit Spaß, zum anderen aber auch mit Sicherheit zu tun. Daher erscheinen mir diese Metaphern nicht abwegig.

Detail: Wie kam es zu dieser signifikanten Figur?
TH: Der Grundgedanke ist, dass das Stadion frei in der Landschaft steht und zusammen mit dem Windrad eine Art Stadttorsituation bildet. Im Gegensatz zum Olympiastadion ist die Allianz Arena ein Solitär, der nur aus sich heraus und in sich allein funktioniert. Daraus ergibt sich eine sehr introvertierte Figur mit der Tribüne als eigentlicher Vorderseite und dem Äußeren als Rückseite des Gebäudes.
Unser Ziel im Wettbewerbsteam bei Herzog & de Meuron war es, aus dieser Rückseite eine Vorderseite zu machen, das heißt, dem Baukörper ein Bild zu verleihen. Hierzu haben wir verschiedene Objekte untersucht – Kessel, Töpfe, Vasen, Körbe … Bei Letzteren faszinierte uns die Verhältnismäßigkeit, die das Flechten erzeugt. Es entsteht eine Maßstäblichkeit zwischen den Einzelteilen und der Maßstäblichkeit des Objektes. Übertragen auf unser Gebäude bedeutete das eine Struktur, die Dach und Fassade miteinander verbindet. Hierzu boten

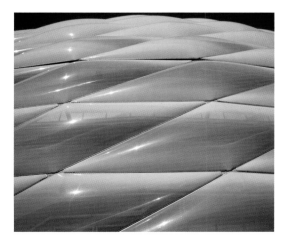

sich die Diagonalen des Flechtmusters an. Eine Fassadenkonstruktion aus Glas hätte uns an gewisse Elementgrößen gebunden. Darüber hinaus bestand die Gefahr, das Stadion wie ein Bürohaus oder ein Shoppingcenter aussehen zu lassen.

Detail: Das heißt, die Folienfassade war bereits von Anfang an wesentlicher Bestandteil Ihres Entwurfskonzepts?
TH: In einer frühen Phase dachten wir an eine Polycarbonat-Elementfassade. Lediglich das Dach sollte als Folienhülle ausgeführt werden. Der Fassadenplaner R & R Fuchs brachte uns während der zweiten Wettbewerbsphase auf die Idee, die Folie auch an der Fassade zu verwenden. Wir waren uns am Anfang nicht so sicher, haben uns aber sehr schnell dafür entschieden, obwohl uns bewusst war, mit dieser Konstruktion bei einigen Beteiligten Stirnrunzeln zu erzeugen.

Detail: Die Skeptiker konnten Sie aber mit handfesten Argumenten überzeugen.
TH: Ja, sonst hätten wir unsere Idee auch nicht durchsetzen können. Nun war der Termin der Fertigstellung mit der WM 2006 festgelegt, und durch das GU-Verhandlungsverfahren mussten wir bereits vor Auftragsvergabe nachweisen, dass unsere Idee funktionieren würde. Als das Konstruktionsprinzip der Hülle feststand, ließen wir es unter verschiedenen Gesichtspunkten wie Vandalismus, Brandschutz und Transparenz untersuchen. Für den Brandschutz beispielsweise erwies sich die ETFE-Folie im Gegensatz zum Polycarbonat als deutlich im Vorteil. Dadurch, dass die Haut nur 0,2 mm dünn ist, sind die Brandlasten verschwindend gering. Die Folie zieht sich sofort aus dem Brandherd zurück.

Detail: Sie arbeiteten schon in einer frühen Entwurfsphase mit den Fachplanern zusammen?
TH: Ja. Arup Berlin beispielsweise hatte bereits für die Wettbewerbsphase ein Tragwerkskonzept der Stadionschüssel erarbeitet. Nach der Beauftragung stieß das Ingenieurbüro Sailer Stepan aus München zu unserem Team. Es kannte die lokalen Behörden, was natürlich für die weitere Planung von großem Vorteil war.

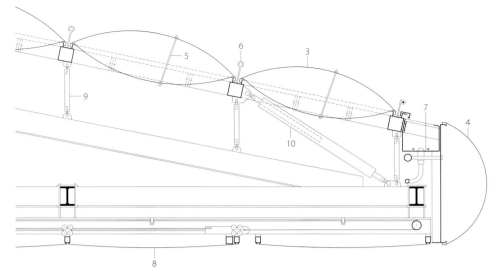

Detail: Welche waren Ihre Vorgaben an die Tragwerksplaner?
TH: Nun, das Tragwerk war für uns eher nebensächlich. Den Zuschauer interessiert doch mehr das Spielgeschehen als der Träger, unter dem er sitzt. Außerdem ist ein »schönes« Tragwerk sehr teuer. Die einzige Auflage an den Tragwerksplaner war, die Konstruktion ökonomisch zu gestalten.

Detail: Hatten Sie in der Entwurfsphase schon die Lichtanimation vor Augen?
TH: Ja, sie war eine der ersten Ideen. Eine große Rolle spielte hierbei die Bedruckung. Einerseits mussten die Kissen bei Nacht mit Licht animiert, andererseits durchschaubar sein. Gleichzeitig sollten die Leuchten am oberen und am unteren Kissenrand wegen der erwünschten Tiefenwirkung des Gebäudes für den Betrachter unsichtbar sein. Aus diesen Bedingungen heraus entschieden wir uns für eine Punktbedruckung mit einem abnehmenden Verlauf vom Kissenrand bis zur Kissenmitte. Dort ist die Folie nur noch zu 20 % bedruckt. An bis zu zwölf 1:1-Musterkissen gleichzeitig untersuchten wir unterschiedliche Bedruckungen und Beleuchtungen. Dies war ein langwieriger Prozess.

Detail: Ist das Gebäude denn so geworden, wie Sie es sich vorgestellt haben?
TH: Ja, absolut. Sogar besser. Weil man es sich in dieser Komplexität vorher einfach gar nicht vorstellen kann. Ich würde sogar behaupten, dass das Ergebnis besser ist als unsere ursprüngliche Vorstellung. Es lag sozusagen jenseits unseres Imaginationsraumes.

Detail: Was war für Sie die größte Herausforderung?
TH: Eine der größten Herausforderungen war sicherlich der Zeitdruck. Der Termin, an dem der Wettbewerb ausgelobt wurde, war der spätmögliche überhaupt. Mit diesem engen Zeitfenster schien mir das Projekt zunächst nicht bewältigbar. Es wurde uns aber versichert, dass alle Beteiligten an einem Strang ziehen würden.

Detail: So wurde auf der Baustelle 24 Stunden durchgearbeitet.

TH: Auf der Baustelle wurde im Dreischicht-Betrieb gearbeitet. Sehr strenge Winter verzögerten den Bauablauf zum Teil. Die Bauherrenentscheidungen und Genehmigungsverfahren gingen jedoch ausgesprochen schnell vonstatten. Die Verfahren wurden abgekürzt, die Entscheidungen fielen direkt und zeitnah. Die ersten Skizzen entstanden im September 2001, am 8. Februar 2002 haben wir den Wettbewerb gewonnen und drei Monate später den Bauantrag abgegeben. Im Oktober 2002 floss bereits der erste Beton. Alle zogen mit, denn die FIFA forderte das erste Testspiel bereits ein Jahr vor der Weltmeisterschaft. Wir hatten für den Bau also ein Zeitfenster von gut zweieinhalb Jahren. Unsere Planung war im Wesentlichen im Frühjahr 2004 beendet.

Detail: Wie und wann trat die ausführende Firma Covertex auf, die heutige seele cover?
TH: Covertex hatte bei der Alpine Bau, dem GU, ein Angebot für die Fassade abgegeben. Wir selbst waren an den Vergabeverhandlungen nicht beteiligt. Das Ingenieurbüro R & R Fuchs stand der Alpine Bau als technischer Berater zur Seite. Von ihm kam die Empfehlung zur Firma Covertex, die schließlich den Auftrag für die Hülle bekam. Ihr Angebot überzeugte vor allem durch sehr durchdachte und plausible Details. Ein Beispiel hierzu war der Kreuzungspunkt zwischen den Kissen. Über der Wasserführungsrinne sahen wir als Planer zunächst ein Abdeckblech vor. Bei der Bemusterung zeigte sich jedoch, dass wir darauf verzichten konnten. Der Input kam letztlich auch von Covertex. Indem wir das Blech wegließen, sparten wir Zeit und Geld. Es ergab sich außerdem ein gestalterischer Vorteil: Die offene Rinne wirkt als optische Fuge zwischen den Membranen. Grundsätzlich haben wir aus dem Einsparen und Weglassen eine Tugend gemacht.

Detail: Was war Ihr bewegendster Moment?
TH: Sicherlich der Wettbewerbsbeginn. Aber noch etwas: Von unserem Baubüro aus konnten wir den Bauablauf in situ miterleben. Es war faszinierend, die Montage der Dachträger und Folienkissen mitzuverfolgen. Das, was wir zeichneten, wurde fast zeitgleich umgesetzt. Für mich waren es zweieinhalb durchgehend spannende Jahre.

Schnitt Dach Westtribüne
Maßstab 1:50
1 Entlüftung Hubelement mit ETFE-Pneu
2 Obergurt Stahlrohr ⌀ 600/600 bis 300/200 mm
3 Pneu ETFE-Folie transparent 0,2 mm
4 Traufpneu ETFE-Folie weiß 0,2 mm
5 Entwässerungsrohr bei Betriebsstörung
6 Absturzsicherung Edelstahl
7 Regenrinne
8 Unterdecke auffahrbar, PU/Glasfaser-Gewebe
9 Pendelstütze Stahlrohr ⌀ variabel
10 Federstab ⌀ 140 mm

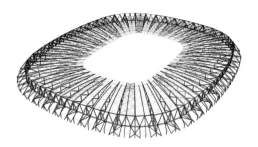

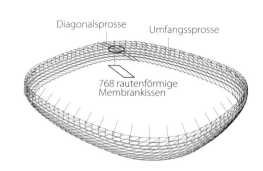

Diagonalsprosse   Umfangssprosse

768 rautenförmige
Membrankissen

Dachtragwerk und Vertikalfassade

Rudolf Findeiß, Johann Pravida, Kurt Stepan, Sailer Stepan Partner

Rudolf Findeiß und Johann Pravida sind Prokuristen im Ingenieurbüro Sailer Stepan und Partner (SSP), München, das die Tragwerksplanung des Daches und der Stahlfassade verantwortet. Kurt Stepan ist Geschäftsführer des Büros.

Hinter dem nach außen einheitlichen Erscheinungsbild des Stadiondaches verbergen sich aus tragwerksplanerischer Sicht drei unterschiedliche Tragsysteme. Die Tragwerksplanung verantwortete das Münchener Büro Sailer Stepan und Partner (SSP). Weit auskragende Stahlfachwerkbinder mit parabelförmig verlaufenden Ober- und Untergurten bilden die Hauptkonstruktion, die sogenannte Primärkonstruktion des Stadiondachs. Insgesamt 48 radial angeordnete Fachwerke tragen die Lasten aus dem Dach der Sekundärkonstruktion nach außen hin zum Stadionrand, wo sie über Lagerkonstruktionen in die Stützen des Massivbaus eingeleitet werden. Dach- und Fassadenhaut werden von luftgefüllten rautenförmigen ETFE-Kissen gebildet, deren Unterkonstruktion sowohl für die Dachfassade wie auch für die direkt anschließende, aber baulich getrennte Vertikalfassade aus rautenförmigen Trägerroststrukturen besteht.

Dach mit Scheibenwirkung

Die 2016 ETFE-Membrankissen der Dachhaut stehen unter einem ständigen Innendruck und überdecken eine Fläche von ca. 40 000 m². Sie sind auf den Sprossen der Sekundärkonstruktion befestigt, die nach ihrem Verlauf in Umfangs- und Diagonalsprossen unterschieden werden. Sie werden durch Quadrat-Hohlprofile mit 180 mm Seitenlänge und variablen Wanddicken gebildet und sind in den Knotenpunkten durch geschraubte bzw. verschweißte Anschlüsse biegesteif miteinander verbunden. Über kurze Pendelstützen mit Kugelgelenken erfolgt die Lastabtragung der Sekundärkonstruktion auf die Fachwerkträger.

Die Primärkonstruktion kragt um bis zu 62 m aus, wobei der Abstand zwischen Ober- und Untergurt an den Druckauflagern zwischen 8 m und 12 m beträgt. Diese unterschiedliche Höhe ergibt sich aus einer Optimierung der Sichtverhältnisse in den Eckbereichen und steht in Korrelation zum geschwungenen Verlauf der oberen Ränge des Stadions. Zur Einleitung der Druckkräfte in den Massivbau am vorderen Auflager fungieren hoch gleitfähige Kalottenlager, die Normalkräfte von bis zu 5000 kN übertragen. Die Zugkräfte von maximal 3300 kN aus dem Einspannmoment werden am hinteren Lagerpunkt über Verbund-Einbauteile in

die Außenstützen geleitet. Als aussteifende Elemente stehen konzentrische Ringpfetten, liegende Windverbände und schließlich ein umlaufendes Ringfachwerk in Höhe der Druckauflager zur Verfügung, das die aus dem Knick der Fachwerkträger im Grundriss resultierenden Umlenkkräfte innerhalb eines Dehnfugenabschnittes verteilt und somit die Auflagerkräfte vergleichmäßigt. Die Montage der bis zu 100 t schweren Einzelteile erfolgte mit einem Raupenkran vom Spielfeld aus. Dabei wurden zur Stabilisierung in jedem der acht Dehnfugenabschnitte immer zuerst zwei vormontierte, miteinander verbundene Fachwerkträger eingehoben und mit den Lagerkonstruktionen verschraubt. Anschließend konnten weitere Einzelfachwerke über die Ringpfetten angeschlossen werden.

Die Dachkonstruktion wurde genauso wie der Massivbau in acht Dehnfugenabschnitte unterteilt, um die Zwängungen aus Temperaturänderungen gering zu halten. Um dennoch die architektonische Vorgabe einer fugenlosen Kissenebene zu verwirklichen, schlug SSP vor, die räumlich gekrümmte, im Grundriss rautenförmige Trägerroststruktur auf vollständig gelenkig gelagerte, vertikale Pendelstützen zu stellen und diese Struktur im Zenit im Bereich der Geraden und Kurven über vier tangentiale Verbände mit der Primärkonstruktion zu verbinden. Dadurch wird die gesamte Struktur horizontal festgehalten. Durch die kugelgelenkartig gelagerten Pendelstützen sind gegenseitige Bewegungen beider Konstruktionsteile weitgehend zwangfrei

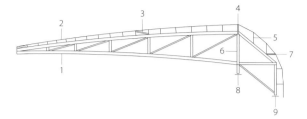

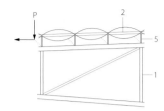

möglich. Temperaturausdehnungen der Sekundärkonstruktion bzw. der Primärkonstruktion führen
lediglich zu einem Verkippen der tangentialen Verbände, sodass die Zwangbeanspruchungen bei
Temperatureinwirkungen für diese Art der Lagerung äußerst gering bleiben. Um eine zusätzliche
Steifigkeit des Trägerrostes zu gewinnen, wurden in
drei Umfangsreihen jeweils 96 diagonale Federelemente in radialer Richtung zwischen Primär- und
Sekundärkonstruktion angeordnet. Die Steifigkeit
der Federelemente ist so abgestimmt, dass einerseits eine ausreichende Stützwirkung erzielt wird,
andererseits die entstehenden Zwangbeanspruchungen nicht zu groß werden.

Montage
Für den Zeitraum der Montagezustände stellte SSP
eigene Berechnungen an. Die Montage der Rautenstruktur erfolgte in zwölf Bauabschnitten, der
Einbau der Stahlunterkonstruktion mit kurzem Vor-
lauf zum Einbau der ETFE-Kissen. Die Berechnung
der einzelnen Montageschritte musste sehr genau
mit Stahlbaufirma und Kissenhersteller vorausge-
plant werden, da sowohl Temperaturänderungen
als auch wechselnde Schnee- und Windeinwirkun-
gen auf die Kissenflächen berücksichtigt werden
mussten. Die Montage der Kissen im Dachbereich
erfolgte von Mai 2004 bis Januar 2005, sodass jah-
reszeitliche Schwankungen der Temperatur mit
einbezogen wurden. Das Zusammenwirken der
Sekundärkonstruktion als durchgängige Scheibe

ließ sich erst zu einem sehr späten Zeitpunkt
nutzen. Nur durch den sehr genau geplanten
Ein- und Ausbau von Montageverbänden war die
Stabilität des Bauwerks zu jedem Zeitpunkt sichergestellt. Zur rechnerischen Unterstützung verwendeten wir ein Messprogramm, das die Schiefstel-
lung der Pendelstützen ebenso einbezog wie die
tatsächlich vorhandenen Kräfte in den Federele-
menten.

Vertikalfassade mit gelenkigen Knoten
Die Vertikalfassade ist baulich von der Dachkonstruktion getrennt. Analog zur Dachfassade besteht
die Kissenebene aus Horizontal- und Diagonalsprossen in Form von Rechteckhohlprofilen mit
Abmessungen von 120 × 220 mm und variablen
Wandstärken. Über Einbauteile und kurze Kragarme
in den Schnittpunkten erfolgt die Anbindung an
den Massivbau. An verschiedenen Punkten der Kaskadentreppen wurde ein lastverteilender torsions-
steifer Ringträger angeordnet, um die Öffnungen
im Massivbau zu überbrücken. Auch bei der Vertikalfassade war die architektonische Vorgabe zu
erfüllen, die Bauwerksfugen im Massivbau nicht
optisch erkennbar werden zu lassen. Eine fugenlose
Konstruktion schied jedoch aufgrund der tempera-
turbedingten Längenänderungen in Umfangsrich-
tung aus. Stattdessen wurde eine Lösung weiterverfolgt, die in jeder horizontalen Sprossenebene
zwischen jedem Rautenkissen ein Normalkraft-
gelenk vorsieht. Die Verschiebemöglichkeit der
Gelenke legten wir in Absprache mit den Herstellern der ETFE-Membrankissen auf ±13 mm fest.
Damit konnte zum einen die Temperaturdehnung
kompensiert werden, zum anderen wurde ein Fal-
tenwurf der Kissen wirksam verhindert. Die statische Berechnung erfolgte materiell nichtlinear
unter Berücksichtigung eines Anschlagens der Nor-
malkraftgelenke bei wachsender Beanspruchung.
Die statische Berechnung der Stahlkonstruktion
stimmten wir mit dem geplanten Montageablauf
ab. Die Durchbiegungen der Kragarme und der
Torsionsträger aus dem Eigengewicht der Konstruktion ließen sich durch exakt berechnete Über-
höhungen ausgleichen. Die Funktionstüchtigkeit
der Schiebegelenke im Endzustand ist damit
gewährleistet.

Schema Dachtragwerk
Maßstab 1:1000
Detail Maßstab 1:400
1 Primärkonstruktion
2 Sekundärkonstruktion Stahlrohr
  ▱ 180/180 mm
3 Federstab
4 tangentialer Verband Sekundär-/
  Primärstruktur
5 Pendelstütze
6 Fuge zwischen Dach- und
  Vertikalfassade
7 Kalottenauflager (Druck)
8 Zugauflager
9 Ringaussteifung Stahlfachwerk

Randzugkräfte
Der Kisseninnendruck wird sowohl
in der Dachkonstruktion als auch in
der Vertikalfassade permanent
gesteuert und an die einwirkenden
Wind- und Schneedrücke angepasst,
so dass die Kissen nicht kollabieren.
Die damit veränderlichen Randzugkräfte, die auf die Stahlunterkonstruktion einwirken, mussten im Zuge
der statischen Berechnungen und
insbesondere der Verformungsun-
tersuchungen in die Betrachtungen
einbezogen werden.

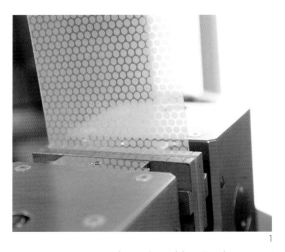

1

Entwurfsaspekte von ETFE-Folienpneus

Karsten Moritz, seele

Dr.-Ing. Karsten Moritz ist seit 2007 Leiter des Bereichs Forschung und Entwicklung der seele cover GmbH. Davor leitete er gemeinsam mit Dieter Linke das Ingenieurbüro Engineering + Design GbR in Rosenheim, das die statische Bemessung der ETFE-Pneuhülle der Allianz Arena und der AWD Arena Hannover durchgeführt hat.

2

F&E Labor
Die Einrichtung des seele cover Forschungs- und Entwicklungslabors mit Zugprüfstand ist ein wichtiger Schritt auf dem Weg zur Gewinnung vertiefter Kenntnisse über das mechanische Materialverhalten von Leichtbauwerkstoffen. Die installierte Universalprüfmaschine mit Temperaturkammer (-40 °C bis +100 °C) (Abb. 2) und kontaktfreier Dehnungsmessung ermöglicht die Ermittlung wichtiger Kennwerte unter simulierten Umgebungsbedingungen in einem weiten Bereich. Letztlich ist die Kenntnis der mechanischen Eigenschaften auch die Grundlage für die Verträglichkeit mehrschichtiger Verbundbauteile und damit für die Erschließung neuer bauphysikalischer Möglichkeiten.

Die Architektur der Allianz Arena ist in besonderer Weise durch die transluzente und in unterschiedlichen Farben leuchtende Hülle mit ihrer rautenförmigen Struktur geprägt. Allein diese Hülle macht den Bau einzigartig. Sie besteht aus einer Folie aus dem Hochleistungskunststoff ETFE. Die Hülle hätte in dieser Form mit keinem anderen Material realisiert werden können.

Entwicklung der ETFE-Folienpneus
ETFE, besser E/TFE, ist die chemische Kurzbezeichnung für den thermoplastisch verarbeitbaren Werkstoff Ethylen/Tetrafluorethylen-Copolymer. Die hieraus hergestellte Folie wurde erstmals im Jahr 1970 von DuPont unter dem Handelsnamen Tefzel auf dem Markt eingeführt. Nach der Polymerisation wird das pulverförmige ETFE zu Granulat verarbeitet und anschließend zur Folie extrudiert. Nach der Nutzung ist ETFE-Folie nahezu vollständig in den Stoffkreislauf rückführbar. Im Bauwesen wurde sie wegen ihrer hohen Licht- und UV-Transmission zunächst zur Eindeckung von Gewächshäusern verwendet. Anfang derAchtzigerjahre entstanden erste dauerhafte großflächige ETFE-Dachelemente für botanische Gärten, später auch für Schwimmbäder, Atrien, Stadien etc.
Die Anzahl kompetenter Fachfirmen auf diesem Gebiet ist begrenzt, die Anzahl geeigneter Folienproduzenten ebenfalls. Das auf den Membran- und Folienbau spezialisierte Unternehmen Covertex aus Obing am Chiemsee, heute seele cover, hat die ETFE-Hülle der Allianz Arena und das transparente Foliendach der AWD Arena Hannover ausgeführt. Bei beiden Projekten wurde das Produkt Fluon ETFE Film der Firma Asahi eingesetzt. Das Ingenieurbüro Engineering + Design, Linke und Moritz GbR, Rosenheim, hat im Auftrag von Covertex die statische Bemessung für beide Foliensysteme durchgeführt.

Bauweise
Die Stadien veranschaulichen zwei prinzipiell im Membranbau zu differenzierende Bauweisen. Die Folienhülle der Allianz Arena in München besteht aus mehrlagigen, luftgestützten Pneus. Die transparente Tribünenüberdachung der AWD Arena Hannover zeigt das Prinzip der einlagigen, mechanisch

vorgespannten Membran. Sowohl im Erscheinungsbild als auch im Tragverhalten bestehen deutliche Unterschiede zwischen beiden Bauweisen: Die aus mindestens zwei Lagen gebildeten Pneus werden durch einen Überdruck des eingeschlossenen Luftvolumens vorgespannt und stabilisiert. Hierdurch entsteht in weiten Bereichen eine synklastische – also in beiden Hauptkrümmungsrichtungen gleichsinnig gekrümmte – Oberfläche. Nur in den Ecken können lokal antiklastische – also gegensinnig gekrümmte – Bereiche auftreten, ähnlich einem Kissen. Hingegen gehören die mechanisch vorgespannten Membranen zu den antiklastischen Flächen. Sie werden durch ihren verkürzten Einbau in eine feste Umrandung nicht pneumatisch, sondern mechanisch vorgespannt. Die nahezu ebenen Folienflächen der AWD Arena Hannover bilden durch ihre fehlende Krümmung einen Grenzfall der antiklastischen Bauweise. Im Gegensatz zu mechanisch vorgespannten Membranen besitzen Pneus eine durch den Innendruck justierbare Vorspannung.
Zur Erzeugung des Innendruckes gibt es in jeder Stadionecke der Allianz Arena einen Gebläseraum (Station) mit je drei Gebläseboxen (Einheiten) zu je zwei Gebläsen (Ventilatoren). Jede Einheit versorgt über ein verzweigtes Luftleitungssystem ein Viertel der Fassaden- bzw. ein Achtel der Dachpneus mit einem Nenninnendruck von 300 Pa (Dach) bis 450 Pa (Fassade). Bei Schneelasten wird der Druck bis auf 800 Pa hochgefahren. Die zwei Ventilatoren einer Einheit wechseln einander wöchentlich automatisch ab. Die Leistung jedes Ventilators ist für den Luftbedarf eines Stadionviertels ausgelegt, sodass bei Ausfall einer Einheit der Stützdruck dennoch über Verbindungsleitungen aufrecht erhalten wird. Bei Ausfall des Stromnetzes gewährleistet eine Notstromversorgung den Betrieb. Wesentliche Elemente der Luftversorgung sind damit redundant ausgebildet.
Die ca. 66 500 m² große Hülle der Allianz Arena wird aus 2784 Rautenfeldern gebildet. 2760 dieser Felder sind mit zweilagigen ETFE-Folienpneus geschlossen (Sekundärsystem Membran). Aus den bis zu 4,6 × 17 m großen rautenförmigen Pneus resultieren eine maximale Feldgröße von etwa 40 m² und ein eingeschlossenes Pneuvolumen bis ca. 25 m³.

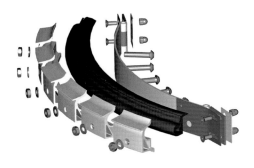

3

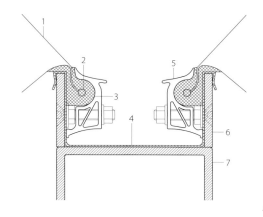

4

Verebnet man die räumlich gekrümmten Pneus, so ergibt sich eine gesamte Folienfläche von rund 147 000 m². Über Änderungen des Innendruckes werden die Lasten aus Eigengewicht, Wind und Schnee von der Folie in die Unterkonstruktion (Sekundärsystem Stahl) eingeleitet. Diese gibt der Pneuhülle ihre einzigartige Rautenstruktur. Sie besteht aus 96 spiral- und 29 ringförmigen Stahlträgern, welche die Dachlasten zumeist über Pendelstäbe in das Haupttragwerk (Primärsystem Stahl) einleiten.

Pneu-Entwässerung

Als innovative konstruktive Entwicklung wird bei der Allianz Arena eine selbsttätige Pneu-Entwässerung eingesetzt. Sie befindet sich in 1900 Pneus im flachen Dachbereich. Bei außerplanmäßigem Luftdruckverlust betreffender Pneus und einem zeitgleich auftretenden Niederschlag leitet die Entwässerung das Wasser aus den Kissen selbsttätig ab und verhindert damit größere Wasseransammlungen. Da sowohl die Stromzufuhr als auch die Gebläse der Pneus grundsätzlich redundant ausgebildet werden, ist die Wahrscheinlichkeit des Auftretens eines solchen Falles zwar gering, aber dennoch ein wichtiger Aspekt des Sicherheitskonzeptes (Abb. 6 und 7, S. 50).

Dehnungsfugen

Eine zweite konstruktive Innovation betrifft die Ausbildung von Dehnungsfugen in der Unterkonstruktion von Pneuhüllen. Alleine dieser Entwicklung ist es zu verdanken, dass Teilbereiche der

5

Stahl-Unterkonstruktion der Pneuhülle der Allianz Arena zusammenhängend ausgebildet werden konnten. Andernfalls würde das durch Temperaturschwankungen hervorgerufene Öffnen und Schließen der Dehnfugen die dünnen Folien der Pneus möglicherweise langfristig zerstören. Die Entwicklung beinhaltet ein an jeder Dehnfuge in den stumpfen Rautenecken angeordnetes Federblech, das eine Veränderung des Fugenspaltes lediglich in eine Änderung der Pneuspannweite überführt, so dass die dünne Folie keinen Schaden nimmt. Diese Lösung erforderte eine weitere Innovation, nämlich die einer biegeweichen Haltevorrichtung aus dem Elastomer EPDM, welche durch ihre Flexibilität eine Radienänderung des Federbleches problemlos erträgt. Auch diese Entwicklung wurde bei der Allianz Arena erstmals eingesetzt (Abb. 3–5).

Zustimmung im Einzelfall

Eine allgemeine bauaufsichtliche Zulassung, aus welcher die Verwendbarkeit der ETFE-Folie für die Anwendung im Rahmen der Allianz Arena hervorging, lag nicht vor. Das aus Folien, Rand- und Teilflächenverbindungen bestehende System war damit den nicht geregelten Bauprodukten bzw. Bauarten zuzuordnen. Dies bedeutet, dass ihre Verwendbarkeit durch das bauordnungsrechtliche Verfahren der Zustimmung im Einzelfall nachzuweisen war. Die zuständige Oberste Baubehörde in München hat die nach der Bayerischen Bauordnung prinzipiell definierten Anforderungen projektbezogen spezifiziert und auf der Grundlage der vorgelegten Gutachten, rechnerischen Nachweise und Materialtests ihre Zustimmung erteilt. Die Schwerpunkte des Verfahrens lagen im Brandschutz und in der Tragsicherheit.

Brandschutz

Die verwendete ETFE-Folie ist entsprechend Prüfzeugnissen ein schwer entflammbarer Baustoff B1 (DIN 4102-1). Bei direkter Beflammung beginnt sie ab etwa 275 °C zu schmelzen, was den Rauch- und Wärmeabzug über einem Brandherd ermöglicht. Die Schmelze erstarrt schnell, sodass die Folie als nicht brennend abfallend (abtropfend) nach DIN 4102 eingestuft wird. Ihre Brandlast ist auf-

1 monoaxialer Zugversuch
2 Universalprüfmaschine mit Temperaturkammer
3 stumpfe Rautenecken: Randprofil mit Federblech zur Aufnahme der Temperaturdehnungen aus der Sekundärkonstruktion
4 Querschnitt durch Rinne und Randprofil
5 Sprossenknoten Fassade

Rinnenprofil Fassade   Maßstab 1:5
1 ETFE-Pneu luftgefüllt (Dicke der Membran 0,15–0,25 mm)
2 EPDM-Keder Ø 6 mm
3 EPDM-Dichtprofil, im Werk vormontiert
4 Abdichtung Rinne thermoplastisches Polyolefin
5 Klemmprofil Aluminium eloxiert
6 Flachstahl 60/5 mm, in stumpfen Ecken Federblech zur Bewegungsaufnahme im Knoten
7 Sekundärkonstruktion Rechteckprofil 120/220 mm

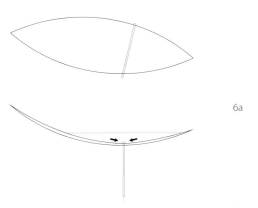

6a

6b

7

Wasserlasten

Im Betriebszustand fließen Schmelz- und Regenwasser aufgrund der Pneuwölbung in die Sprossenrinnen des Daches und von dort in drei umlaufende Hauptentwässerungsrinnen ab. Bei horizontal eingebauten Pneus wird prinzipiell auch die Möglichkeit von Wassersäcken im Fall einer Betriebsstörung untersucht. Im Gegensatz zu Geweben weisen Folien zwar eine deutlich geringere Bruchfestigkeit auf, sodass sie häufig die »Sollbruchstelle« des Gesamtsystems darstellen. Aufgrund des im plastischen Bereich extrem weichen Folienmaterials – die Bruchdehnung kann je nach Spannungszustand mehrere hundert Prozent betragen – könnten Wasserlasten aber in einer einmal entstandenen Mulde anwachsen, ohne dass das Wasser über den Rand abfließt. Es lässt sich dann nur schwer eine rechnerische Maximallast bestimmen, die man einem Spannungsnachweis der Folie zugrunde legen könnte. Um im flachen Dachbereich der Allianz Arena eine Wasseransammlung bei Betriebsstörung auszuschließen, sind 1900 Dachelemente mit einer selbsttätigen Pneu-Entwässerung ausgerüstet: Durch ein Rohr, das an der oberen Folie befestigt ist und das einen Dichtring in der Unterlage durchstößt, kann Wasser aus der Mulde abfließen (Abb. 6, 7). Die Pneu-Entwässerung dient nur für den Fall, dass trotz der System-Redundanz die Luftversorgung ausfällt und gleichzeitig ein starker bzw. lang anhaltender Niederschlag fällt. Da das Absinken des Pneu-Innendruckes unter den eingestellten Mindestwert einen automatischen Alarm in der Technikzentrale des Stadions auslöst, können Druckverluste schnell erkannt und behoben werden, sodass die Pneu-Entwässerung nur selten in Anspruch genommen wird.

grund des geringen Flächengewichts extrem klein. Da die ETFE-Hülle der Allianz Arena sowohl das Dach als auch die äußere Schicht der Doppelfassade für den achtgeschossigen Massivbau bildet, waren die nach Brandschutzkonzept in Abstimmung mit den zuständigen Behörden aufgestellten Anforderungen relativ hoch. An der MFPA Leipzig durchgeführte Brandversuche an Dach- und Fassadenelementen ergaben ein für die Anwendung geeignetes Brandverhalten (Abb. 8).

Tragsicherheit

Für Membranen aus Gewebe oder Folien existieren bislang nur wenige allgemein anerkannte Regeln der Technik in Form spezieller Richtlinien, Bemessungs- oder Prüfnormen. Daher wurde das projektbezogene Nachweiskonzept (Einwirkungen, Materialeigenschaften, Rechenmodell, Sicherheiten etc.) frühzeitig mit dem Prüfingenieur Prof. Albrecht, München, abgestimmt.

Eigengewicht

Aus der geringen Foliendicke folgt ein niedriges Eigengewicht, das bei der Bemessung in der Regel vernachlässigt werden kann. Mit einer Wichte von 1,75 kN/m³ ergibt sich für zwei Folienlagen eines Pneus (2× 250 μm) ein Flächengewicht unter 1,0 kg/m². Eine 4 mm dicke Verglasung hat beispielsweise ein Flächengewicht von etwa 10 kg/m², eine 25 mm dicke Doppelstegplatte aus Polycarbonat von ca. 3,5 kg/m². Das bedeutet gegenüber

8

der Glasscheibe eine Gewichtseinsparung des Pneus von ca. 90 % und gegenüber der Doppelstegplatte von ca. 70 % – alleine in der Eindeckung. Berücksichtigt man die mit Pneus realisierbare Spannweite von etwa 4 bis 5 m (je nach Belastung, ohne Seilunterstützung), ergibt sich ein weiteres Einsparpotenzial in der Unterkonstruktion (Anm.: Infolge Vorspannung und äußeren Einwirkungen entstehen bei Membrankonstruktionen im Gegensatz zu festen Eindeckungen auch Lasten in der Membranebene, welche diese Einsparungen reduzieren). Da die Eigengewichte aus Eindeckung und Unterkonstruktion zusammen mit den äußeren Lasten aus Winddruck und Schnee bis in die Fundamente weitergeleitet werden, reduzieren sich somit die Querschnitte und Eigengewichte der gesamten Tragkonstruktion.

Vorspannung

Die durch den Pneu-Innendruck erzeugte Folienvorspannung dient in erster Linie der Stabilisierung der Pneus bei Wind. Sie verhindert ein Schlagen der Folien bei Windböen und vermindert ihre Verformungen. Die Größe der Vorspannung ist abhängig von der Krümmung und dem Pneu-Innendruck. Bei der Allianz Arena bewirkt der Nenninnendruck von 300 Pa eine durchschnittliche Folienvorspannung von etwa 1,0 kN/m.

Windlasten

Windkanaltests an Stadionmodellen im Bau- und Endausbauzustand sowie hierauf basierende Windgutachten des Büros Wacker Ingenieure, Birkenfeld, lieferten die Bemessungswindlasten für die Pneuhülle (Abb. 11, S. 52). Sie wurden mit den weiteren, ungünstig wirkenden Lasten überlagert.

Überlagerung von Windlasten und Pneu-Innendruck

Die Windlast auf ein Pneu ergibt sich aus der Differenz der oberhalb und unterhalb auftretenden Luftdrücke. Jede der beiden Folienlagen wird indes durch die an ihr wirkende Druckdifferenz zwischen dem angrenzenden Luftdruck und dem sich unter Windlast einstellenden Pneu-Innendruck beansprucht. Bei Windsog auf der Oberseite wird der Luftdruck oberhalb des Pneus – also die Stützkraft

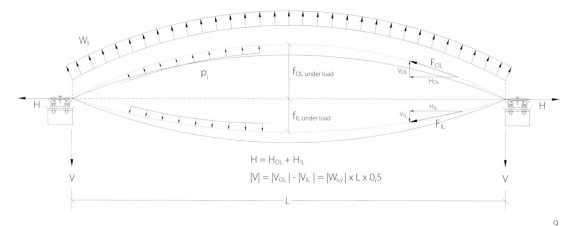

$$H = H_{OL} + H_{IL}$$
$$|V| = |V_{OL}| - |V_{IL}| = |W_{s,v}| \times L \times 0{,}5$$

9

der Luft – kleiner. Dadurch verformt sich die obere Folie nach oben und wird gedehnt. Ihr Stich nimmt – in Relation zum Vorspannungszustand unter Nenninnendruck – zu (Abb. 9). Da das Gebläse nicht in der Lage ist, bei den kurzen Windböen eine größere Luftmenge über die kleinen Luftleitungsquerschnitte (ca. 20 cm²) nachzufördern, bleibt die Anzahl der im Pneu eingeschlossenen Luftmoleküle nahezu konstant. Unter der Annahme einer konstanten Temperatur während der Böe entspannt sich die eingeschlossene Luft nach dem thermodynamischen Gasgesetz ($p \times v$ = konstant),

d. h. das Pneuvolumen nimmt zu und der Pneu-Innendruck fällt ab. Somit wird die untere Folie entlastet und ihr Stich nimmt ab. Sind die Windsoglasten auf der Oberseite so hoch, dass die untere Folie völlig entspannt wird, entspricht der Pneu-Innendruck dem Luftdruck unterhalb des Pneus. In diesem Fall ist der Pneu-Innendruck nicht mehr mit dem Windsog zu überlagern. Die Druckdifferenz an der oberen Folie ergibt sich dann als Differenz zwischen den beiden Luftdrücken oberhalb und unterhalb des Pneus. Bei Winddruck auf die Oberseite verhält es sich nach dem gleichen

6 Funktion der Pneu-Entwässerung
  a Pneu mit regulärem Innendruck
  b Betriebsstörung, Entleerung des Wassersackes durch Entwässerungsrohr
7 Entwässerungsrohr
8 Brandtest
9 Pneuschnitt auf Stahl zweilagig, Verformung und Auflagerreaktionen unter Windsog
10 Einbau der ETFE-Folienkissen

10

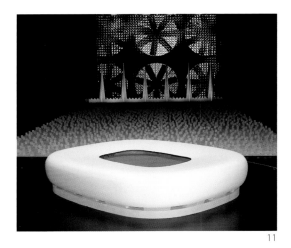

11

11 Modell im Windkanal

Gesetz: Das eingeschlossene Luftvolumen wird komprimiert, der Druck im Pneu steigt – in Relation zum Nenninnendruck – an, und die untere Folie wird gedehnt, d. h. ihr Stich und ihre Beanspruchung nehmen zu. Dies ist das Lastübertragungsprinzip der Pneus. Um den Pneu-Innendruck unter Windlasten zu ermitteln, wurde vom Ingenieurbüro Engineering + Design eine Rechenroutine entwickelt, die sowohl das Gasgesetz als auch die in den Folien gespeicherte Vorspannung berücksichtigt.

Schneelasten

Der Deutsche Wetterdienst hat zwischen 1952 und 2003 am Standort München-Nord dreimal wöchentlich das Wasseräquivalent der Schneedecke am Boden gemessen. Erfahrungsgemäß sind die am Boden gemessenen Werte größer als die auf einer erhöhten und dem Wind ausgesetzten Dachfläche. In Abstimmung mit den Projektbeteiligten, den Behörden und dem Prüfingenieur wurden die anzusetzenden Schneelastannahmen auf der Grundlage der Messdaten festgelegt. Im Winter 2004/2005 waren bereits hohe Schneelasten auf dem fast fertig gestellten Dach zu verzeichnen. Es zeigte sich, dass der Schnee ungleichmäßig, aber in günstiger Weise auf den Pneus verteilt war. Auf den Pneu-Kuppen war der Schnee vollständig abgeweht und ein Teil in den Rinnen angeweht. Der eingestellte Pneu-Innendruck musste daher nicht, wie vorgesehen, hochgefahren werden, da ein Großteil der Last direkt in die Rinnen eingeleitet wurde. Bei der Bemessung wurden Schnee- und Windlastannahmen entsprechend dem Bemessungskonzept überlagert.

Bemessung

Durch die vertikale Symmetrieebene in der Stadionmitte ergeben sich 1392 unterschiedliche Rautengeometrien. In Verbindung mit den verschiedenen Lastsituationen wird damit jede Folie anders beansprucht. In Ringrichtung, d. h. über den Umfang des Stadions, sind diese Unterschiede deutlich geringer als über den Stadionschnitt, also von der Traufe bis zum Dachinnenrand. Die Bemessung konnte daher für den am stärksten beanspruchten Pneu eines Rings durchgeführt werden,

ohne dass daraus deutliche wirtschaftliche Einbußen resultierten. Die Foliendicke wurde entsprechend der jeweiligen Beanspruchung der 29 untersuchten Pneus in 50-µm-Schritten gestaffelt. Die Dicke der äußeren Folie variiert zwischen 200 und 250 µm, die der inneren Folie zwischen 150 und 250 µm. Die resultierenden Membrankräfte konnten durch eine Modifizierung der Pneustiche in gewissen Grenzen beeinflusst werden. Diese wurden durch das angestrebte Erscheinungsbild und durch die Vermeidung von Kollisionen mit dem Stahlbau definiert.

Die Bemessung der Folie erfolgte auf der Basis vorliegender Materialkenndaten. Langzeitversuche unter simulierten Witterungsbedingungen (Bewässerung und Xenonbogenstrahlung nach DIN 53387) dienten der Beurteilung des Langzeitverhaltens. Die Tragsicherheit der Pneus hängt aber nicht nur von der Tragfähigkeit der Folie selbst ab. Auch die Teilflächen- und Randverbindungen müssen die Folienkräfte übertragen können.

Teilflächenverbindungen

Das Herstellungsverfahren der Breitschlitzextrusion ermöglicht derzeit eine maximale Folienbreite von 1,60 m (Fluon ETFE Film). Zur Herstellung der räumlich gekrümmten Flächen müssen also die im Werk als Rollenware angelieferten Bahnen vom Konfektionär entsprechend dem Zuschnittsmuster miteinander verschweißt werden. Die als Flachnaht thermisch hergestellte Schweißverbindung ist ca. 10 mm breit und etwa so dick wie die Summe der zusammengeschweißten Lagen.

Im Gegensatz zu den Geweben, bei denen normalerweise nur die Beschichtung – nicht aber das Gewebe – verschweißt wird, entsteht bei Folienschweißnähten eine homogene Verbindung der beiden die Last weiterleitenden Querschnitte. Eine ausreichende Tragfähigkeit der Schweißnähte wurde für die Allianz Arena durch die Eigenüberwachung und Qualitätssicherung des ausführenden Unternehmens gewährleistet. Zusätzlich erfolgte eine Fremdüberwachung des Fertigungsprozesses durch das Labor Blum, Stuttgart, als vom Deutschen Institut für Bautechnik (DIBt) für Membranen zugelassene Prüf-, Überwachungs- und Zertifizierungsstelle.

Entwicklung leichter Gebäudehüllen

Karsten Moritz, seele

2005 wird die Allianz Arena in Fröttmaning bei München fertig gestellt. Bedeutet sie einen Meilenstein in der Geschichte des Bauwesens im Allgemeinen und des Stadionbaus im Besonderen – ähnlich dem Münchner Olympiastadion – oder ist die Bauweise der Pneuhülle nur eine architektonische Episode, einem kurzen Trend folgend? Wie ist die Gebäudehülle im architektonischen Kontext zu bewerten? Diese Fragen bieten in vielerlei Hinsicht Anlass zur Diskussion.

Eine Möglichkeit, die Qualität eines Bauwerks oder eines Bauteils zu beurteilen, besteht darin, es im architektonischen Kontext, also vor dem Hintergrund von Sinn und Zweck der jeweiligen Bauaufgabe zu betrachten. Bewertungskriterien sind hierbei die Qualität sowie die harmonische Abstimmung der folgenden Einzelaspekte (Abb. 13, S. 54):

- Gestalt
- Funktion
- Konstruktion
- Ökologie
- Ökonomie

Unter den genannten Aspekten bestehen Überschneidungen und wechselseitige Beziehungen. Ihre qualitative Bewertung ist keinesfalls konstant, sondern – wie die Baugestaltung selbst – gesellschaftlichen Einflüssen unterworfen. Gründe hierfür können z. B. sein: kulturelle Entwicklungen und ein verändertes Traditionsbewusstsein, Wertewandel, Steigerung des Anspruchs und des Lebensstandards, Trends und Geschmacksveränderungen, Erfindungen, Entwicklungen und der damit verbundene Stand der Wissenschaft und Technik, aber auch Veränderungen von Gesetzen, Normen und Richtlinien.

Ökologie

So grundlegend und kraftvoll der Leitsatz »form follows function« von Louis Sullivan (1896) [1] sein mag, so ist er doch nur eingeschränkt auf das heutige Bauen übertragbar. Wir stehen an einem gesellschaftlichen Wendepunkt, an dem das Kriterium der Ökologie zum bestimmenden Faktor unseres Schaffens wird. Die Herausforderung für Architekten und Ingenieure besteht heute darin, unter ökologischer Prämisse eine Harmonie von Gestalt, Funktion, Konstruktion und Wirtschaftlich-

keit zu erreichen. Das Kriterium der Ökologie wird bisweilen jedoch als unbequeme Beschränkung der Gestaltungsfreiheit gesehen. Das Umgekehrte ist aber der Fall. Der »ökologische« Ansatz erweist sich als Quelle und Herausforderung gestalterischen Schaffens. Die Bekenntnis zur Ökologie darf nunmehr nicht nur ein Lippenbekenntnis sein, sondern muss Teil unseres Denkens und Handelns werden. Wir müssen lernen, dieses Kriterium als bestimmendes Gestaltungs- und Qualitätsmerkmal von Architektur zu verstehen.

Ökologie und Ökonomie bedingen einander
Das Kriterium der Ökologie beinhaltet eine Vielzahl von Teilaspekten, z. B. Langlebigkeit, Umweltverträglichkeit, Ressourcenschonung, Energieeinsparung, CO_2-Ausstoß, Ökobilanz und Recycling-Fähigkeit. Es ist mittlerweile Konsens, dass die Missachtung dieser ökologischen Aspekte zwangsläufig auch zu ökonomischen Konsequenzen führt, die wir vielleicht nicht immer sofort und unmittelbar, aber gewiss langfristig und mittelbar verantworten und tragen müssen. Daher sind Ökologie und Ökonomie kein Widerspruch, sondern stehen in direktem Zusammenhang. Je knapper die nicht regenerativen Ressourcen werden, desto wirtschaftlicher werden ökologische Produkte und ökologisches Handeln. Bereits heute ist die Fähigkeit, ökologisch zu entwerfen, zu planen und zu bauen ein entscheidender Wettbewerbsvorteil in der Architektur. Franz Alt schreibt: »Es

12

Dr.-Ing. Karsten Moritz ist seit 2007 Leiter des Bereichs Forschung und Entwicklung der seele cover GmbH. Davor leitete er gemeinsam mit Dieter Linke das Ingenieurbüro Engineering + Design GbR in Rosenheim, das die statische Bemessung der ETFE-Pneuhülle der Allianz Arena und der AWD Arena Hannover durchgeführt hat.

12 wärmegedämmte und transluzente Membranhülle (Ausführung Covertex GmbH) im Zuge der Sanierungs- und Erneuerungsmaßnahmen der Olympia-Schwimmhalle München

Olympiahalle München
2007 wird das Membrandach der Olympia-Schwimmhalle in München unter bauphysikalischen Gesichtspunkten erneuert. Das Dach besteht aus vier Lagen unterschiedlicher transluzenter bzw. transparenter Werkstoffe, deren Kombination eine wärmedämmende transluzente Außenhülle bilden. Der Schichtaufbau gliedert sich wie folgt (von innen) [2]:

- tragende Membran aus einem transluzenten PVC-beschichteten Polyester-Gewebe
- 70 mm transluzenter und imprägnierter Dämmstoff aus Polyestervlies mit aktivem Lüftungssystem, das mittels Feuchtesensor adaptiv auf Wasseranfall reagiert (dadurch Entfall einer Dampfsperre)
- Abdichtung aus transparenter ETFE-Folie
- hinterlüftete Acrylglas-Elemente auf Seilnetz

Das Projekt dokumentiert die bei doppelt gekrümmten Flächen mit einem solchen Schichtaufbau verbundene konstruktive Komplexität. Es zeigt aber auch das enorme Potenzial, das in der intelligenten Anwendung von Leichtbauweisen und in der Kombination unterschiedlicher Membranwerkstoffe liegt.

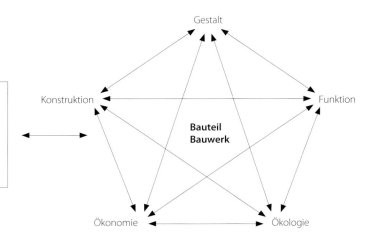

Gesellschaft
- Kultur, Tradition
- Werte, Anspruch, Lebensstandard
- Trends, Geschmack
- Erfindungen, Entwicklungen
- Stände des Wissens und der Technik
- Gesetze, Normen, Richtlinien

13

AWD Arena Hannover
Etwa zeitgleich mit der Allianz Arena entsteht die AWD Arena Hannover. Hier werden etwa 10 000 m² mit nahezu ebenen, einlagigen und mechanisch vorgespannten ETFE-Folienpanels überspannt. Es handelt sich um eine Kombination aus einer filigranen Primärtragstruktur, die den Einsatz biegebeanspruchter Bauteile minimiert und Luftstützen ringförmig zusammenschließt, und einer zugbeanspruchten Sekundärtragstruktur mit seilgestützten ETFE-Folienpanels. Dies führt zu einer sehr effizienten Leichtbaukonstruktion und zu einem erstmals angewandten Tragsystem. Die AWD Arena Hannover wird 2006 mit dem Ingenieurbau-Preis ausgezeichnet. Die Jury überzeugte insbesondere, »... dass hier – der Größe des Bauwerks zum Trotz – eine technisch, ästhetisch, wirtschaftlich und ökologisch ausgewogene Lösung der Bauaufgabe gelang«. [3, 4]

war noch nie so leicht wie heute, das ökologisch Vernünftige zu tun.« [5] Diese Entwicklung führt zur These von Brian Cody: ›form follows energy‹. [6] Der Leitsatz ist in mehrerlei Hinsicht interpretierbar, denkt man beispielsweise an die Energieeffizienz eines Gebäudes, an die Belastung eines Bauteils, an den Kraftfluss in einem Bauteil oder auch an den Energieverbrauch bei Herstellung, Betrieb, Recycling/Downcycling und Entsorgung, also an den gesamten Stoffkreislauf einer Konstruktion. Hinsichtlich der Gebäudegestalt sind bestimmte Qualitäten aber nicht immer offensichtlich. Beispielsweise kann ein Außenstehender das Maß der Ressourcenschonung oder die Ökobilanz eines Bauwerks selten ohne weitere Informationen erkennen.

Manifest »Vernunft für die Welt«
Das Wissen um Konsequenzen aus einer Missachtung der Ökologie bildet auch die Basis des im März 2009 formulierten Manifests »Vernunft für die Welt«. [7] Deutsche Architekten, Ingenieure und Stadtplaner plädieren hier für eine veränderte und zukunftsfähige Architektur und Ingenieurbaukunst. Die Schrift ist eine Selbstverpflichtung zu klimagerechtem und umweltschonendem Planen und Bauen und damit ein Bekenntnis zur besonderen Verantwortung der Bauschaffenden. Eine nachhaltige Architektur und Ingenieurbaukunst kann und soll damit einen entscheidenden Baustein zum notwendigen Wandel in der Nutzung

der Ressourcen liefern. Gemeint ist allerdings nicht eine Architektur auf Kosten gestalterischer Qualität. Das Ziel muss nach wie vor sein, die traditionellen architektonischen Werte, ein hohes Maß an Qualität sowie einen Einklang von Gestalt, Funktion, Konstruktion und Wirtschaftlichkeit zu erreichen – allerdings mit den heute zur Verfügung stehenden technischen Möglichkeiten und den Kenntnissen ökologischer Zusammenhänge unter Berücksichtigung langfristiger ökonomischer Konsequenzen. Das heutige Gestalten und Bauen ist also um ein wichtiges Kriterium reicher und damit komplexer geworden.

Leichtbau
Leichtbaukonstruktionen bieten ökologische Vorteile und tragen bei sinnvollem Einsatz und fachgerechter Planung zur Ressourcenschonung bei. Ein leichtes Flächentragwerk wie zum Beispiel eine Membrankonstruktion wiegt oft nur 1/100 einer alternativ einsetzbaren massiven Konstruktion. Dieser Gewichtsvorteil geht an verschiedenen Stellen in die Ökobilanz ein, beispielsweise bei der Herstellung, beim Transport, in der Montage, Demontage und Entsorgung. Weitere Faktoren sind unter anderen der jedem Werkstoff und jeder Bauweise eigene Verbrauch nicht regenerativer Energien bei der Herstellung, der Energieverbrauch, der Energiegewinn während der Nutzung, die Nutzungsdauer, die Möglichkeit des Recyclings oder auch der Aufwand für die Trennung unterschiedlicher Werkstoffe bei der Entsorgung, insbesondere bei Verbundwerkstoffen. Eine Bauweise alleine auf Basis der Masse zu beurteilen wäre daher einseitig. Dennoch sind Leichtbaukonstruktionen bei der Energiebilanzierung allein schon durch das geringe Gewicht im Vorteil.

Funktionen
Leichtbaukonstruktionen werden hauptsächlich als Tragwerk, also zum Abtragen äußerer Lasten (z. B. Wind und Schnee) eingesetzt. Hierfür sind möglichst feste und dennoch leichte Werkstoffe sinnvoll. Bei leichten Flächentragwerken unter Zugbeanspruchung sind dies meist Gewebemembranen und Folien. [8] Neben dem Lastabtrag müssen solche Flächentragwerke jedoch zuneh-

14

15

mend Anforderungen des Brandschutzes sowie bauphysikalische und raumklimatische Anforderungen erfüllen. Da leichte Flächentragwerke aufgrund ihrer dünnen Ausbildung nicht ohne Weiteres dafür geeignet sind, werden oft Verbund- oder Mehrschichtsysteme eingesetzt. Der Trend zu leichten und effizienten Konstruktionen mit multifunktionalen Eigenschaften ist in diesem Kontext unverkennbar. Er bildet daher einen wichtigen Forschungs- und Entwicklungsschwerpunkt an Hochschulen und in der Industrie. Auch drückt sich der Zusammenhang von Leichtbau und Ressourcenschonung sowohl in einem wachsenden Interesse der Öffentlichkeit und einer zunehmenden Bedeutung in der Lehre als auch einer Zunahme ausgeführter Konstruktionen aus. Der zumeist für Fachleute und Laien gleichermaßen wahrnehmbare Zusammenhang von Form und Kraftfluss sowie der häufig sehr hohe Grad an Transluzenz oder Transparenz haben sicher zu dieser Entwicklung beigetragen.

Arten
Werner Sobek unterscheidet drei Arten des Leichtbaus: [9]
· Materialleichtbau
· Strukturleichtbau
· Systemleichtbau
Leichtigkeit wird demnach erzielt durch:
· leichte Werkstoffe (Materialleichtbau), die im Fall eines tragenden Bauteils dennoch hohe Festigkeiten aufweisen, um Lasten möglichst großflächig und stützenfrei abtragen zu können
· Strukturen, die besonders filigrane und dem Material, der Bauweise und der Beanspruchung angepasste Querschnitte aufweisen (Strukturleichtbau), sei es durch das Vermeiden von Biegebeanspruchungen und das Bevorzugen von Zug- gegenüber Druckbeanspruchungen, durch das Kurzschließen von Kräften (z.B. Zug- und Druckring in einem Speichenrad) oder durch den Einsatz von Tragelementen, die sich entweder am Kräftepfad des formbestimmenden Lastfalls orientieren oder die eine Dichteverteilung entsprechend ihrer Spannungsverteilung aufweisen (z.B. analog zum Knochenaufbau)
· den Einsatz bzw. die Kombination von Systemen,

die Konstruktionselemente oder Bauteile einsparen können (Systemleichtbau), also z.B. steuerbare Systeme, die durch Veränderung mehrerer Funktionen erfüllen (multifunktionale Elemente) oder unterschiedliche Zustände einnehmen können (z.B. phase change materials, elektrochrome/photochrome oder elektrotrope/phototrope Oberflächen), oder auch Elemente, die sich den ihnen gestellten Aufgaben anpassen (adaptive Systeme).

Alle drei Arten des Leichtbaus dienen dem Ziel, die Anforderungen an ein Bauwerk oder Bauteil unter minimalem Einsatz unserer Ressourcen zu erfüllen. Dieser Anspruch an das Minimale gilt für den gesamten Stoffkreislauf, d.h. von der Rohstoffgewinnung über die Nutzung bis zur Entsorgung aller Bauteile. Das Ziel des Leichtbaus ist also die Einsparung von Ressourcen im Hinblick auf Sinn und Zweck der Bauaufgabe und nicht ausschließlich die Einsparung von Gewicht.

Potenziale von Folienkissen – das Beispiel der Allianz Arena, München
Die Hülle der Allianz Arena erfüllt mit den ETFE-Folienpneus das Kriterium des Materialleichtbaus. Luftgestützte Pneus bilden eine denkbar leichte Konstruktion sowohl in Bezug auf ihr Eigengewicht als auch auf das Konstruktionsgewicht des Primärtragwerks. Denn zum einen muss das Primärtragwerk nur das geringe Eigengewicht der Pneus, also des Sekundärtragwerks, bis in die Fundamente weiterleiten. Zum anderen ist die Spannweite der Pneus im Vergleich mit anderen Werkstoffen (z.B. Glas) relativ groß, was den Abstand der Träger und Stützen des Primärtragwerks erhöht und damit dessen Konstruktionsgewicht reduziert. Bei der Allianz Arena betragen die maximalen Abmessungen der ETFE-Folienpneus immerhin 4,5 × 17 m, gemessen in beiden Achsen der Raute.
Die Folienpneus erfüllen auch das Kriterium des Strukturleichtbaus, da sie ausschließlich durch Zugkräfte beansprucht sind. Druck- oder Biegebeanspruchungen sind bei dieser Bauweise vernachlässigbar, da sich die extrem dünnen Folien den Beanspruchungen durch Verformungen entziehen. Da Zugspannungen die ideale Beanspru-

13 wichtige Aspekte bei der Bewertung eines Bauteils oder eines Bauwerks
14 AWD Arena Hannover, Ausführung Covertex GmbH (2005)
15 Schwimmhalle in Neydens, Ausführung seele cover GmbH (2009)

Schwimm- und Kletterhallen Neydens
Die Hüllen der Schwimmhalle und der Kletterhalle in Neydens bestehen aus dreilagigen ETFE-Folienpneus. Analog zur Deutschen Zustimmung im Einzelfall wurde hier für die nicht geregelte Bauart der Folienpneus das französische Verfahren Appréciation Technique d'Expérimentation (ATEx) durchgeführt. An einem 1:1-Mock-up als Ausschnitt der Hülle der Kletterhalle realisierte die ausführende Firma umfangreiche mechanische und physikalische Tests. Die unregelmäßigen Geometrien der beiden Bauwerke zeigen, dass auch komplexe Freiformflächen mit ETFE-Folienpneus möglich sind. Jedes Feld, jeder Rand und jedes Pneu besitzt eine eigene Geometrie.

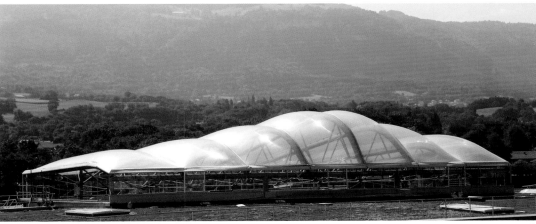

16

chungsart darstellen, die zu minimalen Querschnitten führt, kommt man beim Pneu mit einem Minimum an Konstruktionsmasse aus, die zudem genau dort angeordnet ist, wo die Zugkräfte idealerweise abgetragen werden, d. h. in den äußeren Grenzflächen des von ihnen eingeschlossenen Volumens. Zwischen dem Folienmaterial ist nichts als Luft, welche die äußeren Lasten durch Kompression auf die jeweils lastabtragende Folie überträgt. Bei Windsog ist es die äußere, bei Winddruck und Schnee die innere Folie eines Zweilagenpneus. Leichter und in struktureller Sicht effizienter geht es kaum.

Des Weiteren erfüllen Pneus die Anforderungen des Systemleichtbaus, unter anderem durch die Tatsache, dass sich der Innendruck eines Pneus adaptiv der Größe der äußeren Last anpasst. Auch die werkstoffbedingte Anpassung der Materialeigenschaften von ETFE-Folien an die Belastung führt zu einem adaptiven System. Die bei viskoelastischen Thermoplasten anzutreffende Zeit-Temperatur-Verschiebung (ZTV, Time-Temperature Shift TTS) führt dazu, dass schnelle Windlasten (Böen) bei sommerlich hohen Temperaturen etwa auf ähnliche Werkstofffestigkeiten und Steifigkeiten treffen wie langsam auftretende Schneelasten bei tiefen Temperaturen. [10]

Zu guter Letzt ermöglichen Pneus aus ETFE-Folie als transparentes Flächentragwerk unterschiedliche Belichtungen von Innenräumen und Illuminationen von Fassaden (z. B. Bedruckung, Beschichtung, Einfärbung, integrierte Lamellen oder Rollos, pneumatische Lichtsteuerung mit alternierender Bedruckung von Mittellage und Außenlage). Fensterelemente und Verschattungssysteme können damit oftmals eingespart werden. Damit erfüllen ETFE-Folienpneus den »Traum vom durchsichtigen Tragwerk« mit regelbarem Lichteinfall und bilden somit eine weitere Form des Systemleichtbaus.

Das Potenzial und die Anwendungsvielfalt der verschiedenen Membranbauweisen [11] sowie des Bauens mit Polymerwerkstoffen sind dabei noch lange nicht erschöpft, denkt man an Kombinationen mit flexiblen Photovoltaik-Elementen zur großflächigen Gewinnung von Strom oder mit Aerogelen zur Ausbildung leichter, wärmege-

dämmter und dennoch lichtdurchlässiger Gebäudehüllen. Ein weiteres Potenzial liegt im Einsatz von Folien, die bestimmte Spektralanteile absorbieren bzw. reflektieren (IR-cut-, UV-cut-, low-emissivity (low-E) films) und die somit spezielle bauphysikalische Anforderungen erfüllen. Auch adaptive und schaltbare Folien wurden bereits als kleinflächige Muster hergestellt, sodass absehbar ist, dass elektro- oder photochrome bzw. elektro- oder phototrope Folien bald Realität werden können.

Fazit

Am Beispiel der Folienpneus lässt sich zusammenfassen, dass leichte Flächentragwerke neben dem Lastabtrag der Energiegewinnung, Belichtung, Illumination, Projektionsfläche oder der Steuerung des Raumklimas dienen können. Dieser Aspekt ist für den Tragwerksplaner zuweilen ungewohnt, liegen doch viele der genannten Funktionen gewöhnlich im Planungs- und Kompetenzbereich anderer Projektbeteiligter. Der Tragwerksplaner wird sich also zunehmend davon lösen, die Konstruktion einzig als ein Gerüst zur Stabilisierung des Gebäudes zu sehen. Durch neue Werkstoffe, Herstellungsverfahren, Verbindungstechniken und Planungswerkzeuge können heute modulare, homogene oder heterogene, ein- oder mehrschichtige Flächentragwerke auch Anforderungen der Bauphysik und des Raumklimas erfüllen, wodurch sie zum zentralen Bauteil komplexer Außenhüllen werden.

Bei der Allianz Arena wird in besonderer Weise das große Potenzial von Folienhüllen deutlich. [12] Allerdings markiert das Bauwerk erst den Beginn der Entwicklung, welche transparente Flächentragwerke als modulare und multifunktionale Hülle versteht. Bei der Allianz Arena ragen die hohe Qualität und der Einklang von Gestalt und Funktion hervor. Dies führt zu einem viel beachteten Bauwerk. Jedoch scheint die hinter der Pneuhülle verborgene Konstruktion des Primärtragwerks nicht unverwechselbar zu dieser Hülle zu gehören, wie dies beispielsweise bei Tragwerk und Haut des Münchner Olympiastadions der Fall ist. Bei letztgenanntem Bauwerk vereinigen sich Gestalt, Funktion, Konstruktion und Landschaft zu

17

einer Gesamtskulptur, wie sie im Rahmen der Bauaufgabe harmonischer nicht sein könnte. Deshalb ist das Olympiastadion anerkanntermaßen ein Meilenstein der Architekturgeschichte. Allerdings musste im Vergleich zum Olympiastadion die aus dem Primärtragwerk (Stahltragwerk) und dem Sekundärtragwerk (ETFE-Foilenpneus) bestehende Hülle der Allianz Arena sowohl für den sieben- bis achtgeschossigen Gebäudekomplex (der die Kriterien zur Einstufung als Hochhaus erfüllt) als auch für das weit auskragende freie Tribünendach

geeignet sein. Dies führte zu einer anderen Nutzung und Planungsaufgabe als beim Olympiastadion, weshalb die beiden Bauwerke kaum verglichen werden können. Die auch als »Hexenkessel« bezeichnete Allianz Arena verkörpert wie kein anderes Bauwerk einen Fußballtempel für eine Fangemeinde in einer eventorientierten Gesellschaft des beginnenden 21. Jahrhunderts. Hingegen symbolisiert das über 30 Jahre ältere Olympiastadion eine natürliche, transparente, offene und in Harmonie zur Natur stehende Demokratie.

Quellen
[1] Sullivan, L. H.: The tall office building artistically considered. In: Lippincott's Magazine, Nr. 03/1896
[2] Göppert, K. u.a.: Erneuerung der abgehängten Decke in der Olympiaschwimmhalle München. In: Detail, Nr. 05/2008
[3] Moritz, K.: Bauweisen der ETFE-Foliensysteme. In: Stahlbau, Nr. 05/2007
[4] Verlag Ernst & Sohn: Ingenieurbau-Preis, Presse-Information. Berlin 2006
[5] Alt, F.: Die Botschaft des Jahrhunderts: Die Sonne schickt uns keine Rechnung. In: Detail Green, Nr. 01/2009
[6] Cody, B.: Form follows energy. Vortrag am Institut für Gebäude und Energie IGE. Technische Universität Graz 2007
[7] Vernunft für die Welt – Manifest der Architekten, Ingenieure und Stadtplaner für eine zukunftsfähige Architektur und Ingenieurbaukunst. Berlin 2009
[8] Moritz, K., Schiemann, S.: Structural Design Concepts, Manuskript, Masterstudy Membrane Structures. FH Anhalt, Dessau 2009
[9] Sobek, W.: Bauen für das 21. Jahrhundert. Basel 2001
[10] Moritz, K.: Time-Temperature Shift (TTS) of ETFE-Foils, Conference Structural Membranes. Stuttgart 2009
[11] Moritz, K.: Bauweisen der ETFE-Foliensysteme. In: Stahlbau, Nr. 05/2007
[12] Moritz, K.: Die Stadionhülle der Allianz Arena. In: Detail, Nr. 09/2005

18

ELEMENTFASSADEN

Die Zukunft der Elementfassade

Detail im Gespräch mit Andreas Fauland, seele

Detail: Worin besteht die Besonderheit Ihrer Elementfassaden?

AF: Unsere Fassaden-Lösungen folgen einem gesamtheitlichen Ansatz, der darauf beruht, dass die Fassade neben den primären, funktionalen Eigenschaften sowohl ästhetische Ansprüche als auch Anforderungen des Wärmeschutzes, der natürlichen Belichtung, der Behaglichkeit und der Ökologie erfüllt. All diese Aspekte in einem Gesamtkonzept zusammenzufassen und den Architekten hierin beraten zu können sehen wir als unsere Stärke an. Dabei beschränken wir uns nicht auf flache Elemente und ebene Flächen. Wir realisieren dreidimensional ausgebildete Fassaden mit komplexen Geometrien und einem mehrschichtigen Elementaufbau, welche die unterschiedlichen Ansprüche an die Fassade erfüllen.

Detail: Wie schaffen Sie es, solch komplexe Aufbauten in wirtschaftlichem Rahmen zu realisieren?

AF: Hierbei spielen mehrere Komponenten eine Rolle: erstens die Inhouse-Kompetenz durch die Einbindung von Spezialisten in unseren Projektteams, die darin besteht, die Fassade gewerkeübergreifend zu entwickeln und zu konstruieren. Ein zweiter Aspekt ist die Effizienz durch den Einsatz technischer Hilfsmittel wie das CAM. Die aus der 3D-Zeichnung gewonnenen Daten können wir direkt für die Steuerung der Maschinen übernehmen. Daraus resultieren eine höhere Effizienz, eine geringere Fehlerhäufigkeit, eine bessere Logistik und nicht zuletzt eine höhere Qualität der Produkte. Letztlich hängen die Wirtschaftlichkeit und Qualität aber vom sinnvollen Wirtschaften, konsequenten Arbeiten und guten integrativen Prozessen ab.

Detail: Haben Sie eine Vision für die Elementfassade?

AF: Meine Vision ist es, mit dem Planer und Kunden noch früher als bisher die Herausforderungen und Anforderungen an ein Projekt gemeinsam definieren, umsetzen und damit einen Mehrwert für das gesamte Projekt gestalten zu können. Eine weitere Vision ist, dem Planer sehr viel freiere Geometrien und eine höhere Typenvielfalt ermöglichen zu können. Auch die Fassadenkonzepte werden somit flexibler, neue Materialien werden entwickelt und

eingesetzt. Es kommen in Zukunft Fassadenkomponenten zum Einsatz, die an der jeweiligen Stelle des Gebäudes ein Optimum schaffen und sich flexibel den Anforderungen anpassen können. Die Gleichheit der Fassadenelemente ist in der Regel ein bestimmender Kostenfaktor. Künftig wird die Flexibilität aufgrund des 3D-Entwicklungs- und Konstruktionsprozesses jedoch mehr gestalterischen und funktionalen Freiraum schaffen. Auch die logistische und fertigungstechnische Projektabwicklung wird verstärkt durch die 3D-Prozesse bestimmt werden.

Detail: Stichwort »flexible, sich verändernde Materialien«: Wie agieren Sie in dieser Richtung?

AF: Wir arbeiten an einigen Forschungsprojekten, zu denen ich mich verständlicherweise momentan noch nicht äußern kann. Glas ist und bleibt für uns ein bestimmendes Element. Die Frage ist, wie intelligent und effizient man es einsetzt. Ein weiterer Aspekt betrifft die natürliche Be- und Entlüftung und die individuelle Möglichkeit, die Fassaden zu öffnen. Auch in diesem Bereich untersuchen wir neue Ansätze, allerdings haben wir nicht vor, eine Einheitskonzeptfassade zu entwickeln. Die Anforderungen und individuellen Wünschen des Kunden werden für uns immer im Vordergrund stehen. Wir möchten unserem Anspruch treu bleiben, den Anforderungen und individuellen Wünschen des Kunden entsprechend maßgeschneiderte Lösungen zu entwickeln.

Detail: Auf welches Know-how stützten Sie sich, als Sie sich um den Großauftrag 7 More London bewarben?

AF: Wir starteten die serienmäßige Elementfassaden-Produktion auf einem sehr hohen Niveau. Dabei profitierten wir von zahlreichen Erfahrungen aus dem Fassadenbau wie den Kenntnissen der Abläufe, der bauphysikalischen Zusammenhänge und der Materialität sowie dem Wissen, projektspezifische Fassadenlösungen zu realisieren. Die Sprache der Architekten zu sprechen und ihre Vorstellungen zu verstehen und zu erkennen war sicherlich auch entscheidend. Die Grundthematik ist doch immer die gleiche: mit hoher Effizienz in möglichst kurzer Zeit mit möglichst hohem Nutzen und größtmöglicher Qualität maßgeschneiderte Lösungen zu entwickeln.

Andreas Fauland (Dipl.-Ing. FH Maschinenbau) ist seit 2007 Geschäftsführer der seele GmbH & Co. KG. Davor war er als Geschäftsführer bei Bug-Alutechnic und bei Josef Gartner tätig. Seine langjährige Erfahrung im Elementfassadenbau, kombiniert mit der Innovationsstärke von seele, bildet die Grundlage für die Gestaltung zukunftsweisender Fassadenlösungen.

Ausschreibung und Entwurf

Im Frühjahr 2007 lädt der Construction Manager (Mace Ltd.) die Gersthofener Firma und einen weiteren Bewerber zur Ausschreibung ein. Zunächst findet eine Vorqualifikation statt, bei der die beiden Firmen ihre entsprechende Qualifikation unter Beweis stellen müssen. Hierzu entstehen umfangreiche Präsentationen, detaillierte Kalkulationen und Vorstellungen über die Möglichkeiten der Produktion und Fertigung, der Logistik und Montage. Die Vorschläge und Berechnungen werden daraufhin vom Construction Manager einer strengen Prüfung unterzogen. Danach beginnt die dreimonatige PCSA-Phase (PCSA = Pre-Construction Services Agreement). Es handelt sich um eine Phase, die der eigentlichen Auftragsvergabe vorausgeht. Hierbei findet eine Optimierung des Designs statt, indem beispielsweise fertigungsbedingte Überlegungen in den Architektenentwurf mit einfließen. Mit den Angaben der ausführenden Firma kann der Bauherr das zur Verfügung stehende Budget für die einzelnen Gewerke gegebenenfalls korrigieren und neue Kalkulationen aufstellen. Zum Abschluss der PCSA-Phase legt die Firma einen definitiven Preis und detaillierte Zeichnungen vor.

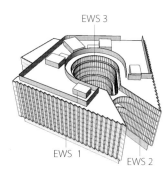

EWS 3

EWS 1   EWS 2

7 More London: Entwicklung der Aluminium-Elementfassaden-Produktion

Andreas Fauland, seele

1a

1 a + b Axonometrien zu 7 More London mit Bezeichnung der Fassadenelement-Typen
2 + 3 Einrichten des Bearbeitungszentrums, einer fünfachsigen CNC-Maschine zum Sägen, Bohren und Fräsen der Profile
4 Hochregal mit 288 Lagerplätzen und einer Traglast von maximal je 1,2 t
5 Die vorkommissionierten Elemente werden auf mobilen Tischen entlang einer Fertigungsstraße zusammengebaut.

Zur Rolle des Fassadenberaters
Für den Erfolg eines Projekts ist es von essenzieller Bedeutung, dass sich ein harmonisches Verhältnis unter allen Planungspartnern ergibt. Besonders bei Projekten mit individuell entwickelten Fassaden übernimmt der Fassadenberater dabei eine wichtige Rolle. Er führt die technische Überprüfung aus und durchdenkt Punkte bezüglich Dichtigkeiten und Materialverträglichkeiten. Der Fassadenberater ist der Begutachter der Arbeit der ausführenden Firma und der Berater für den Architekten und bringt aufgrund seiner Erfahrung unterschiedliche Gesichtspunkte ein. In seiner Rolle als Vermittler genießt er das Vertrauen von Bauherr und Architekt gleichermaßen. Außerdem bildet er die Schnittstelle zu den Behörden.

Das Projekt 7 More London bot seele eine einzigartige Chance: Mit 20 000 m² Fassadenfläche war es der erste Großauftrag unseres Unternehmens für eine reine Aluminium-Elementfassade.
In der Vergangenheit waren wir größtenteils im Bereich Stahl-Glas beziehungsweise Glas-Glas tätig, aber schon länger spielten wir mit dem Gedanken, unsere Aluminium-Fassaden-Produktion in großem Maßstab auszuweiten, nicht zuletzt weil sich Bauherren und Architekten immer wieder nach Gesamtpaketen erkundigten. Die Nachfrage am Markt war also vorhanden, und die Idee, sich breiter aufstellen zu wollen, ebenfalls. Mit dem Londoner Projekt von Foster + Partners bot sich uns nun die Chance, beides zu verknüpfen. Allerdings bedeutete das einen gewissen Neuanfang. Mit Aufträgen wie dem Museum of Arts and Design in New York oder dem John Lewis Department in Leicester hatten wir zwar immer wieder Aluminium-Elementfassaden realisiert, bei 7 More London galten jedoch andere Maßstäbe. Die größte Herausforderung war hierbei die interne Neuaufstellung des Segments mit weit reichenden Veränderungen wie Investitionen und Neustrukturierungen. Aus meiner früheren Erfahrung im Aluminiumfassaden-Bereich heraus setzte ich zusammen mit erfahrenen Mitarbeitern die hierfür notwendigen Maßnahmen um. Dazu gehörte zunächst der Aufbau eines neuen Teams, das wir jedoch schnell und im geplanten Zeitraum in die vorhandenen Strukturen integrierten.

Bau einer neuen Produktionshalle
Darüber hinaus entschieden wir uns für den Bau einer neuen Produktionshalle. Der Baubeginn der Halle war im Sommer 2007 zu Beginn der PCSA-Phase (PCSA = Pre-Construction Services Agreement). Da wir zu diesem Zeitpunkt noch keinen festen Auftrag hatten, geschah dies auf unser eigenes Risiko. In der dreimonatigen Zeitspanne, die darauf folgte, fanden allerdings schon die ersten intensiven Treffen mit dem Architekten, dem Construction Manager Mace Ltd. und dem Fassadenberater Emmer Pfenninger statt. Wir entwickelten auf Basis von Detailskizzen des Architekten (Computerzeichnungen mit groben Profilabmessungen) die Grundsatzdetails der Profile, lieferten Budgetpreise und bauten die ersten 1:1-Fassaden-Ansichtsmuster.

Schließlich, im Dezember 2007, wurde der eigentliche Vertrag für die Ausführung unterschrieben. Es folgte die Entwicklung und der Bau des Performance-Mock-ups, an welchem wir die Fassade testeten. Im Mai 2008 war die Halle fertig, die Maschinen waren eingerichtet, die Entwicklung der Profile abgeschlossen und ein neues Team gebildet. Damit fing die Produktion für 7 More London an.

Produktionsbedingungen
Aluminium-Fassaden-Konstruktionen unterliegen anderen Produktionsformen und einem anderen Fertigungsprozess als der Stahl-Glas-Bereich. Die Stahl-Glas-Fassade ist in der Regel eine Einzelfertigung, die Aluminium-Elementfassade dagegen

2

3

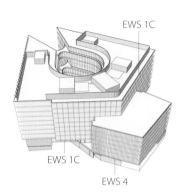

1b

4

eine Serienproduktion. Sonderfassaden leben von vielen einzelnen Details, die konstruktiv sehr schwierig und technologisch anspruchsvoll sind, aber keinen Seriencharakter haben. Aluminium-Elementfassaden sind in der Regel technologisch in der Einzellösung weniger anspruchsvoll; wegen des hohen Wiederholungsgrades geht es um fertigungstechnisch und materialeinsatztechnisch optimierte Lösungen. Das Pensum an Materialströmen ist höher, die Vorlaufzeiten sind länger und es werden viel größere Lagerkapazitäten benötigt. Die Vorausplanung im Stahl-Glas-Bereich ist schneller getaktet und es gibt bei kurzfristigen Änderungen mehr Ausweichmöglichkeiten. Bei den hohen Tonnagen im Aluminiumfassaden-Bereich ist das nicht der Fall.

So sind die Faktoren der Materialanlieferung, -annahme, -abnahme und -lagerung vor allem im Aluminiumfassaden-Segment ein wesentlicher Erfolgsfaktor. Als Konsequenz investierten wir in ein automatisches Profillager, in dem das Material direkt aus- und wieder eingelagert werden kann. Die Profile ließen wir als speziell für das Londoner Projekt entwickelte Sonderanfertigungen von einem Zulieferer pressen.

Der Standort Gersthofen
Im Jahr 2006 gab es die Grundsatzüberlegung, die Aluminiumfertigung aus betriebswirtschaftlichen Gründen an einem anderen Standort auszubauen. Letztendlich hat sich das Unternehmen jedoch für

Fassadentypen
• EWS 1: Elementfassade mit zurückgesetztem Blechpaneel und vorgehängter Lamellenkonstruktion, »Zickzack«-Fassade
• EWS 1C: Elementfassade, gerade ausgeführt, mit vorgehängter Lamellenkonstruktion
• EWS 2: glatte Elementfassade mit Glaspaneel, ohne Lamellenkonstruktion
• EWS 3: Innenhof-Elementfassade, facettiert, mit Glaspaneel, ohne Lamellenkonstruktion
• EWS 4: »Rucksack«-Elementfassade, mit Glaspaneel und vertikalen Sonnenschutzlamellen

5

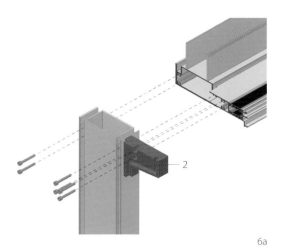

6a

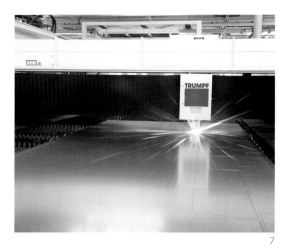

7

6 Explosionszeichnung Profilstöße
a Stoß oberer Riegel
b Stoß Mittelriegel
c Stoß unterer Riegel
1 Dichtmittel
2 PA-Formteil
3 Dampfdruckausgleichsöff-
nung/Entwässerungsöffnung
4 Glasauflager
5 SG-Leiste

den Standort Gersthofen entschieden. So sind wir überzeugt, dass die Auseinandersetzung mit der Produktion einen Mehrwert für die Konstruktion darstellt. Wie sieht ein Profil aus, wenn es bearbeitet ist, wenn es zusammenstößt? Nur an der real existierenden Materie und in direktem Austausch mit den Kollegen lassen sich die handwerklichen und produktionstechnisch bedingten Zusammenhänge ausreichend nachvollziehen. So ist und bleibt das Endprodukt, selbst in der Serienproduktion bei uns von Hand gefertigt, von einzigartiger Qualität. Gestützt auf die bewährten Konstruktions- und Fertigungsprinzipien der Alu-Elementfassade bringen wir mit neuen Ansätzen, die wir kontinuierlich vorantreiben, einen erkennbaren Schwung in die Branche. Denn die zunehmende gestalterische, ökonomische und ökologische Bedeutung der Elementfassade verlangt innovative und wirtschaftliche Lösungen. Mit dem Einstieg in das Segment hochwertiger Elementfassaden nehmen wir diese Zeichen der Zeit ernst zum Vorteil der Investoren, Architekten, Bauherren und Nutzer.

Profilentwicklung

Für das Projekt 7 More London entwickelten wir insgesamt 52 Aluminium-Profile und 45 Dichtungsprofile und ließen dazu die entsprechenden Werkzeuge fertigen. Von Anfang an waren wir sehr stark in die Grundsatzdetailplanung der Fassade mit eingebunden. Dies lag mitunter an dem hohen Termindruck: Bedingt durch die hohe Komplexität der Geometrie von 7 More London blieben hierfür nur vier Monate Zeit. Neben 3D-Visualisierungen und Zeichnungen setzten wir hierfür die in der PCSA-Phase entwickelten 1:1-Ansichtsmodelle und Performance-Mock-ups ein. Beim ersten Ansichtsmuster handelte es sich um ein Holz-Mock-up, an dem wir die Entwürfe immer wieder sehr schnell modulieren konnten. Später konstruierten wir für zwei Fassadentypen je ein 6 auf 9 m großes 1:1-Performance-Mock-up mit Originalmaterialien und -profilen.
Die Fassade durchlief, bis sie ihre endgültige Form erlangte, mehrere Entwicklungsstufen. Oft waren es gestalterische oder wirtschaftliche Gründe, die für einzelne Lösungen sprachen. Eine weitere wichtige Rolle spielte der g-Wert, der aus den unterschiedli-

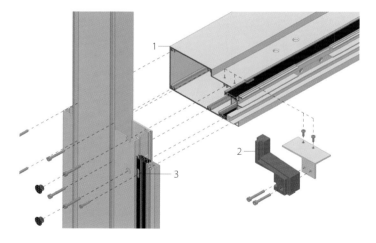

6b

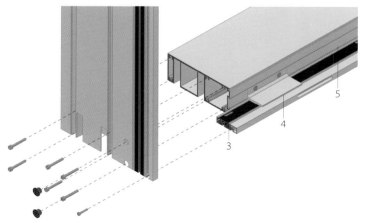

6c

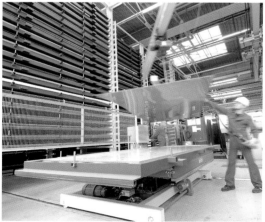

8

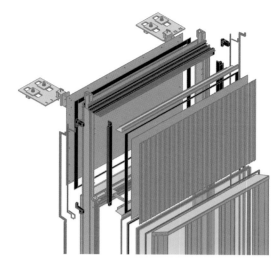

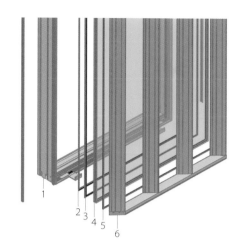

chen Beschichtungen des Glases und der Ausbildung der Lamellen resultierte. Auch hier wurden mehrere Varianten ent- und wieder verworfen, bis sich die endgültige Lösung herauskristallisierte: Zu Beginn der PCSA-Phase sah der Architekt für die Zickzack-Fassade ein aus zwei großen Winkelteilen bestehendes System mit einer Ganzglas-Ecke vor. Bei dieser ursprünglichen Variante hätten wir eine biegesteife Ecke ausführen müssen. Dies wäre aber aufgrund der gegebenen Montagebedingungen – die Vorgabe an uns lautete, den Einbau der Fassade ohne Kran zu bewerkstelligen – mit sehr hohem technischem Aufwand verbunden gewesen. Die letztlich realisierte Variante der Zickzack-Fassade besteht aus jeweils drei Elementen, deren Eckpfosten auf Gehrung zusammengesetzt sind.

Generell entwickeln wir die Profile unserer Aluminium-Elementfassaden selbst. Mit dem Architekten einigen wir uns dabei auf gewisse Grundprinzipien: die optische Erscheinung, die Dimensionen, die Funktion der Fassade und damit die Anforderungen an den Schallschutz und den g-Wert, um nur einige Faktoren zu nennen. Daraufhin führen wir umfangreiche Tests durch (Erdbeben, Verschiebungen der Gebäude, Senkungen, Dehnungen, Dichtigkeit etc.). Zu technischen Fragen, beispielsweise zum Profilzuschnitt oder zur Art der Isolierstege, konsultieren wir die verschiedenen Herstellerfirmen der Profile. Aus unserer Entwicklungsabteilung stammen die Vorgaben für die Abdichtungssysteme. Obwohl die Anforderungen an die Profile immer ähnlich sind, werden sie von Projekt zu Projekt komplett neu entwickelt.

Produktion
Um die Produktionsprozesse zu optimieren, legten wir die Bearbeitungszentren und das Profillager zusammen. An 15 verschiedenen Stationen kann Material dem Lager zugeführt oder entnommen werden. Zunächst werden die Profile angeliefert. Sie kommen beschichtet in unserem Hause an. Nach der Eingangsprüfung versehen wir sie mit einer Schutzfolie und lagern sie bis auf Abruf über einen computergesteuerten Automaten ein. Das Hochregallager ist speziell auf Stabmaterial bis zu einer Länge von 6 m ausgerichtet. Auf insgesamt 288 Lagerplätzen steht eine Traglast von maximal je 1,2 t zur Verfügung. Direkt vor dem Lager befinden sich

sechs CNC-Fertigungsmaschinen und Bearbeitungszentren, drei davon als fünfachsige Maschinen von 15 m Länge. Diese können bei 6-m-Stäben auch im Pendelbetrieb gefahren werden: Während auf einer Seite der Maschine ein Profil bearbeitet wird, kann auf der gegenüberliegenden Seite ein Mitarbeiter die Maschine bestücken. Sind nur Sägeschnitte notwendig, arbeiten wir auf mehreren Doppelgehrungssägen. Nach der Bearbeitung werden die Profile nach dem Ablaufplan kommissioniert und in einem Zwischenlager bis zum Abruf geparkt. Neben den Profilen sind in der Halle weitere Materialien wie Dämmungen und Dichtungen gelagert.

Fertigung und Montage
Zur Optimierung des Fertigungsprozesses schufen wir eine neue Fertigungsstraße. Hier erfolgt der Zusammenbau der Profile, das Anbringen notwendiger Halter für den Sonnenschutz, die Montage von Dämmpaneelen und das Einkleben der Glasscheiben. Jedes Element erhält am Beginn der Fertigungsstraße einen eigenen fahrbaren Montagetisch und durchläuft mit diesem die einzelnen Stationen des Zusammenbaus. Die Konzeption der Fertigungsstraße testeten wir mehrere Wochen vor Serienbeginn mit den Prototypen für das Mockup. Besonderes Augenmerk lag auf der Qualitätssicherung: Durch eine Kombination aus werkseigener Qualitätssicherung und Fremdüberwachung durch ein unabhängiges Institut sollte ein Maximum an konstanter Produktqualität sichergestellt werden. Zu Spitzenzeiten war die Halle der Fertigungsstraße für 7 More London komplett belegt. Die Montage auf der Baustelle durchlief zunächst eine kurze Optimierungsphase. Daraufhin bauten wir bis zu 30 Fassadenelemente pro Tag ein. Ende April 2009 lief die Produktion aus. Es folgten kleinere Arbeiten wie der Einbau der Anschlussbleche. Auf der Baustelle war ein Kernteam von zwölf seele-Mitarbeitern bestehend aus Bauleitung und Obermonteuren für die Überwachung und Koordination der Montage verantwortlich, die bei der Ausführung von einem bis zu 80 Monteure starken Team eines Subunternehmers unterstützt wurden. Mit ihm hatten wir bereits in der Vergangenheit erfolgreich zusammengearbeitet – es handelte sich bei 7 More London also um ein eingespieltes Team.

7 CNC-Laserbearbeitung von Blechen
8 Blechentnahme aus dem Hochregallager
9 Explosionszeichnung Elementaufbau
  1 Aluminium-Strangpressprofil
  2 SG-Versiegelung
  3 Anlagedichtung
  4 Isolierverglasung
  5 Silikonabdichtung / Wetterfuge
  6 Sonnenschutzlamellen

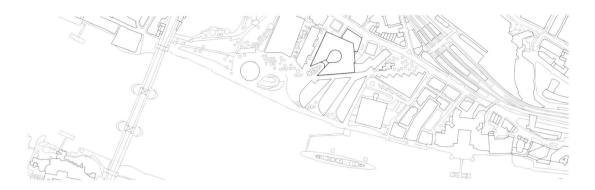

Das Construction Management

Christian Brensing (CB) im Gespräch mit Gordon Barnes (GB), Mace, im Mai 2009

10

Gordon Barnes ist für die Mace Group Ltd. Projektleiter von 7 More London. Die Mace Group Ltd., eine Bau- und Beratungsgesellschaft mit Hauptsitz in London, beschäftigt über 2000 Mitarbeiter an elf Zweigstellen weltweit.

Baudaten
Architekt:
Foster + Partners
Bauherr:
More London/Mace
Fertigstellung:
August 2009
Fassadenplaner: RPP

CB: Worin besteht die Rolle des Construction Manager bei dem Projekt 7 More London?
GB: Die Mace-Gruppe wurde von dem Bauherrn More London Developments als »Construction Manager« beauftragt. Es handelt sich dabei um eine Form des Construction Management, bei welcher der jeweilige Vertrag immer zwischen dem Bauherrn und der ausführenden Firma geschlossen wird. Die Mace-Gruppe leitet das Projekt im Auftrag des Bauherrn, wobei wir allerdings schon seit ungefähr zehn Jahren für More London arbeiten. Die Architekten sind Foster + Partners, die auch den Masterplan aufstellten. Plot 3 & 4 sowie das City-Hall-Gebäude (GLA) sind Projekte, die wir in den vergangenen Jahren auf demselben Grundstück betreut haben. Bei Plot 7 leiten wir den Bauablauf von extern und vor Ort auf der Baustelle. Wir agieren dort also wie ein großes Bauunternehmen.

11

CB: Wie definieren Sie das Projekt in Bezug auf die architektonische Qualität?
GB: Meiner Meinung nach versteht der Bauherr 7 More London als etwas Besonderes, da es das letzte Bauvorhaben auf diesem Grundstück ist. Der Bauherr hatte die Vision, das Gebäude etwas differenzierter zu betrachten als die anderen Bauten. So hat er dem Architekten ein bisschen mehr künstlerische Freiheiten zugestanden. Mit Bezug auf die Fassade ist daher eine Art »Sägezahn-Fassade« entstanden, deren Intention es ist, im Büro so vielen Menschen wie möglich einen Blick auf den Fluss zu ermöglichen. Das Baugrundstück ist schmal, aber es gewährt den direkten Blick auf die Themse und insbesondere auf die Tower Bridge und den Tower von London. Außerdem tragen die Zickzackform der Fassade und der davorgehängte Sonnenschutz zur thermischen Behaglichkeit im Gebäude bei.

CB: Welche Vor- und Nachteile erkennen Sie im britischen Vergabegesetz in Bezug auf die Fassade und wie hat dies Ihre Vergabe beeinflusst?
GB: Im Einverständnis mit dem Bauherrn haben wir 7 More London nicht traditionell ausgeschrieben. Der Bauherr hatte mit einigen Baufirmen noch von anderen Projekten bestehende Verträge. So konnte er im Vorfeld eine Auswahl von Firmen treffen. Wir wählten gemeinsam Permasteelisa aus, das bei More London schon an einer Reihe anderer Projekte beteiligt ist, und seele aufgrund seiner Beteiligung an der City Hall. Wir waren überzeugt, dass sich die Gersthofener Firma in diesem Marktsegment als neuer Mitspieler würde behaupten können. Bisher hatte sie sich immer auf innovative Stahl-Glas-Konstruktionen spezialisiert, bei welchen ein hohes Maß an Ingenieurskunst verlangt wird. Aber in Bezug auf standardmäßige Vorhangfassaden hatte sie damals noch keine großen Erfahrungen. Das maßgebliche Referenzprojekt für die Firma seele war die City Hall. Dort hatte sie nicht die ganze Fassade ausgeführt, sondern nur einen besonders anspruchsvollen Teil. Dieser Teil wird die »Linse« genannt und befindet sich auf der Vorderseite des Gebäudes, der Themse zugewandt. Die Stahlkonstruktion der City Hall funktioniert wie ein großer Radiator, da das Stahlgerüst mit Wasser gefüllt ist, um die Scheiben vor dem Beschlagen zu

12

schützen und eine angenehme Umgebungstemperatur zu gewährleisten. Die Firma seele hatte außerdem für die Mace-Gruppe schon eine Reihe von anderen Großprojekten abgeschlossen, z. B. die Royal Bank of Scotland in Edinburgh und die GlaxoSmithKline-Hauptverwaltung in London. Das Prinzip, das wir bei der Ausschreibung von 7 More London mit unseren bevorzugten Firmen verfolgten, war, dass wir eine begrenzte Anzahl von Präsentationen einberiefen und eben nicht eine allgemeine Ausschreibung verschickten. Denn die Büros Foster und Mace wollten eine Firma beauftragen, die bei der Ausarbeitung der Vorhangfassade behilflich sein konnte. Der Grund für dieses Vorgehen lag in dem extrem schnellen Projektstart. In einer normalen Ausschreibung würde man detaillierte Zeichnungen anfertigen, sie zu einem Paket bündeln und zur Ausschreibung an die jeweiligen Firmen schicken, die dann wiederum ihre Preisvorstellung zurückschicken – das alles hätte uns zu viel Zeit gekostet. Wir dagegen wollten lieber nur zwei Firmen gegeneinander antreten lassen. Dann baten wir sie, mit ihren jeweiligen Auslegungen der Entwürfe zurückzukommen, uns aber ebenso eine Vorstellung der Kosten zu geben. So präsentierten schließlich nur seele und Permasteelisa ihre Angebote und Ausarbeitungen zu Fosters Entwurf.

CB: Gab es noch andere Beschränkungen hinsichtlich der Planung und der Ausführung?
GB: Wie schon gesagt hatte das Projekt sehr schnell begonnen. Die Baustelleneinrichtung war im August 2007, und als Construction Manager starteten wir im Februar 2007. Wir hatten ungefähr fünf Monate Zeit für die Entwurfsplanung. Danach mussten wir einen Plan für die Fertigstellung bis zum August 2009 ausarbeiten. Der Grund für dieses relativ kompakte Zeitfenster war, dass More London sich nicht auf das Projekt festlegen wollte, bevor ein Mieter feststand. Wir hatten damals eine Spanne von zwei Jahren reiner Bauzeit mit 45 Monaten Planungszeit. Darum hatten wir uns nicht für eine normale Vergabe entschieden. Wir mussten den Fassadenbauer frühzeitig beauftragen, um den Entwurf zusammen mit den Haustechnikingenieuren Roger Preston und mit dem Büro Foster weiter auszuarbeiten. Arup waren die Tragwerksplaner. Wir

wollten all diese Firmen fest mit in unsere Planungsmannschaft aufnehmen.

CB: Warum haben Sie sich schließlich für seele entschieden?
GB: Der Grund war letztendlich ihre überzeugendere Präsentation. Wir alle glaubten, dass sie für dieses Projekt einfach besser seien, auch wenn die Preise der beiden Firmen ähnlich waren.

CB: Welche waren die Vorgaben an die ausführende Firma und welche Entwicklungsschritte gab es?
GB: Wir hatten in den Vertrag zwei Stufen eingeplant. Die erste Stufe umfasste eine begrenzte Entwurfsphase von etwa 16 Wochen. Danach standen die Kosten für den Entwurf im Sinne einer Vorplanung, nicht einer Ausführungsplanung. Dies hatte einen zweifachen Sinn: Die ausführende Firma musste das Projekt sowohl innerhalb eines bestimmten Kosten- als auch eines bestimmten Zeitrahmens entwerfen. Das vermittelte uns dann eine Ahnung davon, wie viel Zeit für die Entwicklung des Fassadensystems zur Verfügung stehen würde, um daraus auf einen Endpreis schließen zu können. Wir entwickelten das Fassadensystem zusammen mit seele und dem Büro Foster. Dabei versuchten wir permanent, im Kostenrahmen zu bleiben. Am Ende des Prozesses baten wir die Firma, einen Festpreis abzugeben, was sie auch tat. Ähnlich war es bei der Ausarbeitung des Vertrages: Wir gaben einen Zeitrahmen vor, in dem die Fassade fertig sein musste.

CB: Können Sie quantifizieren, welchen Beitrag die ausführende Firma zum Erfolg des Projekts beigesteuert hat?
GB: Hier wage ich einen Blick in die Zukunft. Ich erkenne bei allen Beteiligten ein sehr starkes Interesse, das Projekt erfolgreich und pünktlich abzuschließen. Die Firma investierte viel Geld in die Fertigung, um 7 More London abwickeln zu können. Ihre Fertigung in Deutschland hat sich in den vergangenen zwei Jahren verdoppelt. Das Unternehmen fertigt auch andere, vielleicht vom Wert her vergleichbare Fassadentypen, aber der Auftrag zu 7 More London ist in seiner Art sicherlich der erste. Jetzt im Mai haben wir noch zwei Monate vor uns, aber keine Indikatoren deuten darauf hin, dass es nicht klappen sollte.

10 Lageplan   Maßstab 1:7500
11 Der Neubau besitzt einen polygonalen Innenhof und öffnet sich damit zur nahe gelegenen Themse. Die Gebäudehülle ist als Aluminium-Elementfassade ausgebildet. Im Innenhof ist die Fassade facettiert. Gläserne Brücken schließen die innere Fassade im 2., 5. und 8. Obergeschoss.
12 Das Verwaltungsgebäude ist Teil des Erweiterungsgebiets More London Riverside. In nächster Nachbarschaft steht das GLA Headquarter, das mit seiner markanten Form als Wahrzeichen des Ensembles gilt.

Ausschreibung und Entwurf

Katja Pfeiffer (KP) im Gespräch mit Mike Jelliffe (MJ), Foster + Partners

Mike Jelliffe arbeitet seit 1989 als Architekt für das Londoner Büro von Foster + Partners. Er ist Projektleiter für das Projekt 7 More London. Foster + Partners gehört mit seinen 900 Mitarbeitern zu den bekanntesten und auftragsstärksten Architekturbüros weltweit.

Kooperation mit dem Architekten
Bei der Elementfertigung liegt die Verantwortung für die Entwicklung der Fassadenprofile meist bei der ausführenden Firma. Oberste Prämisse ist, den visuellen Gedanken des Architekten einzuhalten. Dies war auch bei 7 More London der Fall. Durch die langjährige Erfahrung in der Zusammenarbeit mit den Architekten konnte sich die ausführende Firma leicht auf deren Ansprüche und Wünsche einstellen. Sie versuchte, die Ideen im Voraus in die Konstruktion mit einzubringen. Auf der anderen Seite zeigte der Architekt viel Verständnis für fertigungsbedingte oder technologische Probleme. Die Zusammenarbeit mit Foster + Partners und mit Mace beschreibt das ausführende Unternehmen als durchgehend positiv. Bei den Zeichnungsfreigabe-Durchläufen gab es nie nennenswerte Probleme. Die Firma bekam die Zeichnungen mit mindestens Status B (Freigabe unter Berücksichtigung geringfügiger Kommentare) zurück.

Das Verwaltungsgebäude 7 More London Riverside ist der letzte Baustein des Erweiterungsgebietes More London, in unmittelbarer Nähe zur Themse und der Tower Bridge gelegen. Der um einen polygonalen Innenhof angelegte, als Vieleck ausgebildete Neubau öffnet sich, im Erdgeschoss und in einigen Obergeschossen über Brücken miteinander verbunden, mit einem tiefen Einschnitt zum Fluss. Hier zeigt er dem Passanten seine beiden »Gesichter«: eine eher technisch zurückhaltend formulierte glatte Fassade im Innenbereich und in der Außenansicht die so genannte Zickzack-Fassade, eine bauphysikalisch besonders knifflige Aluminium-Element-Konstruktion. Im sogenannten Rucksackgebäude ist die Elementfassade glatt und mit vertikalen, roten Lamellen ausgestattet. Auf drei Seiten des Hauptgebäudes besitzen die Elemente eine vorgesetzte Aluminium-Rahmenkonstruktion mit vertikalen Sonnenschutzlamellen.

KP: Wie verlief die Ausschreibung für 7 More London?
MJ: Das Ausschreibungsverfahren musste dem hohen Zeitdruck, der bei 7 More London bestand, entgegenkommen. Wir wollten potenzielle Anbieter von Anfang an mit in die Planung einbeziehen. So konnten wir als Planer schon sehr früh vom technischen Know-how der ausführenden Firmen profitieren.
Das Ausschreibungsverfahren war in zwei Abschnitte gegliedert: Zunächst organisierte das Planerteam – Foster + Partners, Mace, RPP, Arup und Davis Langdon – für die Anbieterfirmen ein Informationstreffen. Für das Fassadenpaket fand mit seele und einem Mitbewerber ein separates Treffen statt. Damit die Firmen ein qualifiziertes Angebot erstellen konnten, mussten wir ausreichende Informationen zusammenstellen: Foster + Partners erläuterten mittels Zeichnungen, Renderings, Diagrammen und Modellen das Fassadenkonzept, Mace präsentierte das Raumprogramm, den Zeitplan sowie die Massen und wies in die logistischen Besonderheiten des Grundstücks, in das Ausschreibungsverfahren und die Verkaufsstrategie ein. Unsere Berater, der Energieplaner Roger Preston + Partners (RPP) und Arup für das Tragwerk, arbeiteten technische Leitfäden aus. Nach einer sehr kurzen Kalkulationsphase präsentierten die Bewerber ihre Angebote mit einer Ausarbeitung der Struktur und Organisation der Planungs- und Konstruktionsabläufe und mit Angaben der zur Verfügung stehenden Möglichkeiten und Ressourcen. Bei den Angeboten, die wir daraufhin bekamen, handelte es sich um erste mögliche Ansätze, wie sich die Entwurfskriterien realisieren ließen. Diese Präsentationen lösten einige sehr lebhafte Diskussionen aus. Aufbauend auf diesem Vergabeprozess und mithilfe der vorgestellten Konzepte konnten wir als Architekten ein Fassadensystem entwerfen, von dem wir sicher waren, dass es sich technisch und in dem zur Verfügung stehenden Kosten- und Zeitrahmen realisieren ließe. Als zweiter Schritt des Ausschreibungsverfahrens bat der Bauherr das Planungsteam um einen konkreten Vorschlag zur ausführenden Firma. Auf der Grundlage einer Serie von Auswahlkriterien zu Entwurf, Technik, Kosten und Programm erstellte jeder Planungspartner eine Rangliste. Der Bewerber mit den meisten Punkten wurde schließlich vorgeschlagen.

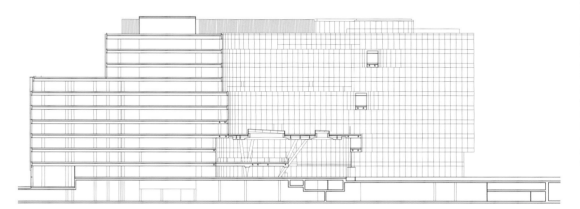

aa

Elementekonzept

Aufgeteilt in bis zu acht Felder pro Einheit bilden die Fassadenelemente ein modulares Konzept, in das je nach Nutzung Verglasungen, Blechpaneele oder Technikmodule eingesetzt sind. Alle Fassadenelemente kommen komplett vormontiert und montagefertig nach London. Besonders die Elemente für das Erdgeschoss mit Dimensionen von 3,40 × 7 m Höhe stellen hohe Anforderungen an Transport und Montage. Obwohl auf einer Aluminiumkonstruktion basierend, erreichen sie Gewichte von bis zu 1,6 t.

Montage

Insgesamt verantworten zwölf seele-Mitarbeiter, bestehend aus Bauleitung und Obermonteuren, die Überwachung und Koordination der Montage. Sie leiten ein bis zu 80 Personen starkes Montageteam aus Mitarbeitern eines Subunternehmens.

Schnitt und Grundriss Ebene 1
Maßstab 1:1000

a

a

schematische Darstellung
Zickzack-Elementfassade
Maßstab 1:20

1   Paneel gedämmt, profiliertes
    Blech (außen), 900/1500 mm
2   Isolierverglasung mit Sonnen-
    schutzbeschichtung,
    TVG 10 mm + SZR 16 mm
    + VSG 2× 5 mm Float
3   Strangpressprofil Aluminium,
    pulverbeschichtet RAL 7021
4   Befestigungskonsole und Haken
    verzinkter Stahl; Befestigung am
    Beton mittels Halfenschienen
5   Sonnenschutzlamellen, eloxiertes
    Strangpressprofil Aluminium mit
    aufgeklebtem Edelstahlblech in
    »linen finish«
6   Brandschott, Anschluss an Pri-
    märkonstruktion aus Dämmung,
    Stahlzargen und Abdichtung

KP: Wie verlief die Zusammenarbeit mit seele?
MJ: Foster + Partners arbeiten bereits seit 15 Jahren
immer wieder mit der Gersthofener Firma zusammen. Das Team zu 7 More London trafen wir zum
ersten Mal bei einem Besuch der Produktionsstätte
in Gersthofen. Die Treffen fanden regelmäßig vier-
zehntäglich, zunächst in London, dann abwechselnd
in London und in Gersthofen statt. So konnten wir
einmal im Monat die Produktionsstätte besuchen.
Zu Anfang präsentierten wir die einzelnen Entwurfs-
stufen. In diese flossen die Ratschläge von Arup und
RPP ein, beispielsweise zu den möglichen Toleranzen und Bewegungen zwischen den Fassadenelementen. Ein weiterer Aspekt betraf den erforderlichen Anteil an opaker Fassade und die Anordnung
und Dimensionierung des äußeren Sonnenschutzes.
Bei den Folgetreffen präsentierte die Firma ihre Interpretation unserer Vorstellungen. Der schnelle
Abgleich erlaubte ihr, das Konzept weiter- oder aber
frühzeitig mögliche Alternativlösungen zu entwickeln, was wiederum die Spanne zwischen den einzelnen Entwurfsphasen verkürzte und die knappe
zur Verfügung stehende Zeit am besten ausnutzte.
Dadurch, dass alle Teams konsequent und zielstrebig
daran arbeiteten, die visuelle Entwurfsidee beizube-
halten, konnten wir viele Problemlösungsstrategien
entwickeln. Die erfolgreichsten Teile des Arbeitstref-

fens waren die sogenannten Mock-ups. Es gab je ein
Ansichtsmuster und ein Testmuster.

KP: Worin besteht die Entwurfsidee zur Zickzack-
Fassade?
MJ: Um die Auszeichnung »BREEAM Excellent« zu
erhalten, musste der Eintrag an solarer Energie durch
das transparente Glas minimiert werden. Dazu plan-
ten wir einen aktiven Sonnenschutz ein. Hinsichtlich
des Budgets und des Zeitdrucks war die Zickzack-
Fassade hierfür die beste Lösung. Dieses externe
Sonnenschutz-Lamellensystem lässt das Gebäude
lebhaft erscheinen und wirkt wie ein Schirm, indem
es das Licht und die Farben innen auffängt und projiziert. Dies schafft außen einen »Glitzer«-Effekt und
erfüllt so gleichzeitig ein weiteres Ziel des Gebäudes:
das »Juwel« des Entwicklungsprojekts More London
zu sein.
Das Entwurfskonzept, insbesondere das Design des
externen Lamellensystems, entstand in Zusammenarbeit mit dem amerikanischen Architekten James
Carpenter. Das Erscheinungsbild von 7 More London
ist vergleichbar mit einer Kastanie, ihrem rauen
Äußeren und ihrem glatten Inneren, dem die zum
zylindrischen Innenhof gelegene Fassade entspricht.
Die Zickzack-Hülle unterstützt außerdem die Raum-
aufteilung innerhalb des Gebäudes, da jedes Fassa-
denmodul eine Standard-Büroeinheit darstellt.

KP: Gab es für das Fassadenkonzept Optimierungs-
schritte?
MJ: Die Fassade entwickelten wir zusammen mit
unserem Fassadenberater Emmer Pfenninger Partner AG (EPP) technisch weiter aus. Wir standen seele
mit EPPs Unterstützung von Anfang an zur Seite. Das
Gersthofener Unternehmen hat das System für seine
Ansprüche redimensioniert und, anstatt den Auftrag
an andere Unternehmen weiterzugeben, maßgeschneiderte Elemente entwickelt (vertikale Sonnenschutzlamellen, die Verkleidung der Stirnseiten der
Geschossdecken und die Profile). Ästhetisch gesehen entsprechen die Materialien und Ausführungen
unserer Entwurfsidee – sie wurden anhand von
Arbeitsmustern und Mock-ups überprüft. Um die
Ansprüche bzgl. Wärme- und Schallschutz zu
gewährleisten, passte die ausführende Firma die
Konstruktion der Fassade entsprechend an.

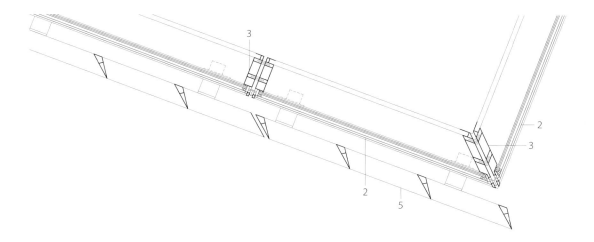

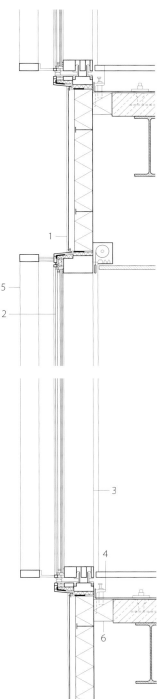

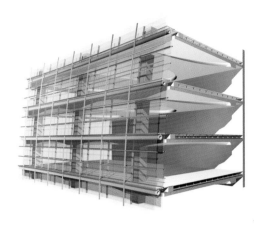

13

Hochhausfassaden – Trends und Tendenzen

Ross Wimer, Design Partner, Skidmore Owings & Merrill (SOM), Chicago

Ross Wimer ist seit 1995 als Architekt für Skidmore, Owings & Merrill LLP (SOM) tätig, 2003 wird er Partner von SOM. Zu seinen Projekten zählen der Masterplan für Marina Bay, der Flughafen Changi Airport Terminal 3, die Zhengzhou Greenland Plaza sowie Projekte des Industriedesigns wie die Standard-Straßenbeleuchtung für die Stadt New York. Seine Arbeiten sind weltweit ausgestellt, u. a. anlässlich der Biennale in Venedig, im Art Institute of Chicago und im Museum of Modern Art in New York. Für sein Werk hat er zahlreiche Auszeichnungen erhalten, u. a. drei P/A Awards.

Skidmore, Owings & Merrill LLP (SOM) ist eines der führenden Architekturbüros weltweit mit Zweigstellen in Los Angeles, New York, San Francisco, Washington DC, London, Hongkong, Shanghai und Brüssel. Architektur, Stadtplanung, Engineering und Innenarchitektur gehören zu seinen Tätigkeitsfeldern. Das Büro wurde in den 1930er-Jahren von Louis Skidmore, Nathaniel Owings und John Merrill gegründet.

13 Der Pearl River Tower in Guangzhou, China, verfügt über eine gläserne Doppelhautfassade. Eine auf dem Gebäudedach angebrachte Photozelle steuert die in die Fassade integrierte Sonnenblende.
14 Eine gläserne, 90 × 60 m große Seilnetzfassade mit einer V-förmigen inneren Abspannung umfasst den dreieckigen Grundriss der Peking Poly Plaza.
15 a + b Horizontale Metalllamellen prägen das äußere Erscheinungsbild des knapp 120 m hohen Bürogebäudes Arrowhead in London. Die Doppelhautfassade ermöglicht eine natürliche Klimatisierung der Räume.

Seit 75 Jahren ist SOM in der Entwicklung von Gebäudehüllen einer der wichtigsten Vorreiter weltweit. Dem Prinzip einer interdisziplinären Herangehensweise an das Design folgend machen wir uns die Kompetenz von Ingenieuren, Technikern und Architekten zunutze – vom Entwurf bis zur Fertigstellung eines Projekts. Dank dieser integrierten Teamstruktur können wir neue Lösungen schaffen, welche die Leistungsdaten eines Gebäudes grundlegend verbessern.

Die Fassade eines Gebäudes muss auf eine Reihe von Einflüssen wirksam reagieren. Diese reichen von Form und Struktur bis hin zu natürlichen Kräften wie Wind, Sonne, Niederschlag und seismische Aktivität. Auch wenn Gebäude häufig nach ihrem Äußeren beurteilt werden, stehen hinter dem von uns gewählten Entwurf überprüfbare und berechenbare Werte wie zum Beispiel der Benutzerkomfort und die Energieeffizienz.

Dieser integrierte Planungsansatz hat in den vergangenen Jahren dazu geführt, dass wir uns beim Entwurf, bei der Entwicklung und beim Testen von Gebäudehüllen zunehmend auf digitale Modelle stützen. Unsere Forschungsgruppen, beispielsweise das sogenannte BlackBox-Studio in Chicago, nutzen u. a. parametrische digitale Modelle zur Untersuchung der Faktoren Umweltschutz, visuelle Qualität und strukturelle Effizienz von Gebäudehüllen.

Mit Rückblick auf die Arbeiten der vergangenen Jahre lassen sich bei SOM verschiedene Entwicklungsschwerpunkte ausmachen. Die Suche nach strukturell verbesserten Lösungen beeinflusst die Art und Weise, wie wir die Fassade in das »Skelett« des Gebäudes einbinden. Nachhaltiges Design von Gebäuden bedeutet für uns außerdem, die Außenhaut als einen unverzichtbaren Bestandteil von Energieeinsparung und -rückgewinnung und zugleich als Möglichkeit zur Temperaturregulierung und Erhöhung des Nutzerkomforts zu betrachten. Unsere Projekte zeichnen sich dadurch aus, dass sie konstruktive Funktionen erfüllen und gleichzeitig den Ansprüchen der Nachhaltigkeit gerecht werden – ohne die entwurflichen Aspekte und die visuelle Ausdrucksform zu vernachlässigen. Die folgenden Projektbeispiele veranschaulichen die neuesten Entwicklungen aus unserer Praxis.

Energieeffizienz und Komfort

Vor dem Hintergrund zunehmend strengerer Vorgaben und Standards für »grünes Design« suchen Architekten und Entwickler nach Möglichkeiten, durch nachhaltige Konzepte den Kohlenstoffausstoß und die Kosten ihrer Projekte zu senken. Somit ist Energieeffizienz einer der wichtigsten Faktoren, die wir beim Entwurf einer Gebäudehülle berücksichtigen.

Für den Pearl River Tower – einem Gebäude mit einer Höhe von 310 m und 71 Stockwerken, das zurzeit in Guangzhou, China, errichtet wird – strebte unser multidisziplinäres Team aus Architekten und Ingenieuren eine integrierte Glasfassade an, die eine herausragende thermische Leistung wie auch eine hohe Transparenz zur Gewährleistung der Blickdurchlässigkeit und der Belichtung durch Tageslicht bietet (Abb. 13). Diese Faktoren sind selbst dann

14

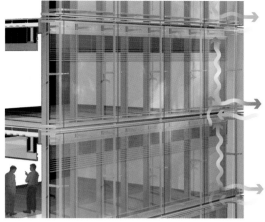

15a

15b

gewährleistet, wenn die Position der Sonne das vollständige Schließen der Sonnenblenden erfordert. Wir verwendeten eine Doppelhautstruktur, um das Gleichgewicht zwischen hoher Transparenz und Temperaturregulierung zu wahren.

Die Nord- und Südfassade besteht aus einem intern belüfteten Doppelhautsystem aus isolierten, zweifach verglasten und modularisierten Scheiben mit einer Größe von 3 × 3,9 m. Zwei einfach verglaste schwenkbare Innenflügel mit einer Größe von 1,5 × 2,8 m umschließen einen Hohlraum von 200 mm mit einem kleinen Luftspalt an der Unterseite. Innerhalb des Hohlraums sorgt eine 50 mm breite, motorgesteuerte, perforierte, silberfarbene Sonnenblende für die Minimierung von Sonneneinstrahlung und Blendeffekten. Die Sonnenblende verfügt über drei Modi: vollständig geöffnet (horizontal), 45 Grad geneigt und vollständig geschlossen (vertikal). Der Winkel wird durch eine auf dem Gebäudedach positionierte Photozelle, welche die Bewegungen der Sonne verfolgt, und über das Gebäudemanagementsystem (BMS, Building Management System) bestimmt, welches wiederum die Position der Sonnenblende festlegt. Die auf die Außenhaut treffenden Sonnenstrahlen erwärmen die Luft in dem als natürlicher Kamin fungierenden Hohlraum. Kühlere Luft dringt über den Luftspalt an der Unterseite der schwenkbaren Innenflügel in den Hohlraum ein, der für einen Druckausgleich sorgt und das Eindringen von frischerer Luft in die genutzten Bereiche ermöglicht. Die Luft im Hohlraum wird dann über den Deckenhohlraum entzogen und je nach Jahreszeit und Außenlufttemperatur als vorgewärmte oder vorgekühlte Luft genutzt.

Ein weiterer innovativer Ansatz zur Energieeffizienz verfolgten wir in Arrowhead, einer neuen Büroanlage in London an der Nordseite des Millenium-Viertels unweit von Canary Wharf (Abb. 15 a + b). Der Turm mit 26 Stockwerken und einer Höhe von 113,5 m ist geprägt durch eine energieoptimierte Außenhülle, in der klimakontrollierte Glaswände mit einer externen Metallblende kombiniert sind.

Die Klimahülle besteht aus einer äußeren Glashaut und einer inneren Zweifach-Isolierverglasung. Die zweischalige Fassade reagiert zur Gewährleistung eines ganzjährigen angenehmen Innenklimas auf die jeweiligen Umgebungstemperaturen und Klimaverhältnisse. Ihre Lichtdurchlässigkeit entspricht einem Mindestmaß von 65 Prozent. Ein passives Temperatursteuersystem verhindert Ablagerungen von Frost, Kondenswasser und Feuchtigkeit innerhalb des Hohlraums. Glasscheiben mit wenig Metallelementen und innen angebrachten Befestigungen sorgen für eine transparente Fassade und einen großzügigen Blick nach außen. Die Außenhülle ist so angelegt, dass sie im Winter das Eindringen von Wärme zulässt und im Sommer Wärme nach außen abführt. Dazu nutzt sie den natürlichen Kamineffekt. Dieser bewirkt im inneren Hohlraum eine Lufttemperatur von weniger als 10 °C über der Außentemperatur. Auf jeder Etage wird Stauwärme über Belüftungsöffnungen abgeführt, die in schmalen Streifen am oberen und unteren Rand angeordnet sind. Das System ist modular unterteilt; die äußeren Module sind auf die Innenmodule mit einer Größe von 1,5 m abgestimmt. Sie verhindern das Ausströmen von Luft und das Eindringen von Wasser. Über einen in die Wand integrierten Metallsteg ist der Hohlraum zu Wartungszwecken leicht zugänglich.

Strukturelle Innovation

Eine erfolgreiche Einbindung von Architektur und Ingenieurskunst ist schon seit Langem das besondere Kennzeichen der Hochhausprojekte von SOM. Eines der herausragenden neueren Beispiele hierfür stellt die neue Peking Poly Plaza dar (Abb. 14). Das 24 Stockwerke und 110 m hohe, für mehrere Zwecke angelegte Gebäude befindet sich nahe der Verbotenen Stadt an einem markanten Schnittpunkt entlang der Zweiten Ringstraße. Das Hochhaus erhebt sich über einem dreieckigen Grundriss, wobei eine enorme Seilnetzfassade die Hypotenuse des Dreiecks umfasst. Mit einer Größe von nahezu dem Vierfachen der Seilnetzfassade des Time Warner Center in New York gehört sie zu den derzeit weltweit größten Außenhüllen dieser Art. Nach herkömmlichem Denken hätte man versucht, die Glaswand als durchgängige Scheibe mit massigen Strängen zu unterstützen. Dies hätte jedoch den Eindruck von Transparenz erheblich gestört. Stattdessen wird die Hülle durch ein enormes V-Seil gehalten, für das eine im zentralen Freiraum des Gebäudes hängende laternenartige Struktur das

Doppelhautfassaden
Wesentliches Merkmal von Doppelhautfassaden ist die Anordnung einer zweiten Schale vor der eigentlichen Außenhaut, ohne dass die natürliche Lüftung unterbunden wird. Hierbei ist die äußere Schale in der Regel als nicht tragendes Element vorgehängt. Verglichen mit einschaligen Fassaden besitzen Doppelhautfassaden meist verbesserte Schall- sowie Wärmeschutzeigenschaften und ermöglichen auch an Standorten mit hohen Windgeschwindigkeiten eine natürliche Lüftung. Zu den Doppelhautfassaden zählen Untergruppen wie Schacht-, Korridor- und Kastenfensterfassaden ebenso wie Fassaden, bei denen die zweite Schale in größerem Abstand angeordnet ist.

Elementfassade
Dieser Begriff beschreibt Fassaden aus einzelnen vorgefertigten Elementen. Charakteristisch ist, dass der komplette Zusammenbau in der Werkstatt erfolgt. Bei Glasfassaden bestehen die vorgefertigten Teile in der Regel aus in Rahmen gefassten Gläsern, weshalb dafür auch der Begriff der Rahmenkonstruktionen existiert. Elementfassaden eignen sich gut für Verwaltungsbauten mit großer Höhe. Für die Montage ist kein Gerüst erforderlich. Die Elemente können z. B. bei einer Just-in-time-Anlieferung mit einem Turmdreh- oder Mobilkran direkt vom LKW entladen und montiert werden. Eine andere Möglichkeit ist, sie mit Hilfe von Geschosskränen bzw. einer Schienenanlage aus dem jeweiligen Stockwerk zu montieren.

Pfosten-Riegel-Fassade
Im Gegensatz zur Elementfassade besteht die Pfosten-Riegel-Fassade aus einzelnen Teilen: den senkrechten Fassadenpfosten und den waagerechten Fassadenriegeln, die vor Ort zusammengefügt werden. Pfosten-Riegel-Fassaden finden heute vorwiegend bei niedrigen Bauten Anwendung.

16 Prototyp der kinetischen Vorhangfassade

17 China World Trade Center: Die
gefältelte Struktur und die senkrecht zur Ebene stehenden Sonnenblenden verleihen der Fassade eine optische Tiefe.

18 kinetische Vorhangfassade:
a geschlossene Position
b offene Position
1 mit photovoltaischen Zellen
ausgestattetes und gelenkig
angebrachtes Fassadenele-
ment
2 Isolierglasscheibe
3 hinterleuchtete Geschossde-
ckenverkleidung

19 Die mit James Carpenter entwickelte Fassade des 7 World Trade
Center besteht aus einem Raster
aus sich abwechselnden zurückgesetzten, gemusterten und
spiegelnden Edelstahlscheiben.

Gegengewicht bildet. Das V-Seil ist über eine speziell entwickelte Seilrolle mit der Laternenstruktur verbunden, damit das Hauptkabel bei einem seismischen Ereignis Bewegungen ausgleichen kann und
mehr oder weniger durchhängt, um eine Bewegung zu ermöglichen. Die Außenhaut ist in einer
subtilen Dreiecksform über dem V-Seil »gefaltet«,
wodurch sich die durch starken Wind verursachte
Ablenkung verringert – daher auch das Gewicht des
Tragseils.

Einen ähnlich unkonventionellen Ansatz verfolgte
ein SOM-Team mit einem Prototypen für eine kinetische Vorhangwand als eine Möglichkeit, Flexibilität
und Bewegung in die Struktur von Hochbauten einzubringen. Ziel war es, ein System zu entwickeln,
das sich in Abhängigkeit von sich verändernden
Umweltbedingungen selbst anpassen und dabei
die Fassadenoberfläche innerhalb eines auf Maxi-
mierung der Energieeffizienz ausgerichteten Rah-
mens variieren kann (Abb. 16, 18 a + b).

Bei dem Prototyp handelt es sich um eine Doppelhautfassade mit einem vor der Geschossdeckenver-
kleidung angeordneten schwenkbaren und mit Photovoltaikzellen ausgestatteten Fassadenelement. Das
Gelenk ist an einer Führungsschiene befestigt, durch
welche die Außenscheibe um bis zu 6° von ihrer
ursprünglichen Position nach außen geschoben
oder »gebogen« werden kann. Ein kleiner Motor, der
mit einem Wärmesensor und einem Magnetschalter
verbunden ist, treibt das mit Photovoltaikzellen
beschichtete Fassadenelement an. Zur heißesten
Tageszeit gibt der Thermosensor das Signal an den
Motor, die Scheibe um 6° nach außen zu schwenken.
Das schwenkbare Photovoltaikelement gleicht sich
automatisch an, indem es sich in einem Winkel von
nahezu 45° in das Gelenk »lehnt«. Damit optimiert
es die Adsorption der Wärmeleistung mit einem
durchschnittlichen Energieeintrag von 175 Kilowatt
pro Tag. In der kalten Jahreszeit oder bei geringem
Lichteinfall bleibt die Außenscheibe im Winkel
von 0° und schließt den Lufthohlraum hermetisch
ab. Dadurch wird die Wärme eingeschlossen und
das Gebäude isoliert. Da sich die Außenhülle selbst
anpasst und entsprechend mehr oder weniger Wärmeleistung und Licht adsorbiert, werden Effizienz
und Kosten der Bausysteme deutlich verbessert. Die
schwenkbaren Fassadenelemente sind außerdem

mit einer photolumineszenten Schicht überzogen,
so dass sie bei Nacht – wenn die Außenscheiben in
ihre bündige Position zurückkehren – als leuchtende
Streifen entlang der Fassade des Turms erscheinen.

Gestalterischer Ausdruck

Beim Design des 7 World Trade Center – des ersten
Gebäudes, das im Rahmen der Wiederaufbauarbei-
ten um das World Trade Center errichtet wurde –
verfolgte unser SOM-Team das Ziel, ein Gebäude zu
schaffen, das sowohl in urbaner wie auch auf den
menschlichen Maßstab bezogen einfach und einheitlich ist (Abb. 19). Der Baukörper mit der Form
eines Parallelogramms bildet den nördlichen
Zugangspunkt zum Komplex des World Trade
Center. Die Fassade wurde in Zusammenarbeit mit
James Carpenter entwickelt und ist das zentrale
Gestaltungselement des 218 m und 52 Stockwerke
hohen Turms. Sie besteht aus einem subtilen Raster

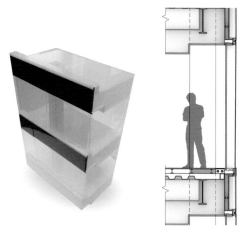

18a

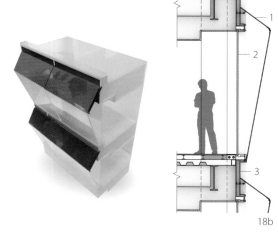

18b

aus modularen Scheiben, die mit zurückgesetzten, gemusterten und spiegelnden Edelstahlelementen hinterfüttert sind und in einer Wechselbeziehung zur äußeren Glasebene stehen. Eine schmale Aluminiumscheibe, die hinter dem Glas positioniert ist, schafft eine einzigartige visuelle Tiefe entlang der gesamten Fassade.

Modulare Vorhangfassaden bestehen typischerweise aus geschosshohen Elementen, die an der Bodenplatte verankert und in Brüstungshöhe über eine Stapelfuge zum Ausgleich von Konstruktionstoleranzen und Bewegungen verbunden sind. Unser Ziel war es, eine einzigartige Glasüberlappung an der Brüstung zu schaffen. Durch Positionieren der Stapelfuge an der oberen Seite der Glasscheiben behoben wir das Problem der über die Fassade unterschiedlichen Scheibenbewegungen. Dadurch lösten wir auch das Problem der witterungsbeständigen Abdichtung, da die Stapel-

fuge eine vollständige Abdichtung gegenüber der inneren Glashaut gewährleistet. Untersuchungen und Analysen ergaben, dass jeder Wärmeverlust aus den überlappenden Kanten des Glases durch die Isolationsmasse an der Brüstungsscheibe ausgeglichen wird, wodurch SOM ohne Einbußen bei der Wärmeleistung an der Ästhetik der Fassade festhalten konnte.

Ein ähnlicher Prozess führte zum Fassadendesign für den Turm des China World Trade Center (Abb. 17). Die Außenhülle ist so angelegt, dass sie dank einer gefältelten Fassade im Verbund mit vertikalen Sonnenblenden aus Glas das Tageslicht einfängt und reflektiert. Unser SOM-Team setzte für die lichte Höhe von 2,9 m zwischen Boden und Decke Glasscheiben ein, deren Länge über die Deckenhöhe der Innenräume hinausragt. Das Tageslicht dringt so tief in die genutzte Geschossebene ein. Ferner wünschten wir uns eine visuelle Einheitlichkeit zwischen den Sichtglasflächen und den bodennahen Brüstungselementen. Die Ausgestaltung der gefältelten Fassade führte zu der Entwicklung eines gefältelten Reflektors aus Aluminiumblech, der die Lichtdurchdringung und Reflexion gewährleistet. Eine Reihe von 50 mm breiten Aluminiumstegen ist an der Brüstung in einem Abstand von 150 mm hinter den Glasscheiben angeordnet. Diese Stege ermöglichen damit ein tieferes Eindringen des Lichts als übliche Vorhangwände. Die gefältelte Struktur bewirkt bei Auftreffen von Sonnenlicht eine visuelle Tiefe, welche die sich abwechselnden Scheiben aus Sichtglas und Pressplatten zu einem einheitlichen Ganzen verschmelzen lässt.

Zusammenfassung

Vom Design des Lever House in New York im Jahre 1952 – einem der ersten mit einer Glashaut versehenen Bürogebäude des internationalen Stils in den USA – bis hin zur Einbindung moderner energieeffizienter Vorhangfassaden erforscht SOM unablässig neue Möglichkeiten, ein perfektes Gleichgewicht zwischen Struktur, Leistung und Form eines Bauwerks zu finden. Die hier beschriebenen und dargestellten Momentaufnahmen der Trends zeigen die Tiefe und Bandbreite unserer aktuellen Forschungsarbeit vom Konzeptdesign bis hin zur Konstruktion.

Werk von James Carpenter
James Carpenter studierte Architektur und Bildhauerei an der Rhode Island School of Design. Im Mittelpunkt seiner Arbeit steht das Verhältnis von Glas und Licht. Carpenters Architektur- und Kunstwerke sind geprägt von der mannigfaltigen Verwendung der beiden sich ergänzenden »Baustoffe«. Sie thematisieren die Übertragung, Spiegelung und Brechung des Lichts auf Glas. James Carpenter führt in New York das Büro James Carpenter Design Associates.

19

KONSTRUKTIVER GLASBAU

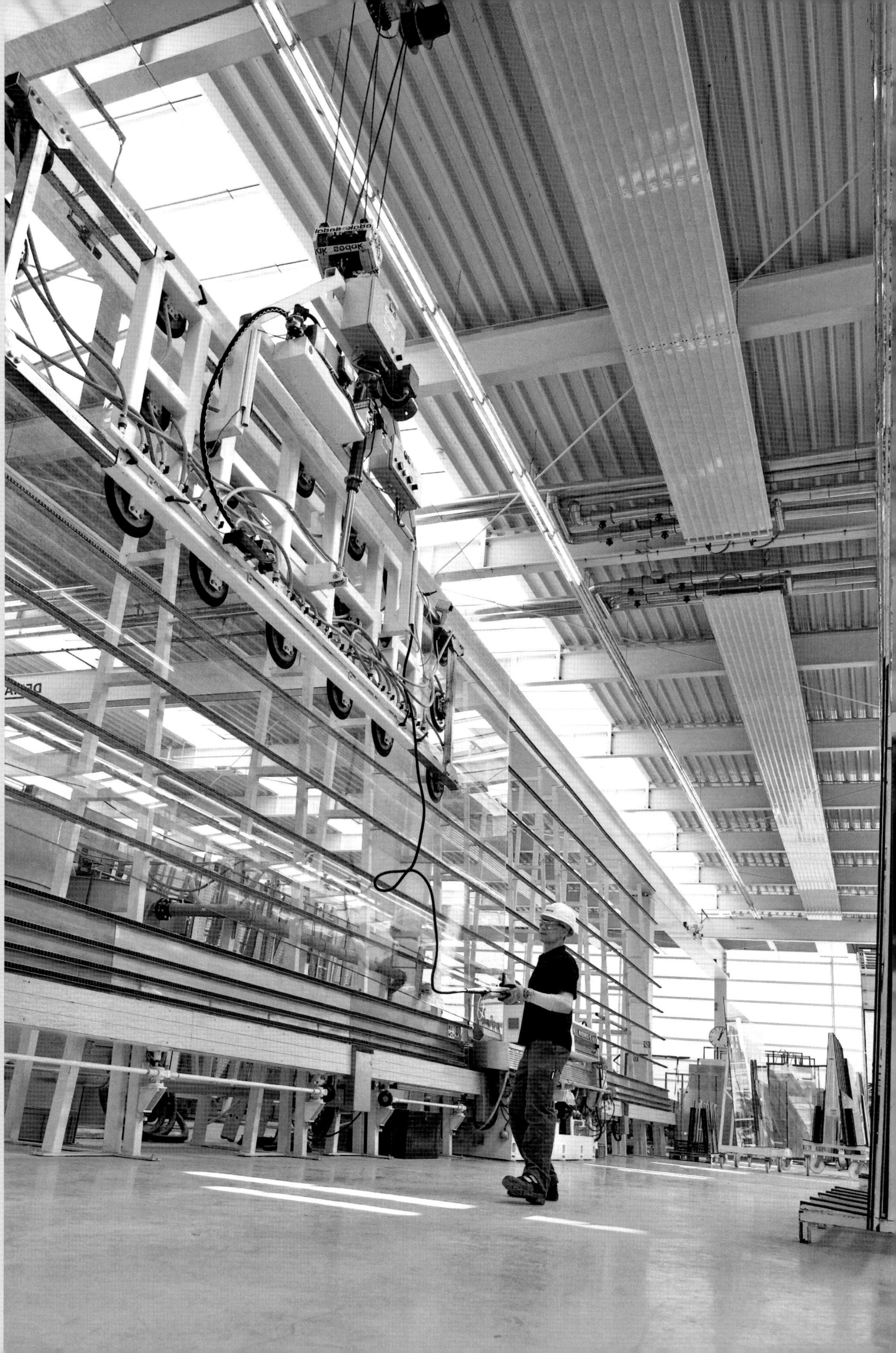

Innovationsprozesse im Ganzglasbereich

Bruno Kassnel-Henneberg, seele

Mehr Transparenz für Fassaden und Dachkonstruktionen lautet die immer wiederkehrende Forderung von Architekten und Planern weltweit. Dies führt zu Konstruktionen aus Glas, bei denen sich der Raumabschluss mit statischer Tragfunktion vereint. Einer der Wege, Ganzglaskonstruktionen transparenter zu machen, ist der Einsatz größerer Glasformate. Eine weitere zentrale Herausforderung stellt für uns die Fügung von tragenden Glasscheiben mittels der sogenannten Klebetechnik dar.

Ziele der Architektur erfordern Innovationen

Die gestalterischen Ansprüche der modernen Architektur an die Glaskonstruktionen sind in den vergangenen Jahren enorm gestiegen. Durch den Einsatz von CAD und FEM in Architektur- und Ingenieurbüros besteht die planerische Möglichkeit, immer ausgefeiltere Konstruktionen zu entwerfen. Zwar dominieren im Konstruktiven Glasbau immer noch überwiegend ebene Flächen. Der Trend bewegt sich jedoch deutlich in Richtung komplexerer Geometrien. Hier kommen häufig gebogene Scheiben zum Einsatz: Sie bieten aufgrund ihrer Geometrie z. T. erheblich günstigere statische Voraussetzungen. Diese gilt es effektiv zu nutzen, um so die Tragfähigkeit von Ganzglaskonstruktionen zu erhöhen.

Vor diesem Hintergrund sehen wir es als unsere Aufgabe, die Technologien und Produkte des Konstruktiven Glasbaus stetig weiterzuentwickeln und bereichsweise neu zu definieren. Durch ein spezielles Know-how und außergewöhnliche fertigungstechnische Möglichkeiten sind wir in der Lage, die Leistungsfähigkeit unserer Firmengruppe voranzutreiben. Die enge Zusammenarbeit mit Hochschulen in verschiedenen Forschungsprojekten bündelt unsere Anstrengungen, die theoretischen Grundlagen der Laminier- und Klebeverbindungen zu erarbeiten. Insbesondere die komplexen Fragestellungen z. B. des »kalt Biegens« von Glas im Laminationsverfahren stellen hier ein wichtiges Forschungsthema dar. Darüber hinaus versuchen wir, neue Impulse im Konstruktiven Glasbau zu setzen, indem wir ehrgeizige Entwürfe von Architekten mit sehr großem Engagement umsetzen. Von großem Vorteil für die Entwicklung innovativer Lösungen erweist sich dabei die Tatsache, dass Entwicklung und Fertigung bei uns in einer Hand liegen. Dadurch werden aus abstrakten Ideen reale Produkte, deren Herstellbarkeit garantiert ist und deren Funktionstüchtigkeit im betriebseigenen Labor intensiv getestet werden kann.

Glasveredelung eröffnet neue Wege

Heute präsentiert sich die Firma seele sedak als Glasmanufaktur mit CNC-Bearbeitungszentren und Autoklaven für den Laminierprozess, in denen die Fertigung von Verbundgläsern mit Scheibenabmessungen bis 15 m Länge und 3,21 m Breite möglich ist. Weitere Ausbaustufen der Fertigung hin zur Herstellung vorgespannter Gläser von bis zu 12 m Länge haben wir für die nahe Zukunft geplant. Der nächste wesentliche Schritt wird dann die Produktion übergroßer Isolierglasscheiben von bis zu 12 m Länge und 3 m Breite sein.

Die Lamination extrem großer Scheibenformate erfordert es, neue Wege hinsichtlich der Qualität der Laminierung zu beschreiten. Die extremen Größen benötigen widerstandsfähigere Laminate, was in der Regel durch die Verwendung der schubsteifen SG-Folie von DuPont sichergestellt wird. Der gesamte Produktionsprozess ist auf die hochwertige Lamination dieses Folientyps ausgerichtet. Das heißt, dass wir jede einzelne Scheibe im Sackverbund laminieren. Die Vorteile dieses Laminierverfahrens liegen in der enorm hohen Adhäsionsfestigkeit des Verbundes zwischen Folie und Glas. Des Weiteren erzielen wir mit diesem Verfahren u. a. eine ausgezeichnete Kantenausbildung bei den Verbundgläsern, was für die freie und im Besonderen auch für die bewitterte Glaskante von Vorteil ist. Unsere Laminiertechnik ermöglicht es, unter Ansatz der Verbundsteifigkeit der Folie wesentlich höhere und auch dauerhaft wirkende Belastungen bei Verbundscheiben abzutragen bzw. größere Spannweiten im Überkopfbereich zu ermöglichen. Unsere Qualitätssicherung überwacht dabei gezielt die statisch tragenden Laminierungen durch die Prüfung von Referenzkörpern, um den Nachweis der Verbundfestigkeit zu erbringen. Auch deutsche Baubehörden ließen sich im Rahmen von Zustimmungen im Einzelfall bereits mehrfach von unse-

Bruno Kassnel-Henneberg, Dipl.-Ing. Bauingenieurwesen (Vertiefung Konstruktiver Ingenieurbau), war von 2001 bis 2009 bei seele als Tragwerksplaner und Leiter der Tragwerksplanung im Bereich des Konstruktiven Glasbaus tätig. Seit Mitte 2009 verantwortet er für die Firmentochter sedak die Bereiche Produktentwicklung und Marketing.

Geschäftsstandort seele sedak
Der zweite Standort in Gersthofen, die seele sedak, widmet sich vor allem dem Geschäftsbereich Konstruktiver Glasbau. Auf der Basis intensiver Forschung und Entwicklung entstehen hochwertige Glasprodukte und Glanzglaskonstruktionen. Hierbei arbeiten Projektmanagement, Engineering und Produktion Hand in Hand. Am Standort laufen zudem die Fäden für den weltweiten Vertrieb des Geschäftsbereichs zusammen. Eine wichtige Rolle in der Forschung und Entwicklung spielt die Zusammenarbeit mit Ingenieuren und Architekten wie Dewhurst Macfarlane, Arup, Buro Happold oder dem Architekten Prof. Stefan Behling vom Lehrstuhl IBK2 der Universität Stuttgart.

Bearbeitungszentrum
Ein Bearbeitungszentrum ist eine CNC-gesteuerte Maschine, die mit drei oder mehr gesteuerten Achsen und mit einem automatischen Werkzeugwechsler ausgestattet ist. Mit einer 5-achsigen Maschine können alle im Raum befindlichen Flächen und Kanten bearbeitet werden. Sie realisiert Bohrungen, Ausschnitte, flache und schräge Außenkonturen mit allen Bearbeitungsverfahren wie Bohren, Fräsen, Schleifen, Säumen und Polieren. Der im Raum bewegliche 3D-Spindelkopf bietet durch den Einsatz von Topfscheiben beste Schleif- und Polierergebnisse an der Glaskante. Mit fast 16 m Bearbeitungslänge und 4 m Breite ist diese Maschine unübertroffen.

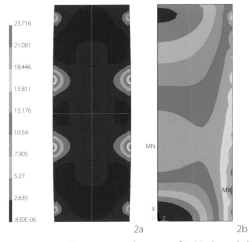

1   »Kaltgebogenes Glas« bedeutet, dass Glasscheiben unter einer vorgegebenen gebogenen Geometrie laminiert werden. Die Firma seele realisiert das Kaltbiegen: Zwei oder auch mehrere ebene Glasscheiben werden zu einem VSG-»Sandwich« zusammengesetzt, vor dem Laminiervorgang auf einen formgebenden Rahmen fixiert (kalt gebogen) und anschließend als verformtes Glas-Folien-Paket im Autoklaven zu einer Einheit laminiert. Bei der Verwendung einer schubweichen Folie (PVB) spricht man von formunterstützender Laminierung. Denn bei dieser Variante müssen die Glasscheiben in einer formgebenden Unterkonstruktion mechanisch fixiert werden, um ihre Geometrie dauerhaft zu bewahren. Bei der Verwendung einer schubsteifen Folie (z. B. SG-Folie, DuPont) spricht man dagegen von einer formgebenden Laminierung. Die Geometrie wird ausschließlich aufgrund der Schubsteifigkeit der Folie gewährleistet, eine formgebende Unterkonstruktion ist somit bei dieser Variante nicht nötig.

2   Glasfassade Straßburg, Verformungen
   a ganze Scheibe während der Montage, lokal geklemmt mit Nothaltern unter Windbelastung
   b Viertel-Scheibe unter dem Lastfall Kaltbiegen und Schnee

3a + b Die Geometrie des Bahnhofs Straßburg wird durch Glasscheiben mit 4,5 × 1,5 m gebildet, wobei je nach Einbauhöhe insgesamt vier unterschiedliche Krümmungsradien zum Einsatz kommen, um die Geometrie optimal abzubilden. Um den Wärmeeintrag in der Halle und die Reflexionswirkung des Glases von außen zu reduzieren, sind die Elemente innen mit schwarzen und außen mit weißen Punkten bedruckt.

rem neuen Bemessungskonzept für Verbundgläser überzeugen.

Kaltbiegen mit formgebender Laminierung
Die hohe Schubsteifigkeit der Folie wird von uns auch dazu genutzt, die Verbundgläser formgebend zu laminieren. Darunter verstehen wir die Möglichkeit, die einzelnen Scheiben eines Verbundpakets vor dem Laminierprozess zu verformen, um sie in dieser Geometrie zu laminieren. Die fertig laminierte Verbundscheibe behält die geometrische Vorkrümmung dauerhaft nach dem Autoklavenprozess, ohne dabei auf eine formgebende Unterkonstruktion angewiesen zu sein. Die besonderen Vorteile des Kaltbiegens von Verbundglas liegen zum einen in der hohen optischen Qualität der Gläser aufgrund der geringen Verwerfungen und Reflexionen. Die Verwendung von normgerechten ESG mit der gesamten Bandbreite an Bedruckungen und Sonnenschutzbeschichtungen bildet einen weiteren entscheidenden Vorteil. Darüber hinaus verfügt ein mit SG-Folie laminiertes Verbundglas über eine nahezu monolithische Tragwirkung, worin sich erweiterte Einsatzmöglichkeiten begründen.
Die Technik des Kaltbiegens ist für uns ein wesentlicher Innovationsfaktor. Im Bereich der neuartigen Klebeverbindungen arbeiten wir intensiv an der Umsetzung von Schalentragwerken aus Glas ohne sichtbare metallische Verbindungselemente.

Pilotprojekt Straßburg

Die Technologie des Kaltbiegens wurde mit der Fassade für den Bahnhof Straßburg zum ersten Mal in großem Maßstab realisiert. Das Projekt, das gemeinsam mit dem französischen Architekten Jean-Marie Duthilleul und dem Ingenieurbüro RFR entstand, besitzt eine 120 m lange, 25 m hohe und 6000 m² große, durchgehend transparente Fassade aus Stahl und gebogenem Glas. Die Konstruktion ist dem historischen Baukörper als gläserne Halle vorgesetzt. Transparenz, minimierte Spiegelung und maximale Sicht auf das bestehende Gebäude lauteten die Anforderungen des Architekten. Die komplexe Geometrie folgt einer toroidalen Form. Die Windung dieser Rotationsfigur ergibt sich aus einer Kurve, die sich um eine geneigte Achse dreht. Daraus resultieren Glaselemente (4,5 × 1,5 m) mit vier unterschiedlichen Biegeradien. Für das Projekt war eine für Frankreich spezifische Zulassung im Einzelfall, genannt ATEX, mit weit reichenden Tests und statischen Nachweisen erforderlich.

Kaltbiegen mit formunterstützender Laminierung
Statt der Verwendung warmgebogener Scheiben produzierten wir die kreisförmig gebogenen Glaselemente durch das Kaltbiegen mittels formunterstützender Laminierung. Die Entscheidung für diese neuartige Methode trafen wir, nachdem erste Laminierversuche sehr erfolgreich verlaufen waren. Aufgrund projektspezifischer Besonder-

3b

heiten setzten wir die schubweiche PVB-Folie zum Verbund der Gläser ein. Das Laminieren im gebogenen Zustand wirkt somit formunterstützend. Für eine dauerhafte Bewahrung der gebogenen Geometrie ist jedoch noch zusätzlich die formgebende Lagerung der Scheibe nötig. Die Fassade von Straßburg dokumentiert die gestalterischen Vorteile des Kaltbiegens in eindrucksvoller Weise: Die Oberfläche besitzt eine Planität, die bei warm gebogenen Scheiben unerreichbar ist. Die Scheiben stehen wortwörtlich unter Spannung, die der Betrachter des Bauwerks spürt und in sich aufnimmt.

Aufbau
Zur Fassade von Straßburg führten wir auf unserem Test- und Prüfgelände umfangreiche Qualitäts- und Entwicklungstests durch. Die technische Bezeichnung der Scheiben lautet »kaltverformt laminierte« VSG-Einheit. Wir wählten die VSG-Einheit einerseits zur Reduzierung der Wärmeentwicklung im Gebäude, andererseits um eine unbeeinträchtigte Sicht auf den Altbau zu gewährleisten. So sind die VSG-Einheiten im oberen Teil zweifarbig überlagernd bedruckt (weiß außen, schwarz innen), mit einer besonderen Sonnenschutzfolie im PVB-Laminat (XIR von Southwall, unser Unternehmen ist einer von fünf offiziellen Lizenznehmern weltweit) und auf der Innenseite der Scheiben mit einer Low-E-Beschichtung versehen.

Statische Berechnung
Im statischen Nachweis berücksichtigten wir die Eigenspannung des Glases, die sich im Laminierprozess aus dem Krümmen des Glases ergibt. Zunächst untersuchten wir das mechanische Verhalten des VSG-Pakets in den einzelnen Fertigungs- und Montageschritten. Daraufhin erfolgten, unter Ansatz der planmäßigen Vorverformung der Soll-Geometrie, statische Berechnungen zum Verhalten des Glases für sämtliche maßgebliche Lastfälle (Eigengewicht, Wind, Schnee, Betretungslast usw.). Das heißt, dass wir in den Berechnungen den Eigenspannungszustand des Glases infolge Kaltverformung mit den eingeprägten Spannungen aus äußeren Lasten überlagerten. In den rechnerischen Untersuchungen der Glasbeanspruchungen sind die Fertigungs- und Montagetoleranzen der Unterkonstruktion ebenfalls berücksichtigt.
Neben den rechnerischen Nachweisen prüften wir anhand eines Fassadentestmusters mit Originalscheiben das Tragverhalten und die Widerstandsfähigkeit gegen Windlasten und Anpralllasten. Sandsackabwurfversuche mit anschließenden Resttragfähigkeitsversuchen belegten ein sehr gutes Tragverhalten in außergewöhnlichen Lastfallsituationen.

Pilotprojekt West Village
Eine besondere Herausforderung des Projekts West Village, der Innenfassaden der Shopping Mall Westfield London, war die Umsetzung statisch tragender Laminierglasscheiben. Extrem schlank

4 Herstellung einer Glaswange mit laminierten Edelstahleinlegeteilen an der NCA-Anlage »Giant« in der »äußeren Zone« des Glasverarbeitungszentrums

5 Reinigung der Glasscheiben vor dem Laminieren in der »inneren Zone«, einem absolut staubfreien Raum

6 Die Glasscheiben werden zum Laminieren im sog. Sackverbund vakuumdicht verpackt.

7 Laminierung spezieller Glaselemente und hochwertiger Glasprodukte: Mitarbeiter schieben die großformatigen Gläser mittels eines eigens dafür entwickelten, luftkissengepolsterten Förderwagens in den Autoklaven.

Autoklav
Ein Autoklav ist eine Überdruckkammer, in der unter Temperatur- und Drucksteuerung vorlaminierte Glasverbunde zu einem dauerhaften Verbund laminiert werden. In dem Verfahren des Sackvorverbundes werden Gaseinschlüsse aus dem Verbund kontinuierlich abgesaugt und somit ein besonders hochwertiger Verbund erreicht. Die Gersthofener Firma verfügt über den größten Autoklaven, der für die Glasverarbeitung eingesetzt wird. Er kann bei einem Gesamtgewicht von 65 t und einer Spitzenleistung von 1000 KW Glasscheiben in Dimensionen von bis zu 3,2 × 15 m laminieren. Die maximale Glasdicke begrenzen nur die verwendeten Materialien.

Straßburg: Aufbau der Glaselemente
· 6 mm thermisch vorgespanntes Glas (ESG) mit Low-E-Beschichtung
· Bedruckung (Siebdruck) mit einem doppelten und deckungsgleichen Muster in Schwarzweiß
· Kunststoffverbundfolie mit integriertem Sonnenschutzfilm
· 6 mm thermisch vorgespanntes Glas mit Low-E-Beschichtung (ESG)

6

7

8

9

chemisches Härten von Glas
Bei der Behandlung in einem speziellen Salzbad entstehen durch Ionenaustausch innerhalb einer dünnen Oberflächenschicht starke Druckspannungen, welche die Festigkeitseigenschaften des Glases erheblich verbessern. Dieser Vorgang wird als chemisches Härten bezeichnet. Die Biegezugfestigkeit dieser Gläser übersteigt die Festigkeit von thermisch vorgespanntem Glas ohne weiteres um den Faktor 2. Die extrem dünne Ausbildung der unter Druck stehenden Oberflächenschicht erfordert allerdings einen gezielten Einsatz solcher Gläser, insbesondere wenn die Verglasungen als statisch tragende Elemente eingesetzt werden. Chemisch vorgespanntes Glas bietet zudem eine Erhöhung der Schlagfestigkeit, der Temperaturwechselbeständigkeit und der Kratzfestigkeit.

ausgeführte Beispiele von Ganzglastreppen
Beispiele für Ganzglastreppen sind die zur glasstec 2006 entwickelte Ganzglastreppe (S. 82ff.), die Comcast-Glastreppe, Philadelphia (S. 108), die Glastreppe des Neubaus der seele-Firmengruppe in Gersthofen sowie eine Reihe gewendelter, z.T. auch doppelstöckiger Glastreppen in Japan, den USA, Frankreich und in Deutschland.

10

dimensionierte Glasschwerter mit Spannweiten bis 9 m verleihen der Schaufensterverglasung ihre Standsicherheit. Die Stabilität der Glasschwerter wiederum wird durch die Fassadenverglasung gewährleistet. Die Verbindungselemente zwischen den Gläsern der Fassade und den Glasschwertern stellen geklebte und laminierte Detailverbindungen sicher.

Zur Entwicklung eines optimalen Klebstoffes führten wir unter gutachterlicher Aufsicht an mehreren Klebstoffsystemen umfangreiche Untersuchungen durch. Das Ergebnis spricht für sich: Die Klebeverbindung ist im Detail auf ein Minimum reduziert und hochtransparent. Trotz dieser Optimierung zeichnet sich die Fassade durch eine enorm hohe Redundanz aus. Diese beruht auf einer speziellen Anordnung der Verbindungselemente, wodurch die Lastabtragung auch bei einer vorgeschädigten Konstruktion ohne Einschränkung der Sicherheit gegeben ist. Diese Sicherstellung der Resttragfähigkeit ist ein zentraler Bestandteil des Entwurfsgedankens von Ganzglaskonstruktionen und sollte sich konstruktiv möglichst nahtlos in das Fassadenkonzept einfügen. Mit der realisierten Fassade von West Village kommen wir dieser Forderung nach.

Ganzglasbrücke
Die glasstec 2008 bot uns die Gelegenheit, die neuen Entwurfsmöglichkeiten des Kaltbiegens einer breiten Öffentlichkeit zu präsentieren. Gemeinsam mit Stefan Behling und Andreas Fuchs des Lehrstuhls IBK2 der Universität Stuttgart und den Ingenieuren Engelsmann Peters entwickelten wir hierfür eine 1,7 t schwere, 7 m frei spannende Ganzglasbrücke. Mittels der neuen Biegetechnik, des Einsatzes von SG-Folie und des »intelligenten« Zuschnitts der einzelnen Elemente entstand ein dreidimensionales, maximal transparentes und begehbares Objekt. Insgesamt acht 4 mm dünne Floatglasscheiben bilden bei der Glasbrücke einen kraftschlüssigen Verbund.

Ganzglastreppen
Einen großen Teil unserer Glasfertigung umfasst die Manufaktur von Treppen. Die Besonderheit der Treppenkonstruktionen liegt darin, dass die gesamte statische Lastabtragung ausschließlich

durch das Glas erfolgt. Die Treppenstufen tragen dabei nicht nur die vertikale Verkehrslast, sondern bestimmen auch maßgeblich die Stabilität der Treppenwangen. Durch die statisch tragende Anbindung der Stufen an die Wange ergibt sich eine Einspannung der Wangen, die für den Lastabtrag der Holmlast bei weitgespannten Treppenkonstruktionen zwingend erforderlich ist.

Die Anbindung der Stufen an die Wange ist ein zentrales Gestaltungselement der Treppe. So sind wir in der Klebetechnologie stets auf der Suche nach neuen Verwendungs- und Entwicklungsmöglichkeiten. Wir befassen uns u. a. mit der Reduzierung der optischen Dominanz der metallischen Verbindungselemente. Hierbei lassen sich grundsätzlich zwei Arten von Techniken unterscheiden: Bei der konventionellen Lösung sind die Treppenstufen über Bohrungen in der Wangenscheibe miteinander verbunden. Die Verbindung ähnelt dabei der bekannten Lösung eines Punkthalters, wie er auch bei gewöhnlichen Fassadenkonstruktionen zum Einsatz kommt. In einer zweiten Variante der Verbindungstechnik zwischen Stufe und Wange wird auf durchgehende Bohrungen in der Verbundscheibe verzichtet. Anstelle der »Punkthalterlösung« kommt die Klebetechnik zum Einsatz. Dabei stellt entweder die laminierte SG-Folie oder eine Verklebung die Verbindung her. Der Vorteil dieser Technik liegt auf der Hand: Die Schwächung des Glases durch die Bohrungen wird vermieden und die Glaswange ist in der äußeren Ansicht frei von Verbindungselementen.

Gewendelte Treppen
Gewendelte Treppen nehmen eine Sonderstellung im Bereich der Ganzglastreppen ein. Die Besonderheit liegt in der Verwendung der gebogenen Scheiben und den sich daraus ergebenden konstruktiven und statischen Anforderungen. Neben der Aufnahme größerer Toleranzen in den Verbindungsdetails stellt uns das verwendete Glas für die gebogenen Wangen vor eine Reihe neuer Herausforderungen. Grundsätzlich verwenden wir für statisch tragende Glaswangen Dreifach-Verbundgläser, um auch im Fall einer Beschädigung der tragenden Glaswange eine ausreichende Tragfähigkeit für den weiteren Gebrauch der Treppe gewährleisten zu

11

12

können. Die z. T. erheblichen Kräfte, die durch die Bohrungen in den Glaswangen abgeführt werden, erfordern zwingend den Einsatz von vorgespanntem Glas. Der Dreifach-Aufbau lässt sich somit nur mit chemisch gehärteten Scheiben realisieren. Die Festigkeitseigenschaften dieser Gläser zeigen im Vergleich zu thermisch vorgespannten Gläsern wesentliche Unterschiede. Die Vorspanntiefe des chemisch gehärteten Glases ist extrem dünn, was in der Detailausbildung besondere Berücksichtigung finden muss. Darüber hinaus ist die Festigkeit der Gläser herstellerspezifisch zu ermitteln und durch gesonderte Qualitätssicherungsmaßnahmen zu kontrollieren.

Glasstützen

Mit der neuen, bei der Glastreppe verwendeten Laminiertechnologie realisierten wir zusammen mit dem Lehrstuhl IBK2 eine Glasverbundstütze. Die neuartige Technologie ermöglicht eine völlig neue Interpretation der Structural-Glazing-Fassade. Mithilfe der SG-Folie sind Konstruktionen mit Spannweiten von 6 bis 9 m, also über zwei bis drei Etagen hinweg, möglich. Die Stütze wirkt als statisch tragendes Hohlprofil, die Lasten nicht nur in vertikaler Richtung, sondern auch als aussteifendes Element aufnehmen kann. Eine Glasverbundstütze besteht aus zwei gekrümmten Schalenhälften aus 8 mm starken Glasschalen und zwei Stahlprofilen, die über eine Laminierung mit SG-Folie verbunden sind. Eine mechanische Verbindungstechnik fügt die beiden Schalen zu einer Stütze. Dadurch entfallen die konstruktiv problematischen Bohrungen im Glas und die Lasten lassen sich über die Klebeflächen abtragen. Die einzelnen Bauteile werden so konstruktiv optimal beansprucht.

Tragende Ganzglasfassaden

Als aussteifendes Element tragender Ganzglasfassaden kommen häufig Glasschwerter zum Einsatz. Die Verwendung bestimmter einlaminierter Folien optimiert die Konstruktion in statischer Hinsicht. Beispiele tragender Ganzglaskonstruktionen sind die Shopfronts von Westfield London (West Village), die Glasfassaden des Unilever Headquarter in London (S. 92f.), des Lincoln Center in New York

sowie diverse Retail Stores mit Glasschwertern, deren Spannweite z. T. bis zu 13 m reicht.

Tragende Isolierglasscheibe

Ein weiterer Entwicklungsschritt, weit gespannte Glasfassaden möglichst losgelöst von einer statisch tragenden Unterkonstruktion zu realisieren, stellt die Isolierglasscheibe mit starrem Randverbund dar. Sie ist ein transparentes »Hohlkastenprofil« mit geradezu verblüffender Tragwirkung. Die »Flansche«, gebildet durch die äußere und die innere Verbundscheibe der Isolierglaseinheit, werden durch die »Stege«, eine neu entwickelte schubsteife Verbundtechnik, entlang der Scheibenkanten verbunden. Spannweiten von 6 bis 8 m Höhe bei Scheibenbreiten bis 3 m mit nahezu standardmäßigen Isolierglasdicken lassen transparente Wände entstehen. Der hervorragende Wärmedurchgangskoeffizient Ucw ≈ 0.8 W/m²K steht an der Spitze heutiger Standards für Fassadensysteme, genauso wie die Leistungsfähigkeit des Produkts hinsichtlich Absturzsicherheit, Schallschutz oder auch Einbruchhemmung. Die tragende Funktion der Isolierglasscheibe ist auch dann sichergestellt, wenn die Verbundscheiben der Isolierglaseinheit beschädigt sind.

Folien/Zwischenlagen/Bedruckungen

Das Laminierverfahren im Sackverbund erlaubt die Verarbeitung unterschiedlicher Materialien. Als Zwischenschichten bieten sich u. a. lichtlenkende und sonnenlichtabsorbierende Schichten (Universität Bremen, siehe S. 105) zur Erfüllung funktionaler Zwecke an. Das Einlaminieren farbiger Folien und natürlicher Materialien wie Textilien, Blätter, Holz oder Papier bietet gestalterische Möglichkeiten sowohl im Innenausbau (z. B. opake Trennwände durch in das Glas laminierte Edelstahlgewebe oder Naturwerkstoffe) als auch in der Gebäudehülle an (farbige Glaselemente, z. B. Unilever Headquarter). Die Reinigung der glatten Oberfläche ist unkompliziert. Im Außenbereich können Materialien verwendet werden, die der Witterung selbst nicht standhalten würden. Eine weitere gestalterische und bauphysikalische Möglichkeit (z. B. als Sonnenschutz) bietet das Bedrucken von Glaselementen, realisiert u. a. in den Projekten Straßburg oder dem John Lewis Department in Leicester.

8 Shopfassaden von West Village Westfield London mit statisch tragenden Glasschwertern: Die Fassadenscheiben sind durch auflaminierte und geklebte Detailpunkte verbunden.

9 einlaminierte Metallhalter am Beispiel einer Glastreppe: Die symmetrische Einleitung der Zug- und Druckkräfte in die Beschlagteile bewirkt eine möglichst gleichmäßige Spannungsverteilung in der Klebefläche. Generell lassen sich durch eine flächige Einleitung der Anschlusskräfte über Klebeverbindungen günstigere Spannungsverteilungen erreichen als in konventionellen Lösungen über Punkthalter.

10 Versuchsstand für tragende Isolierglasscheiben: Selbst bei Beschädigung ist die Tragfähigkeit der Isolierglaseinheit sichergestellt.

11 Fassadentestmuster für Straßburg mit deckungsgleicher äußerer (weiß) und innerer (schwarz, nicht sichtbar) Bedruckung

12 Fassadenausschnitt des John Lewis Department, Leicester: Das ornamentale Geflecht setzt sich aus zwei knapp 80 cm hintereinanderliegenden Ebenen einer Doppelfassade zusammen. Beide sind mit dem Ornament bedruckt, jedoch in unterschiedlicher Ausführung. Das im Sputterverfahren aufgebrachte Muster auf der Außenfassade ist hochspiegelnd und bildet einen Sonnen- und Blickschutz. Deckungsgleich, jedoch in Emaillefarbe, sitzt das Ornament auf der inneren Isolierverglasung.

Anwendungsmöglichkeiten des Kaltbiegens

Roland Pawlitschko (RP) im Gespräch mit Niccolò Baldassini (NB), RFR

1982 gründet Peter Rice das international agierende Ingenieurbüro für Tragswerksplanung RFR mit Hauptsitz in Paris und Zweigstellen in Stuttgart, Shanghai und Abu Dhabi. Zu den Projekten von RFR gehören u.a. die Pyramide und die Glasdächer des Louvremuseum, der Flughafenterminal 2F CDG, das Niedersachsenstadion in Hannover, die Eingangspavillons des Parlaments in Dublin und die Skulpturen von Frank Stella in Washington.

Niccolo Baldassini ist einer der Geschäftsführer von RFR. Er ist sowohl Architekt als auch Ingenieur und verfügt über einen Master of Science in Luft- und Raumfahrttechnik (Spezialisierung auf finite Elemente und Verbundwerkstoffe). Seine Arbeit konzentriert sich vor allem auf das Gebiet der Leichtbauweise und der nicht konventionellen Tragstrukturen, wobei er mit verschiedenen internationalen Architekten kooperiert. Nebenbei lehrt Baldassini an der Ecole Spéciale d'architecture in Paris und schreibt in internationalen Magazinen Artikel über das Verhältnis zwischen Engineering und Technologie.

RP: Bei der Erweiterung des Straßburger Bahnhofs kam kalt gebogenes Glas zum Einsatz. Weshalb wurden keine warm verformten Gläser verwendet und welche Auswirkungen hatte diese Entscheidung auf die Gestalt der Fassade?

NB: RFR beschäftigt sich schon seit vielen Jahren mit kalt gebogenem Glas. Bereits Ende der 80er-Jahre konnten wir die Glasüberdachung des Bahnhofs in Lille realisieren und zehn Jahre später die Fassade des Bahnhofs in Avignon. Beide Bauvorhaben erbrachten für uns den Nachweis, dass diese Technologie einfache Antworten auf komplexe Fragestellungen liefert – sowohl hinsichtlich der Geometrie als auch im Hinblick auf die Kosten. Die toroidale Form der Straßburger Bahnhoferweiterung erwies sich für den Einsatz kalt gebogener Gläser als ideal. Auf sehr ökonomische Weise ließen sich damit beste optische Qualitäten erzielen, da die Glasoberflächen anders als beim Warmbiegeverfahren keine von den Formen aufgeprägten Unebenheiten aufweisen. Als Ergebnis eines Optimierungsprozesses kamen in Straßburg längliche Gläser mit geringen Materialstärken zum Einsatz. Warm gebogene Gläser hätten zu anderen Proportionen und dadurch wohl zu einem völlig anderen Erscheinungsbild der Fassade geführt.

RP: Welche grundsätzlichen konstruktiven Unterschiede sehen Sie zwischen kalt und warm gebogenen Gläsern?

NB: Spezialisten wie etwa der niederländische Architekt Mick Eekhout haben auf dem Gebiet intensive Forschungsarbeit geleistet, allerdings hauptsächlich in Bezug auf gewundene Gläser. Die auf der glasstec gezeigte Glasbrücke folgt einem ganz anderen Ansatz. Dort wurden sehr dünne Gläser mit einer SG-Folie zu einem stabilen »Mehrschichtenverbundstoff« laminiert. Das für die Fassade in Straßburg verwendete PVB-Verbundglas hingegen privilegiert die Tragwirkung seiner gekrümmten Fläche. Das Material wird auf effizienteste Weise genutzt.

RP: Inwieweit könnte diese Technologie die Arbeit von Architekten verändern?

NB: Kalt gebogenes Glas steht im Zentrum unserer »Industry-Academia Partnerships and Pathways«-

Forschungsarbeiten über Free-Form-Design. Nicht zuletzt, weil es den Trend zu komplexen Geometrien gibt, die nicht mehr facettiert sein sollen, sondern (wie beim Musée de la Dentelle) nach immer weicheren Übergängen verlangen. Das Straßburger Projekt, aber auch die von Frank Gehry in Paris geplante »Fondation Louis Vuitton pour la Création« verdeutlichen die Möglichkeiten der rationellen Verwendung einfach gekrümmter Gläser. Inzwischen können wir aber einen Schritt weiter gehen. Dank neuester Algorithmen ist es möglich, jede beliebige zweifach gekrümmte Form in einfach gekrümmte Flächen zu zerlegen. Die Technologie des Kaltbiegens spielt hierbei eine Schlüsselrolle.

RP: Bei der »Fondation Louis Vuitton pour la Création« sollen ebenfalls kalt gebogene Gläser eingesetzt werden. Welche Besonderheiten gibt es dort angesichts der sehr komplexen Glasfassade?

NB: Zunächst einmal sind die »Glasflügel« nicht doppelt gekrümmt, sondern als abwickelbare Oberflächen konzipiert. Die fixierte architektonische Form und die teils sehr kleinen Radien führen zu neuen Hemmnissen. Die Oberfläche lässt sich annähernd durch zylindrisch warmgeformte Gläser darstellen. Diese werden dann kalt gebogen und somit in die Sollgeometrie gebracht.

RP: In Bezug auf kalt gebogenes Glas: Welche Fortschritte erwarten Sie in den nächsten Jahren bzw. welche Entwicklungen würden Sie sich wünschen?

NB: Die Ergebnisse der architektonischen Forschung über freie Glasformen ermöglichen eine größere Formenvielfalt sowie einfach gekrümmte, nicht zylindrische Glaspaneele mit immer kleineren Radien. In diesem Fall wird zuvor warm geformtes Glas zusätzlich kalt in variable Radien gebogen. Nicht weniger vielversprechend sind aber neue Werkstoffe zum Laminieren von Glasplatten. SG-Folien sind aufgrund ihrer Eigenschaften schon heute eine Alternative zu herkömmlichen PVB-Folien. Eine neue Generation hochfester, ursprünglich für die Luftfahrttechnik entwickelter Folien soll bald im Bausektor eingesetzt werden. Aus wissenschaftlicher Sicht werden viskoelastische Eigenschaften fundamental sein, um die Grenzen der Glas-Technologie neu zu definieren.

13

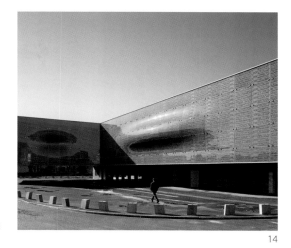

14

Über die Faszination von Glas

Christian Brensing (CB) im Gespräch mit Wolf Mangelsdorf (WM)

CB: Wie beurteilen Sie Glas als Baumaterial im Unterschied zu Beton oder Stahl?
WM: Glas hat als Baumaterial einen großen Nachteil: Es ist brüchig. Dennoch birgt es ein enormes Potenzial. Auf mich übt es eine große Faszination aus. Jeder weiß, dass ein Wasserglas bricht, wenn man es zu Boden fallen lässt, und so weiß jeder, dass es sich dabei auch um ein gefährliches Material handelt. Kurz gesagt, Glas hat etwas Wagemutiges an sich. Gleichzeitig beflügelt es den Menschen. Glas ist außerdem hervorragend dazu geeignet, Aufmerksamkeit zu erzeugen. Natürlich muss man bei alledem immer die Richtigkeit der Materialwahl berücksichtigen. Glas als abstrakter Werkstoff ist wegen seiner Eigenschaften wie der Transparenz, aber auch der Sprödigkeit höchst faszinierend. Und es besitzt dieses Potenzial des »Schaut mich an!«. Ich denke oft über diese Kombination nach.

CB: Gibt es Entwicklungen, die Sie gerne weiterverfolgen möchten?
WM: Ich wurde kürzlich in die Forschungsarbeiten der TU Dresden einbezogen. Das Institut für Baukonstruktion unter der Leitung von Prof. Bernhard Weller untersucht Komposite von Glas und Stahl sowie Arten der Verklebung der beiden Materialien. Ziel ist es, einige der inhärenten Probleme von Glas zu überwinden, mit anderen Worten, dass es spröde ist und keine Dehnungsreserven hat. Eine weitere Gelegenheit bot sich mir über ein von seele organisiertes Diskussionsforum anlässlich der Düsseldorfer

glasstec. Dort erhielt ich Einblick in die Forschungsarbeiten des Unternehmens. Wir sprachen u. a. über die Herausforderungen bei der konstruktiven Verwendung von Glas. Ich persönlich sehe darin große Entwicklungsmöglichkeiten. Wenn ich allerdings vergleiche, was auf dem europäischen Kontinent und in Großbritannien gebaut wird, erkenne ich gravierende Unterschiede. Ich glaube, dass dies mit den unterschiedlichen Genehmigungsprozessen zusammenhängt. Sind in England die Kriterien der Standfestigkeit erfüllt, dürfen wir mehr oder weniger wie geplant bauen. In Deutschland dagegen sind, um die Baubehörden zu überzeugen, alle »Zustimmungen im Einzelfall« und ebenso viele Tests nötig für den Fall, dass der Entwurf nicht den Normen entspricht.

CB: Worin liegt dies Ihrer Meinung nach begründet?
WM: Vielleicht hat es mit einem bestimmten britischen Ingenieurgeist zu tun? Wir sind in Großbritannien oftmals ganz versessen darauf, etwas auszuprobieren und die Dinge weiter zu erforschen. Diese Tradition hat ihre Ursprünge bei Thomas Telford oder gar der »Iron Bridge«. Wir sind in England tendenziell wagemutiger. Die Firma seele ist immer bereit, mit uns diese Entwicklungen auszuführen. Interessant ist jedoch, dass alle wichtigen Glas- und Fassadenfirmen, die im britischen Markt aktiv sind, aus einem Gebiet stammen, das ich immer mit einem großen Kreis um die Alpen herum markiere: aus Norditalien, Österreich, Süddeutschland oder aus der Schweiz.

Der Architekt und Bauingenieur Wolf Mangelsdorf ist seit 2002 Partner bei Buro Happold, einem internationalen und multidisziplinären Ingenieurbüro mit mehr als 30 Jahren Erfahrung und über 1600 Mitarbeitern weltweit. Mangelsdorf leitet die Tragwerksplanungsgruppe im Londoner Büro.

13 Zerlegung einer Freiform in einfach gekrümmte Flächen, Forschungsprojekt »Industry-Academia Partnerships and Pathways«
14 Musée de la Dentelle, Calais (2009), Architekt Moatti & Rivière
15 Modell zur »Fondation Louis Vuitton pour la Création«, Paris, Architekt Frank Gehry

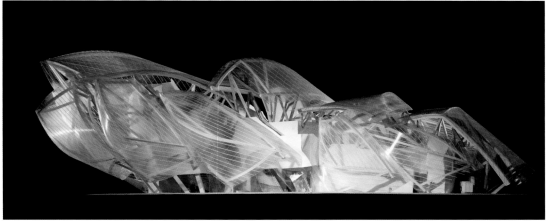

15

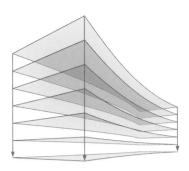

Glasbrücke und Glastreppe: Projekte der Angewandten Forschung

Stefan Behling, Andreas Fuchs, Universität Stuttgart

Prof. Stefan Behling, Senior Partner im Büro Foster + Partners, ist Direktor des Instituts für Baukonstruktion und Entwerfen L2 und Leiter des IBK Forschung + Entwicklung an der Universität Stuttgart. Forschungsschwerpunkte des Lehrstuhls sind solares Bauen, Gebäudehüllen, Bauen mit Glas und Bionik.

Prof. Andreas Fuchs, Architekt, von 2001 bis 2009 wissenschaftlicher Mitarbeiter am IBK2 der Universität Stuttgart, ist Mitgründer des IBK Forschung + Entwicklung und seit 2009 Professor an der Hochschule Rhein-Main. Seine Forschungsschwerpunkte sind transparente Klebetechnologien, Glasleichtbauelemente, Konstruktiver Glasbau und integrierte Hochleistungsfassaden.

verantwortlich für Forschung und Entwicklung am IBK2: Dipl.-Ing. Peter Seger, Akad. Oberrat

Baudaten Glasbrücke
Entwurf + Entwicklung:
IBK Forschung + Entwicklung,
Universität Stuttgart; Stefan Behling,
Andreas Fuchs,
Mitarbeit: Michael Meyer
Tragwerksplanung:
Engelsmann Peters GmbH;
Stephan Engelsmann, Stefan Peters,
Mitarbeit: Christoph Dengler
Auftraggeber, Entwicklung,
Realisation:
seele GmbH & Co. KG
Fertigstellung: 2008
Material:
Float 4 mm, Weißglas,
SG-Folie DuPont
Brüstung (2fach):
Float 6× 4 mm,
SG-Folie 5× 1,5 mm; 540 kg
Lauffläche:
Float 8× 4 mm,
SG-Folie 7× 1,5 mm; 950 kg
Eigenlast: 2030 kg
Tragfähigkeit: 7280 kg
Verkehrslast (500 kg/m²):
10,5 m² Fläche: 5250 kg

Kaum ein Werkstoff faszinierte die Architekten und Ingenieure im vergangenen Jahrhundert so sehr wie Glas. Doch auch heute noch staunt der Betrachter entmaterialisierter Glaskonstruktionen über die Leistungsfähigkeit des transparenten Materials. Neben der Transparenz sind seine zahlreichen positiven Eigenschaften wie Oberflächenhärte, Diffusionsdichte und UV-Beständigkeit wesentliche Faktoren für die Verwendung in der Gebäudehülle. Die Sprödigkeit und das daraus resultierende schlagartige Versagen sind die wesentlichen negativen Eigenschaften. Um dies zu vermeiden, bestehen alle sicherheitsrelevanten Verglasungen und Glaskonstruktionen aus Verbundsicherheitsglas (VSG). Mindestens zwei Glasscheiben werden mit einer PVB-Folie, die zwischen den Scheiben liegt, zusammenlaminiert und erhalten dadurch eine Resttragfähigkeit im Versagensfall. Des Weiteren sind Personen vor einzelnen Glassplittern, wie sie bei jedem monolithischen Glasbruch entstehen, geschützt. Seit Jahren wird in Ingenieurskreisen die Leistungsfähigkeit dieser PVB-Folien und der damit einhergehenden Verbundwirkung zwischen den Glasscheiben diskutiert. Rechnerisch und konstruktiv wird diese Verbundwirkung jedoch aufgrund der starken Abhängigkeit von Lasteinwirkungsdauer und Temperatur bis heute in Deutschland nicht ausgenutzt. In intensiver Zusammenarbeit bei Forschung und Entwicklung zwischen seele und den Autoren entstanden die beiden nachfolgenden Projekte, die das Leistungspotenzial der Hochleistungsfolie Sentry-Glas von DuPont (SG-Folie) belegen. Sie ist eine Alternative zu herkömmlichen PVB-Folien, die für die Herstellung von sehr steifen Glas-Glas-Verbunden verwendet werden, sowie zu konventionellen Klebungen für die Ausführung tragender hochfester Verbindungen zwischen Glas und beispielsweise Metallbeschlagteilen. Beide Projekte wurden im Rahmen der Düsseldorfer Messe »glasstechnology live« realisiert und der Öffentlichkeit präsentiert. Die Ganzglastreppe mit ihren minimierten und auflaminierten Edelstahlverbindern erhielt den Innovationspreis Glas und Architektur 2006.
Mit der Ganzglasbrücke verfolgten die Entwickler 2008 einen völlig neuen Ansatz. Ebene Standard-Floatglasscheiben wurden kalt verformt und mithilfe der SentryGlas-Folie nach dem Laminieren

formstabil gehalten. Dieses Verfahren, das mit gebogenen, verleimten Schichtholzplatten vergleichbar ist, eröffnet eine ganz neue Konstruktionsphilosophie, welche mit PVB-Folien nicht realisierbar ist. So konnte die Ganzglasbrücke (BRÜCKE 7) 2008 den Innovationspreis Glas und Architektur ebenfalls für sich entscheiden.

Ganzglasbrücke BRÜCKE 7, 2008

Die Ganzglasbrücke besteht aus einer gebogenen Glaslaufplatte mit zwei ebenfalls gebogenen Glasbrüstungen, hergestellt aus kaltgebogenen Verbundsicherheitsglas-Einheiten, mit Abmessungen von 2,0 × 7,0 m Bogenmaß für die Laufplatte und 1,2 × 7,0 m Bogenmaß für die Brüstungen. Durch die Fügung der einachsig gebogenen Scheiben und deren Zuschnitt ergibt sich ein dreidimensionaler Körper aus gebogenen Flächen. Die Laufplatte der Brücke besteht aus acht 4 mm dünnen Floatglasscheiben und sieben 1,5 mm dünnen hochtransparenten SG-Folien. Die Brüstungen bestehen aus sechs 4-mm-Floatglasscheiben und fünf SG-Folien. Durch diesen Aufbau aus vergleichsweise dünnen Glasscheiben und dicken Folien entsteht für diese Glaskonstruktion ein neuartiges Volumenverhältnis von Glas zu Laminierfolie von ca. 3:1. Bisher ist es Stand der Technik, ebene Glasscheiben warm zu verformen, das heißt, die Glasscheiben werden in einem Ofen über 640 °C erhitzt, das Glasgefüge verliert seine Festigkeit und legt sich plastisch in die gewünschte Form ab. Nachteile dieser Technik sind die Kosten der Form, die Größenbegrenzung durch den Biegeofen, die optischen Beeinträchtigungen durch das thermische Verfahren und die Ungenauigkeiten beim Erkalten des Glases. Bei den kaltgebogenen, konstruktiven Glaselementen der BRÜCKE 7 entstehen diese Nachteile nicht. Beim Kaltbiegen werden die Glasscheiben vor dem Laminiervorgang, also vor dem Verkleben der einzelnen Glasschichten, auf einer Form als Glaspaket abgelegt. Bei diesem Vorgang entstehen Biegespannungen in den Gläsern. Diese können beispielsweise mit einem FE-Modell ermittelt werden oder alternativ dazu kann die Momenten-Krümmungs-Beziehung zur Ermittlung der Biegebeanspruchung in den Gläsern betrachtet werden. Diese besagt, dass die Krümmung dem Quotienten aus Biege-

moment und Biegesteifigkeit entspricht. Die aus der Krümmung resultierende Biegespannung ergibt sich als Quotient aus Moment und Widerstandsmoment.

Momenten-Krümmungs-Beziehung, Biegespannung, Widerstandsmoment

Insbesondere dünne, biegeweiche Scheiben sind für den Kaltbiegevorgang geeignet, da sie enge Biegeradien bei vergleichsweise geringen Biegespannungen zulassen. Dies ist auch der Hintergrund für die Wahl des Scheibenaufbaus bei den Glasbauteilen für die BRÜCKE 7 aus vielen dünnen Glasscheiben. Im vorliegenden Fall wurden die 4-mm-Floatglasscheiben mit einem Radius von 16 m gebogen. Dabei ergibt sich eine Biegespannung von ca. 9 N/mm², die in Anlehnung an die technischen Vorschriften als zulässig für die Dauerbelastung von Floatgläsern angesetzt werden konnte und gleichzeitig noch ausreichende Spannungsreserven für später hinzukommende Belastungen des Bauteils

bietet. Durch den anschließenden Laminiervorgang werden die Eigenspannungen eingefroren. Infolge der hohen Schubsteifigkeit der SG-Folien und der großen Biegesteifigkeit des Glaspaketes gibt es keine nennenswerten Rückstellbewegungen. Aus materialtechnischer Sicht ist die Verwendung von SG-Folien ein wesentliches Merkmal dieser Brücke. Ein weiteres Merkmal ist das Bogentragverhalten der Brücke. Der Glasbogen ist näherungsweise parabelförmig und kann gleichmäßig verteilte Lasten nahezu ausschließlich über Druckkräfte abtragen. Von entscheidender Bedeutung ist dabei die Ausbildung ausreichend steifer Widerlager. Die Laufplatte der Glasbrücke ist mit dem Verhältnis Stich zu Spannweite von 1:18 und einem Verhältnis Querschnittshöhe zu Spannweite von 1:162 ein äußerst schlanker Bogen. Für asymmetrisch verteilte Verkehrslasten in Höhe von 5,0 kN/m² muss die Laufplatte stabilisiert werden. Dies erfolgt mithilfe der beiden seitlichen Brüstungen. Über eine Länge von 6,0 m sind diese durch eine elastische Klebefuge aus 2-K-Silikon mit

SG-Folien

Aus materialtechnischer Sicht ist die Verwendung von SG-Folien ein wesentliches Merkmal dieser Brücke. Dieses Produkt der Firma DuPont findet seit einigen Jahren für die Herstellung von Verbundgläsern zunehmend Anwendung im Konstruktiven Glasbau. Die Festigkeit und Steifigkeit dieser transparenten Thermoplaste liegt weit über denen von PVB-Folien. Aus diesen Materialeigenschaften erhält man ein Verbundtragverhalten, das näherungsweise dem eines monolithischen Bauteils entspricht.

Aufbau

Die Glasbrücke besteht aus einer gebogenen Glaslaufplatte und zwei ebenfalls gebogenen Glasbrüstungen, hergestellt aus kaltgebogenen Glasplatten mit Abmessungen von 2 × 7 m Bogenmaß für die Laufplatte und 1,2 × 7 m für die Brüstungen. Durch die Fügung der einachsig gebogenen Scheiben ergibt sich ein dreidimensionaler Körper.

Laufplatte

Die Laufplatte der Brücke besteht aus acht 4 mm dünnen Floatglasscheiben und sieben 1,5 mm dünnen hochtransparenten SG-Verbundfolien.

Brüstungen

Die Brüstungen bestehen aus sechs 4-mm-Floatglasscheiben und fünf SG-Verbundfolien. Durch diesen Aufbau aus vergleichsweise dünnen Glasscheiben und dicken Folien entsteht für diese Bauteile ein neuartiges Volumenverhältnis von Glas zu Laminierfolien von ca. 3:1, die Eigenlasten dieser Glasbauteile reduzieren sich dadurch entsprechend.

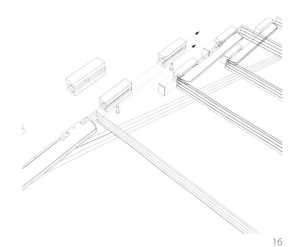

16

16 Isometrie Anschlussdetail Glas-
    stufe an Brüstung
17 + 18 Ganzglasbrücke im Firmen-
    hauptsitz in Gersthofen

Baudaten Glastreppe
Design + Entwicklung:
IBK Forschung + Entwicklung,
Universität Stuttgart, Stefan Behling,
Andreas Fuchs
Tragwerksplanung:
ITKE Forschung und Anwendung,
Jan Knippers, Stefan Peters
Auftraggeber, Entwicklung,
Realisation:
seele GmbH & Co. KG
Fertigstellung: Oktober 2006
Länge Glastreppe: 8000 mm
Breite Glastreppe: 1500 mm
Scheibengröße Glaswange:
8000/130 mm
Anzahl Glasstufen: 21
Gewicht Glasstufe: 60 kg
Gewicht Glaswangen: 2× 1070 kg
Gewicht Glastreppe: 3780 kg
Aufbau Glaswange:
Float 3× 15 mm,
SG-Folie 2× 1,5 mm
Aufbau Glasstufe:
Float 3× 12 mm,
Float 1× 8 mm,
SG-Folie 3× 1,5 mm
Länge Glasbox: 2760 mm
Breite Glasbox: 1500 mm
Höhe Glasbox: 4150 mm
Gewicht Glasbox: 3250 kg
Glasgewicht gesamt: 7030 kg

der Laufplatte verbunden. Dasselbe Prinzip findet
Verwendung für die Aufnahme der horizontalen
Holmlasten von 1,0 kN/m. Sie werden in beiden
Richtungen über eine Bogenwirkung der Brüstungen abgetragen, wobei in diesem Fall der Laufplatte
die Aufgabe der Formstabilisierung für ungleich verteilte Lasten zufällt. Für die Demontage können die
Silikonfugen zwischen Laufplatte und Brüstungen
analog zu den kraftschlüssig eingeklebten Frontscheiben bei Automobilen mit einem Cutterschnitt
gelöst werden. Dieser Vorgang lässt sich bei Bedarf
mehrfach wiederholen, sodass die gesamte Konstruktion zuverlässig montiert, ab- und wiederaufge-
baut werden kann.

Ganzglastreppe, 2006
Die Ganzglastreppe, die zur glasstec 2006 ausgestellt wurde, hat eine freie Spannweite von 7 m und
besteht im Wesentlichen aus nur zwei Elementen,
den senkrechten Treppenwangen und den horizontalen Stufen. Dabei bestehen die beiden

Wangen aus jeweils drei Floatglasscheiben mit je
15 mm Stärke ohne Stoß. Diese sind wie auch die
Stufen mit dem Glasaufbau Float 12/12/12/8 mm
mit SG-Folien zu Verbundglasscheiben laminiert.
Alle für die Fügepunkte der Treppe notwendigen
Stahl-Beschlagteile sind ebenfalls unter Verwendung von SG-Folien ein- oder auflaminiert. Neben
der großen Spannweite der Treppenwangen zeigt
die Treppe damit in beeindruckender Weise, welches Potenzial die Laminiertechnik auch für punk-
tuell lastabtragende Details des Konstruktiven Glasbaus bietet. Die Beanspruchung der Wangen teilt
sich in zwei wesentliche Bestandteile: erstens in die
eines gelenkig gelagerten Einfeldträgers unter vertikaler Belastung mit einer Spannweite von 7 m
und zweitens in die eines eingespannten Geländers
mit einer horizontalen Belastung (Holmlast). Die
Biegebeanspruchung der Wangen um die starke
Achse wird durch die große statische Höhe nicht
maßgebend beeinflusst. Statisch und konstruktiv
wesentlich anspruchsvoller ist die notwendige Ein-

17

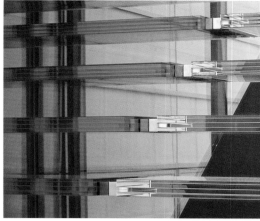

18

spannung der Treppenwangen in die ausschließlich horizontalen Stufen. Um Beanspruchungsspitzen aus einer Auflagereinspannung zu vermeiden, sind diese gelenkig an die Wangen angeschlossen. Die gesamte horizontale Aussteifung der Treppe erfolgt über eine Scheibenwirkung der Stufen. Dies gelingt über zwei Befestigungspunkte je Stufenseite, die im vorliegenden Fall dem angreifenden Moment aus der Holmlast einen Hebelarm von ca. 9 cm entgegensetzen. Die Befestigungspunkte müssen so, neben den vertikalen Auflagerkräften, als maßgebende Belastung ein Kräftepaar aus Zug und Druck übertragen. Eine der entscheidenden Fragen während der gesamten Konzeptionsphase war, ob die Gebrauchstauglichkeit in Bezug auf Querschwingungen beeinträchtigt sein könnte. Es wurden horizontale Eigenfrequenzen von etwa 4 Hz unter Eigengewicht und 3 Hz unter Volllast ermittelt. Unerwünschte Effekte sind im Allgemeinen nicht zu erwarten, wenn die horizontale Eigenfrequenz über 3,5 Hz liegt. Die gebaute Treppe bestätigte die Berechnungen, da auch bei vollem Messebetrieb weder vertikale noch horizontale Schwingungen spürbar waren.

Konstruktive Details

Für die Fügung der Treppe waren im Wesentlichen drei konstruktive Details, das untere und obere Auflager der Wangen sowie der Anschluss der Treppenstufen an die Wangen, zu lösen. Letzterer stellt das zentrale Detail der Treppe dar. Die Beanspruchung der Fügepunkte zwischen Stufen und Wangen setzt sich aus den vertikalen Stufenauflagerlasten und den bereits beschriebenen Zug- und Druckkräften zur Stabilisierung der Wangen zusammen. Ein problemloser Austausch von beschädigten Stufen war wichtiger Bestandteil des Konzeptes und führte letztlich zu der gewählten Lösung, welche auflaminierte Beschlagteile auf der Wangeninnenseite und einlaminierte Stahlbleche im VSG-Aufbau der Stufe vorsah. Eine wesentliche geometrische Forderung aus der Statik war eine symmetrische Einleitung der Zug- und Druckkräfte in die Beschlagteile zum Erreichen einer möglichst gleichmäßigen Spannungsverteilung in der Klebefläche. Generell werden hierbei durch eine flächige Einleitung der Anschlusskräfte über Klebeverbin-

dungen deutlich günstigere Spannungsverteilungen erreicht als beispielsweise durch gebohrte Punkthalter mit einer entsprechenden Vorschädigung der Gläser infolge der erforderlichen mechanischen Bearbeitung. In der endgültigen Umsetzung wurden für die Beschläge Edelstahlteile aus Flachstahl der Dicke 15 mm mit einer Fläche von 100 × 39 mm gewählt, die zur Stufenseite hin schienenartig ausgefräst waren, um die Treppenstufenanschlüsse aufnehmen zu können. Die Befestigung jeder Treppenstufe über insgesamt vier, je Stufenseite zwei, laminierte Halter mit der Wange lässt auch das Versagen eines dieser Klebepunkte zu, ohne ein Herabfallen einer Stufe zu verursachen. Umfangreiche FE-Berechnungen und Versuchsserien begleiteten die Entwicklung der Details. Sehr hohe Anforderungen stellt die Fertigung solch großformatiger Glasbauteile an die ausführenden Firmen. Neben der Montage auf der Messe waren dies im vorliegenden Fall insbesondere die Beherrschung des Laminiervorgangs im Autoklaven in Zusammenhang mit dem geometrisch präzisen Aufbringen von über 42 Beschlagteilen je Wange ohne Ausfall eines einzigen Klebepunktes.

Fazit

Das Innovationspotenzial von Glas in Verbindung mit neuen Verarbeitungstechnologien und Veredelungsmethoden ist unserer Meinung nach ungebrochen. Selbstverständlich sind in diesem Zusammenhang besonders die großen Anforderungen an die Präzision bei der Planung, Herstellung und Montage der Exponate zu erwähnen. Sie stellen sowohl Architekt und Ingenieur als auch die ausführende Firma vor neue Herausforderungen. Für die Beherrschung der komplexen Geometrie, der Stahl- und Glasbearbeitung sowie der Laminier- und Montagetechnik sind gleichermaßen eine große Erfahrung und eine Ausrüstung auf höchstem technischem Niveau erforderlich. Sowohl die Brücke zur glasstec 2008 als auch die Treppe zur glasstec 2006 sind nicht als »Produkte« im klassischen Sinne zu verstehen, sondern als realisierte Experimente und Technologieträger für künftige Anwendungen im Konstruktiven Glas- bzw. Fassadenbau.

Literatur
- Behling, Sophia und Stefan: GLASS, Konstruktion und Technologie. München 1999
- Bucak, Ö.: Glas im Konstruktiven Ingenieurbau, Stahlbau Kalender. Berlin 1999
- Glass strength according to AS 1288-06, Australian Code
- ASTM E 1300-2, Standard Practice for Determining Load Resistance of Glass in Buildings
- Peters, S. u. a.: Ganzglastreppe mit transparenten SGP-Klebeverbindungen – Konstruktion und statische Berechnung. In: Stahlbau Heft, Nr. 03/2007
- Bennison, S.: Structural Properties of Laminated Glass: Werkstoffangaben zu SentryGlas (DuPont)
- Fuchs, A. u. a.: Transparente Experimente – Innovationspreis Glas und Architektur. In: GLAS Architektur und Technik, Nr. 6/2009

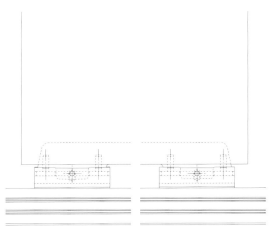

19a

Detailentwicklung

Katja Pfeiffer (KP) im Gespräch mit Stefan Peters (SP), Engelsmann Peters

Stefan Peters war von 2000 bis 2006 am Institut für Tragkonstruktion und Konstruktives Entwerfen (ITKE) bei Prof. Knippers in Stuttgart als Assistent tätig. Seit 2007 leitet er zusammen mit Stephan Engelsmann das Ingenieurbüro Engelsmann Peters Beratende Ingenieure in Stuttgart.

19 Anschlussdetail
   Glasstufe an Brüstung
   Maßstab 1:5
   a Aufsicht
   b Querschnitt
   c Ansicht
20 + 21 Durch die an Stufen und Wangen angebrachten Metallbeschläge lassen sich die Stufen leicht ein- und wieder demontieren.

Montage
Mit dem Aufbau der Treppe zur Messe waren an insgesamt vier Tagen je vier Monteure beschäftigt. Zuerst stellten sie das separat stehende Glaspodest auf und verdübelten es am Boden. Im Anschluss hoben sie die Glaswangen mit ihren Abmessungen von 8,00 × 1,30 m und einem Gewicht von 1,3 t in die beiden Auflager ein und stabilisierten sie in ihrer Lage. Danach schoben die Monteure die Stufen in die Beschlagteile der Wangen und fixierten sie.

KP: Herr Peters, worin bestanden Ihre Aufgaben und wie sah der Arbeitsprozess bei der Kooperation aus?
SP: Die Entwicklung der Glastreppe war das Resultat einer Teamarbeit zwischen Architekt, Ingenieur und ausführender Firma. Besprechungen fanden in regelmäßigen Abständen an den Instituten oder in Gersthofen statt. Es war ein permanentes Abgleichen zwischen Entwurf, Konstruktion und den zur Verfügung stehenden Fertigungsmöglichkeiten. Die Tragwerksplanung einschließlich Dimensionierung der Bauteile und Mitarbeit bei der Detailentwicklung sowie die Durchführung und Auswertung von Bauteilversuchen lagen in den Händen des Bauingenieurs, also bei mir. Damals war ich am Institut für Tragkonstruktion und Konstruktives Entwerfen (ITKE) bei Prof. Knippers in Stuttgart als Assistent tätig.
Bei der Treppe ging es im Wesentlichen um die Entwicklung einer neuartigen Fügetechnik für den Konstruktiven Glasbau mit auflaminierten Stahlteilen unter Verwendung der SG-Folie. Im Mittelpunkt stand dabei vor allem die Verbindung zwischen Treppenstufen und -wangen. Am Anfang hatten wir beispielsweise die innere der drei Scheiben, welche die Treppenwange bilden, schienenartig ausgefräst und eine Art Inlay einlaminiert. Die Produktion einiger Muster zeigte aber keine befriedigenden Ergebnisse, sodass wir neu konstruieren mussten. Der zweite Detailentwurf führte dann zu einer radikal reduzierten Lösung

mit einem stumpf auflaminierten Stahlteil, dessen Tragfähigkeit über Versuche und begleitende Berechnungen nachgewiesen werden konnte. Die präzise Ausrichtung und Laminierung von 22 dieser Stahlteile auf einem 7 m langen Glasbauteil erforderten große Erfahrung sowie eine technische Ausrüstung auf höchstem Niveau.

KP: Wurde diese Technik speziell mit der Glastreppe entwickelt oder gab es sie schon vorher?
SP: Sie ist eine Neuentwicklung in der Beschlag- und Klebetechnik. Neuartig in diesem Projekt war die Verwendung von auflaminierten Beschlagteilen aus Edelstahl für die Lasteinleitung in große Glasbauteile. Die Laminierfolie ersetzt dabei gewissermaßen einen Nasskleber. Entsprechende Projekte sind stets auch als Technologieträger zu verstehen. Die Erfahrungen, die das Projektteam bei der Treppe sammeln konnte, waren insbesondere im Hinblick auf das Verbundtragverhalten von SG-Folien außerordentlich hilfreich für die Konstruktion der Glasbrücke.

KP: Bei der Brücke waren Sie wieder beteiligt?
SP: Mit dem Wissen um die Festigkeit der Verbundfolien liegt die Idee nahe, Gläser in kaltem Zustand zu biegen, mit Zwischenschichten aus Folie übereinanderzulegen und das Ganze in der gekrümmten Form im Autoklav zu laminieren. 2007 kamen die ersten Skizzen und Modelle von

20

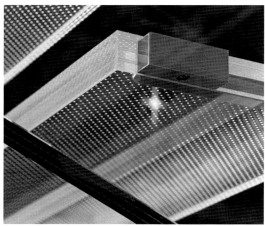

21

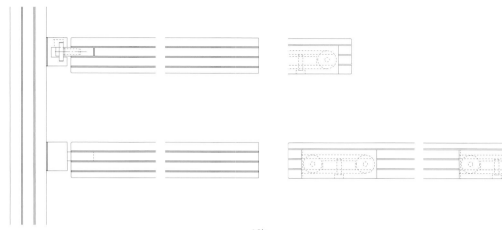

19b   19c

Stefan Behling und Andreas Fuchs für eine Glasbrücke aus drei gekrümmten Glasbauteilen. Der Lehrstuhl zog dieses Mal unser Ingenieurbüro Engelsmann Peters als Tragwerksplaner hinzu. Die Kombination von Objektplaner, Tragwerksplaner und einer ausführenden Firma bildete auch hier ein sehr schlagkräftiges Team.

KP: Welche Aufgaben umfasste die Tragwerksplanung?
SP: Zunächst prüften wir, welches Tragwerkskonzept für den Entwurf geeignet ist. Bei der Brücke war nach wenigen Untersuchungen klar, dass wir ein Bogentragwerk konzipieren mussten. In der Anfangsphase war es am wichtigsten, einen Grenzbiegeradius für die Glasscheiben festzulegen, um die Geometrie des Brückenbauwerks bestimmen zu können. Dem Entwicklungsteam standen für dieses Projekt Glasscheiben mit 7 m Länge zur Verfügung. Die normale Basisglasgröße aus einem Floatglaswerk ist 6 × 3,21 m. Des Weiteren mussten wir die notwendige Anzahl der Schichten und die zulässige Krümmung mit einem Finite-Elemente-Programm rechnerisch bestimmen. Der Bogen kann symmetrische Einwirkungen über die Bogentragwirkung abtragen, jedoch sind auch halbseitig wirkende Lasten zu berücksichtigen. Je schlanker der Bogen, desto höher ist die Gefahr, dass er unter einer unsymmetrischen Last durchschlägt. Bei der Glasbrücke wirken deshalb die Brüstungen als Versteifung mit. Die Brüstungen sind über eine elastische Silikonklebefuge mit der Laufplatte verbunden und wirken formstabilisierend. Gleichzeitig funktioniert diese Art der Stabilisierung auch in die andere Richtung. Die Brüstungen selbst wirken dabei als Bogen, die die Holmlasten in die Auflager weiterleiten. Für ungleich verteilte Holmlasten werden die Brüstungen über die Laufplatte stabilisiert. Diese komplexe Symbiose aus zwei Bauteilen kommt mit einem fast nicht vorhandenen Detail aus: einer schwarzen Silikonfuge.
Bogentragwerke benötigen zwei steife Widerlager. Bei dem vorliegenden statischen System eines Zwei-Gelenk-Bogens führt jede Nachgiebigkeit in den Widerlagern sofort zu einer Änderung der Spannungsverteilung in den Glasscheiben. Daher

muss das System sorgfältig dimensioniert werden, damit sich der gewünschte Spannungsverlauf im Glas einstellen kann. Die Endauflager und die Widerlagerkonstruktion entstanden in enger Zusammenarbeit mit seele. Es handelt sich um eine sehr komplexe Geometrie, ein schwierig zu fräsendes und geschweißtes U-förmiges Stahlteil, das in Gersthofen gefertigt wurde.

KP: Wie sah der Entwicklungsprozess aus, der zum Fugendetail zwischen Laufplatte und Brüstung führte?
SP: Lange Zeit hatten wir eine Lösung mit einem auflaminierten Winkel aus Stahlblech vorgesehen. Im Fertigungsprozess stellte sich dann aber heraus, dass sich dieser so nicht auflaminieren lässt. Daraufhin haben wir beschlossen, Laufplatte und Brüstungen stumpf miteinander zu verkleben und die dabei entstehende zweiachsige Beanspruchung in der Klebefuge über einen Versuchsaufbau abzusichern. Die Fuge ist etwa 10 mm stark und besitzt eine gewisse Elastizität. Wir verwendeten dafür ein 2-K-Silikon, ein Standardprodukt aus der Structural-Glazing-Technik. Die Last sollte bewusst zum allergrößten Teil über die Bogentragwirkung in die Widerlager geführt werden und nicht direkt in die Brüstung wandern. Zusätzlicher Vorteil ist, dass eine Silikonklebefuge ohne Probleme aufgeschnitten und bei einem zweiten Aufbau neu hergestellt werden kann.

KP: Wurde eine spezielle Montagestatik benötigt und waren Sie an den Überlegungen zur Herstellung beteiligt?
SP: Das Montagekonzept und die erforderlichen Hilfsgerüste wurden von seele entwickelt. Für die Bauteilherstellung musste beispielsweise ein sogenanntes Laminiergestell entworfen werden, auf dem die Floatglasscheiben in die entsprechende Krümmung gelegt werden konnten. Eine 4 mm dicke Scheibe mit 7 m Länge ist so weich wie ein Tuch. Hebt man sie nur einmal falsch an, bricht sie. Hier war von unserer Seite z.B. mit darauf zu achten, das Laminiergestell entsprechend zu dimensionieren, sodass die Glasscheiben während des Laminiervorgangs keine nennenswerten Querbiegungen erlitten.

Konstruktion
Die Konstruktion entstand in enger Zusammenarbeit und ständigem Dialog zwischen dem IBK Forschung + Entwicklung, dem ITKE Forschung und Anwendung und der Firma seele. Der Treppenlauf beschränkt sich auf nur zwei Elemente, die Wangen und die horizontalen Stufen. Die Beanspruchung der Wangen teilt sich in zwei wesentliche Bestandteile: erstens die eines Einfeldträgers unter vertikaler Belastung mit einer Spannweite von 8 m und zweitens die eines eingespannten Geländers mit einer horizontalen Belastung (Holmlast). Die Verbindung der ausschließlich horizontalen Stufen mit den Wangen erfolgt gelenkig und wirkt dadurch beiden Beanspruchungen entgegen. Die gesamte Treppe wird anhand von Modellen und aufwendigen Berechnungen mit Finiten Elementen entwickelt.

Klebe-Anschlusspunkte
Bei der Treppe gibt es im Wesentlichen drei konstruktive Details, das untere und obere Auflager der Wangen sowie der Anschluss der Treppenstufen an die Wangen. Im Konstruktiven Glasbau werden für Anschlussdetails meist gebohrte Punkthalter oder mechanische Klemmteller verwendet. Der Vorteil des Klebens dagegen ist, dass die Anschlusskräfte flächig eingeleitet werden und somit aufwendige und statisch schwierige Bohrungen in den Glaswangen entfallen. Die Elemente sind nur über kraftschlüssig laminierte Beschlagteile miteinander verbunden. Die hier verwendeten SG-Folien lassen sich im Gegensatz zu PVB für lastabtragende Konstruktionen verwenden.

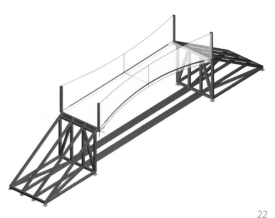

22

23

Statisches Konzept

Bei den statischen Voruntersuchungen stellte sich sehr schnell heraus, dass die Inanspruchnahme des Bogentragverhaltens der Brücke sinnvoll ist. Der Glasbogen ist näherungsweise parabelförmig und kann gleichmäßig verteilte Lasten nahezu ausschließlich über Druckkräfte abtragen. Von entscheidender Bedeutung ist dabei die Ausbildung ausreichend steifer Widerlager. Im vorliegenden Fall stellt die Laufplatte einen Zwei-Gelenk-Bogen dar, der als statisch unbestimmtes System empfindlich mit dem Aufbau von Zwangsbeanspruchungen auf Auflagerverschiebungen reagiert. In der Konsequenz sind die beiden über Zugbänder verbundenen Treppenwiderlager als steife Stahlkonstruktionen mit einer zusätzlichen Ballastierung gegen Kippen ausgeführt. Die Laufplatte der Glasbrücke hat ein Verhältnis Stich zu Spannweite von 1:18 und ein Verhältnis Querschnittshöhe zu Spannweite von 1:162, ist also ein äußerst schlanker Bogen. Für asymmetrisch verteilte Verkehrslasten in Höhe von 5,0 kN/m² muss die Laufplatte stabilisiert werden, um unerwünschte Biege- und Querkraftbeanspruchungen sowie Stabilitätsprobleme zu vermeiden.

22 FE-Modell der Glasbrücke:
    Stahl-Unterkonstruktion, Glassteg und Glasbrüstungen
23 Belastungstest der kaltgebogenen Gläser
24 Querschnitt Anschlussdetail Lauffläche an Brüstung
    Maßstab 1:5
    1 Brüstung, Float 6× 4 mm,
       SG 5× 1,5 mm
    2 Lauffläche, Float 8× 4 mm,
       SG 7× 1,5 mm
    3 Fuge, Silikon 5 mm
25 Belastungstest Silikonfuge
26 Verformungsverlauf bei
    a Volllast
    b halbseitiger Last mit Holmlast
27 Glasbrüstung nach dem Laminiervorgang

KP: Stießen Sie bei der Herstellung auf größere Probleme?

SP: Die erste Laufplatte, die laminiert wurde, bekam während des Laminiervorgangs einen Riss. Im Autoklav entstehen hohe Temperaturbelastungen. Sobald die SG-Folie abkühlt und sich verfestigt und auch die Gläser abkühlen, können lokal temporäre Spannungen entstehen. Es musste eine zweite Laufplatte laminiert werden. Eine Besonderheit dabei war, dass wir die zweite Laufplatte aus einem sogenannten geshifteten Glasaufbau angefertigt haben. An den Außenseiten liegen zwei 7 m lange Deckscheiben, es folgen innen liegende Scheiben mit jeweils 4 bzw. 3, dann mit 3 bzw. 4 m Länge. Dabei alterniert die Lage des Stoßes der inneren Scheiben. Auf diese Weise entstehen versetzte Stöße und ein 7 m langes Glasbauelement aus wesentlich kürzeren Teilscheiben. Wir haben das Konstruktionsprinzip an einem 4 m langen Testbogen überprüft. Dieser bestand aus sieben Glasschichten und einem geshifteten Glasaufbau. Der Testaufbau wurde mit Sandsäcken belastet. Wir haben ein Vergleichsrechenmodell programmiert, das wir so lange kalibrierten, bis die Rechnung mit dem realen Tragverhalten übereinstimmte. Bei der Entwicklung von Prototypen ist es normal, sich mit neuen Situationen und unbekannten Vorgängen auseinandersetzen zu müssen. Gleichzeitig stellt sich die Frage, auf welche Projekte diese Innovationen übertragbar sind. In diesem Fall könnte die Ent-

wicklung früher oder später auch etwa bei einem Glasdach eingesetzt werden.

KP: Haben Sie Folgeprojekte mit seele?
SP: Wir erstellen momentan die Tragwerksplanung für eine große Stahlgitterschale mit Glashülle in Chicago. Bei diesem Projekt sind das Architekturbüro Murphy/Jahn und als Ingenieur des Bauherrn das Büro von Werner Sobek beteiligt. Diese planen das Projekt bis zu einer gewissen Tiefe. Dann geht es an eine ausführende Firma; in diesem Fall ist das seele. Die in der Ausführungsplanung zu erbringenden Ingenieurleistungen hat die Gersthofener Firma ausgeschrieben und wir erhielten den Zuschlag.

KP: Wie werten Sie als noch junges Büro die Zusammenarbeit mit der Industrie?
SP: Durch die Zusammenarbeit mit der Industrie und mit ausführenden Firmen sind wir als Ingenieure noch stärker als im üblichen Maße an der Bauausführung oder der Produktentwicklung beteiligt. Wenn wir für Firmen wie seele eine Ausführungsplanung erstellen, werden wir ganz automatisch in die Überlegungen zu Montage- und Fertigungsprozessen eingebunden. Die tragwerksplanerische Verantwortung liegt dabei in unseren Händen. Diese Art von Zusammenarbeit bringt Synergieeffekte hervor, die die Entstehung von Innovationen begünstigen und darüber hinaus zu einer besonderen Projektqualität führen.

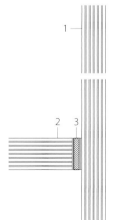

1

2 3

24

25

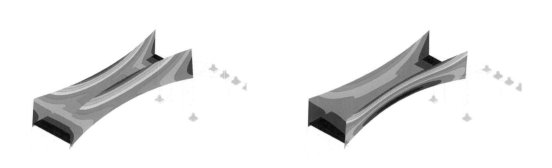

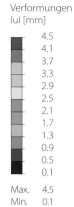

Verformungen
|u| [mm]

4.5
4.1
3.7
3.3
2.9
2.5
2.1
1.7
1.3
0.9
0.5
0.1

Max.   4.5
Min.   0.1

26a   26b

Silikon-Klebefuge

Die Stabilisierung der Laufplatte der Glasbrücke erfolgt über die beiden seitlichen Brüstungen. Über eine Länge von 6,0 m sind diese durch eine elastische Klebefuge aus 2-K-Silikon mit der Laufplatte verbunden. Dasselbe Prinzip findet Verwendung für die Aufnahme der horizontalen Holmlasten von 1,0 kN/m. Sie werden in beide Richtungen über eine Bogenwirkung der Brüstungen abgetragen, wobei nun der Laufplatte die Aufgabe der Formstabilisierung für ungleich verteilte Lasten zufällt. Als Lager für die Brüstungen dienen jeweils zwei vertikale Stahlprofile, die Zug- und Druckkräfte verformungsarm aufnehmen.

27

28

The Floating Seat

Christian Brensing (CB) im Gespräch mit Graham Dodd und Wieslaw Kaleta, Arup

Arup ist ein weltweit tätiges Unternehmen mit Designern, Ingenieuren, Planern und Beratern mit Hauptsitz in London und 10000 Mitarbeitern in 37 Ländern.

Graham Dodd ist bei Arup Projektleiter für Bauvorhaben in Europa, Asien und Nordamerika, Wieslaw Kaleta Fassadenbauingenieur und Verantwortlicher für die Geschäftsentwicklung in Polen.

28 The Floating Seat wird erstmals zur glasstec 2008 der Öffentlichkeit präsentiert.

»zoomorphische« Variante des Floating Seat
Eine nicht realisierte Version des Floating Seat ist die aufgrund ihrer natürlich fließenden Formen genannte »zoomorphische« Bank. Der Entwurf sieht vertikal aneinandergereihte Glasplatten vor und verzichtet auf das bei der realisierten Version ausgeführte Edelstahl-Standbein. Stattdessen reichen die Glasplatten bis auf den Boden; sie werden mit Stahlstangen und -platten an beiden Enden zusammengehalten. Ein wesentlicher Unterschied besteht außerdem darin, dass es sich um maschinell entkernte Glasplatten handelt.

Ein kleineres, aber nicht minder auffälliges Ausstellungsobjekt der glasstec 2008 war neben der Glasbrücke der sogenannte Floating Seat. Diese Glasbank wurde ursprünglich für den Plantation Place des Projektentwicklers British Land in der Fenchurch Street in London entwickelt, ein Bürogebäude der Londoner Dependance von Arup Associates.

CB: Wie entstand »The Floating Seat«?
Arup: Mick Brundle war der verantwortliche Architekt des Plantation Place. Von ihm stammt auch die Idee einer »fliegenden« Glasbank als Möbelstück für den Empfangsbereich. Als seele jedoch die ingenieurtechnischen Berechnungen ausgeführt und die Bank produziert hatte, verkaufte der Bauherr British Land das Projekt.
Die Glasbank ist ein zugleich künstlerisches wie auch funktionales Möbel. Es handelt sich um eine rechtwinklige Platte aus Glas, die, auf einem stählernen Standbein stehend, sozusagen über dem Boden schwebt. Mich erinnert sie mit ihren fünf Sitzmulden an die Sitzbank eines alten Traktors. Die Herstellung erfolgte maschinell aus einer horizontalen Aneinanderreihung von sauber geschichteten Glasplatten. Diese werden mit Stahlstangen im Glas zusammengehalten und an dem Edelstahl-Standbein verankert. Mit jeder Glasplatte entsteht so scheibenweise der jeweilige »Traktor«-Sitz. Das einzige Standbein ist aus einer Edelstahlplatte geformt, die tief in den Boden reicht.

CB: Die Glasplatten sind geschichtet. Sind sie wie bei der Glasbrücke auch miteinander verklebt?
Arup: Eine der größten Herausforderungen war die Lastabtragung am Ende der Auskragung. Das Edelstahl-Standbein steht selbst unter großem Zug, auf die Glasplatten wirkt ein enormer Druck. Unserer Meinung nach war es nicht möglich, die Glasplatten zu kleben oder Zwischenschichten einzufügen. Diese wären, bedingt durch die hohen Lasten, einfach hervorgequollen. Wir schlugen also vor, glatte saubere Glasplatten aneinanderzureihen. Die Firma seele unternahm dazu umfangreiche Tests. Zunächst untersuchte sie Klebevarianten und Zwischenschichten aller Art,

kam aber zum gleichen Ergebnis wie Arup, nämlich dass die Konstruktion an Steifigkeit verliert, wenn etwas zwischen den Glasschichten liegt. Das Unternehmen testete auch, ob es von Vorteil sei, das Glas zu härten oder in seinem vergüteten Zustand zu belassen. Am Ende wurden die Glasplatten gehärtet. Dadurch erhielten sie eine höhere Festigkeit.

CB: Wo sieht Arup die Vorteile von tragenden Glaskonstruktionen?
Arup: Glas als ein Kompressionselement zu nutzen, wie hier als einen Stapel mit von außen angewandtem Druck, schafft ein einzigartiges tragendes Element. Es ist sehr steif, ganz schön kräftig und verfügt über eine interessante Leichtigkeit und Transluzenz. Die Glasbank lässt sich beispielsweise von unten anstrahlen. Dementsprechend hatten wir kleine Leuchten im Boden unter der Bank eingelassen. Eine zweite Möglichkeit besteht darin, The Floating Seat von innen zu erleuchten.
Die glasstec 2008 ließ für den Konstruktiven Glasbau zwei wesentliche Entwicklungsstränge erkennen: das ohne Bindemittel geschichtete Glas mit äußerem Lastenabtrag und die laminierte Art, die immer größere tragende Konstruktionen ermöglicht, oft unter Verwendung von gehärteten Gläsern und Hochdruck-Zwischenschichten. Auf diese Weise kommt ein guter Verbund zustande. Ein schönes Beispiel dafür sind die Shopfassaden in der Village Area des Westfield-Einkaufszentrums. Arup war an dieser Maßnahme im Innenausbau nicht beteiligt, aber es ist nichtsdestotrotz eine beeindruckende Konstruktion jenseits der industriell üblichen Lösungen. Mit fast 9 m Höhe besteht die Wand aus laminierten Glasschwertern. Diese Aussteifungen sind 250 mm stark. Bei 8,5 m Höhe liegt das Längen-Breiten-Verhältnis bei 1:34 – also weit unter den üblichen Werten von 1:10. Das Glas selbst ist niedrig an Eisenwerten und komplett weiß. Zudem sind die Edelstahlscharniere auf das Glas geklebt und nicht mit Bolzen gesteckt. Sie fungieren somit als tragende Elemente. Diese Art von Verbindung ist eine sehr intelligente Lösung und das Projekt meiner Ansicht nach ein wirklich gelungenes Werk.

29

TriPyramid Structures

Tim Eliassen, TriPyramid Structures

Unser in Boston, Massachusetts, ansässiges Unternehmen TriPyramid Structures, entwirft und fertigt spezielle Metallelemente für Tragkonstruktionen, sogenannte Architectural Hardware. Dabei handelt es sich meist um Maßanfertigungen. Das Entwurfsteam von TriPyramid besteht aus Planern und Ingenieuren. In direkter Zusammenarbeit mit Architekten, Künstlern, Tragwerksplanern und Konstrukteuren entwickeln wir auf diese Weise Komponenten, welche die Ästhetik eines Entwurfs optimieren und zugleich die von den Ingenieuren vorgegebenen konstruktiven Anforderungen erfüllen. Nach der Ausarbeitung der Entwürfe und der Freigabe durch alle beteiligten Parteien übernehmen wir die Herstellung der Bauteile. Bei einigen unserer jüngsten Projekte lieferten wir außerdem großformatige Konstruktionselemente aus Stahl sowie große vertikale Stahlpfosten als Träger für Glasfassaden. Zudem bieten wir weltweit die wahrscheinlich breiteste Palette an Zugelementen an: Edelstahlstäbe mit Durchmessern von 4 mm bis 100 mm in drei Materialstärken, Stahlstäbe von 12 mm bis 100 mm, außerdem Seile aus Edelstahl und verzinktem Stahl von 6 mm bis 100 mm Dicke. 1989 gründete ich zusammen mit Michael Mulhern das Unternehmen mit dem Ziel, die bei Regattabooten, Atom-U-Booten und Rennrädern eingesetzte Spitzentechnologie der Edelstahlkomponenten in die Welt der Kunst und Architektur zu übertragen. Unser erstes realisiertes Architekturprojekt war die Entwicklung und Herstellung der

3800 Zugstäbe, die Ieoh Ming Peis Glaspyramide des Pariser Louvre stützen. Weitere Projekte sind das Tokyo International Forum von Rafael Viñoly und das Rose Center Planetarium von Polshek-Partnership-Architekten in New York wie auch die Flagship Stores von Apple.

Ausgeführte Projekte

Beim Rose Center entwickelte TriPyramid hochfeste Edelstahlstäbe, die klein und elegant dimensioniert werden konnten. Dies ermöglichte die Verwendung kleinerer und entsprechend reduzierter Endbeschläge, was mit weniger festen Stäben oder Seilen als Zugelementen nicht möglich gewesen wäre. Bei dem Bau der Louvre-Pyramide stieg TriPyramid relativ spät in die Entwurfsphase ein. Örtliche Anbieter schlugen zunächst vor, verdrillte Seile mit standardmäßigen Endbeschlägen zu verwenden. Die angefertigten Musterbauteile entsprachen jedoch bei Weitem nicht den Vorstellungen der Architekten. Die vorgeschlagenen Seile und Beschläge hätten zwar die erwünschte Transparenz des Bauwerks erfüllt, jedoch wären die Details, die bei der gesamten Konstruktion sichtbar sind und auf Augenhöhe sogar mit ausgestreckter Hand berührt werden können, dermaßen grob ausgefallen, dass der Gesamteindruck der Pyramide beeinträchtigt worden wäre. Die Planer entschieden sich, in der Ausführung anstelle von Seilen hochfeste, filigrane Edelstahlstäbe zu verwenden. Der kleinere Durchmesser der Stäbe ermöglichte uns, architektonisch ansprechende Endbeschläge zu entwickeln. Durch die Fokussierung auf diese Details entstand eine gut ablesbare Tragstruktur, die dem Besucher auch innerhalb der Pyramide eine großartige Gebäudeerfahrung verschafft. Ähnlich verlief der Bau des Tokyo International Forum. Hier kooperierte TriPyramid mit Architekten, Tragwerksplanern, Bauunternehmern und den japanischen Stahlzulieferern. Für die zahlreichen Zugstäbe der Dachkonstruktion setzten wir hochfeste Stähle ein. Dank dieser Eigenschaft ließ sich der Stabdurchmesser von 100 auf 75 mm reduzieren, was wiederum die Verwendung von kleineren, deutlich eleganteren Endbeschlägen für die Stäbe ermöglichte.

Die ursprünglich im Yachtbau tätigen Ingenieure Tim Eliassen und Michael Mulhern gründen Ende der 80er-Jahre TriPyramid Structures, Inc. Anlass ist die Beauftragung durch den Architekten I.M. Pei für ein Edelstahl-Halterungssystem für die Glaspyramide des Louvre.

29 Glaspyramide des Louvre
30 Tokyo International Forum

Titanverbindungen
Ein Großteil der von TriPyramid produzierten Komponenten besteht aus hochfestem Edelstahl. Jedoch kommen in besonderen Fällen auch andere Materialien, beispielsweise Titan, zum Einsatz, wenn deren spezielle Eigenschaften erforderlich sind. Die Halterungen von Treppenstufen sind ein gutes Beispiel für einen solchen Spezialfall: Der Wärmeausdehnungskoeffizient des Titans entspricht nahezu demjenigen des Glases, aus dem die Treppenstufen gefertigt sind. Da die beiden Werte ähnlich sind, werden Spannungen, die aufgrund unterschiedlicher Wärmeausdehnungen beim Abkühlen der Laminiertemperaturen entstehen können, auf ein Mindestmaß reduziert. Durch die Verwendung von Titan für die Halterungen verringert sich das Glasbruchproblem während der Herstellung wesentlich.

30

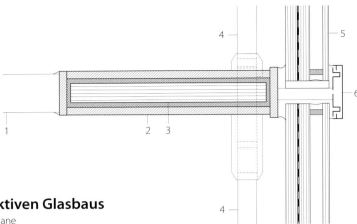

31a

Herausforderungen und Potenziale des Konstruktiven Glasbaus

Christian Brensing (CB) im Gespräch mit Tim Macfarlane (TM), Dewhurst Macfarlane

Tim Macfarlane leitet seit 1985 gemeinsam mit Laurence Dewhurst das Ingenieurbüro Dewhurst Macfarlane and Partners in London, eines der weltweit führenden Büros in der Entwicklung tragender Glaskonstruktionen.

CB: Sie arbeiten immer wieder mit der Firma seele zusammen? Wann trafen Sie sich zum ersten Mal?
TM: Unser erster Kontakt kam durch die Hilfe von Marc Simmons zustande. Er ist Fassadenberater und Designer und fing 1999 in unserem Ingenieurbüro an. Im Mai 2001 wurden wir als Fassadenspezialisten für den Burberry Flagship Store an der 7 East 57th Street, New York, und zwei Jahre später für die Seattle Library beauftragt. Bei beiden Projekten empfahlen wir auf Marcs Vorschlag die Firma seele, und in beiden Fällen erhielt sie den Auftrag. Aufgrund ihrer guten Leistung – ihrem technischen wie auch organisatorischen Können, welche sie hierbei unter Beweis stellte – setzten wir die Firma 2001 auf die Ausschreibungsliste für den Apple Store in der Prince Street, New York.

CB: Was zeichnet die Apple Stores aus?
TM: Es war damals absolut neu, Stufen mit Sentry-Glas Plus als Zwischenlage zu laminieren. Zum ersten Mal kamen laminierte Gläser zum Einsatz, deren Steifigkeit vergleichbar war mit der einer monolithischen Glasplatte von gleicher Stärke. Dazu kam, dass das Tragverhalten bei einem Bruch aller Glaselemente immer noch für die gesamten berechneten Lasten ausreichte. Diese Entwicklung erlaubte es zum ersten Mal, 2,4 m lange, frei spannende Glasstufen zu verwenden, die eine Verkehrslast innerhalb der geforderten Grenzen nach Belastbarkeit und Durchbiegung ermöglichten. Genauso integrierten wir Edelstahl- oder Titanverbindungen in die Stufen, was ebenfalls eine komplette Neuerung darstellte. Obwohl die Entwurfskonzepte zum Zeitpunkt, an dem seele hinzukam, schon existierten, wäre es sehr schwierig gewesen, den Entwurf ohne ihr Wissen um die Technik und die Verarbeitung zu realisieren.

CB: Welche Erfahrung haben Sie aus dem Projekt gewonnen?
TM: Die Apple Stores waren für beide Seiten eine fantastische Gelegenheit, neue Wege der Gestaltung in Glas zu entwickeln und umzusetzen. Die Inspiration für das Projekt und sein Erfolg sind jedoch dem Bauherrn Apple Inc. und dabei insbesondere Steve Jobs' persönlichem Einsatz zu verdanken. Der Architekt hatte die Eingebung, Jobs' Visionen mit den vielfachen Möglichkeiten des Konstruktiven Glasbaus umzusetzen. Der Ingenieur spielt in dieser Phase eine wichtige Rolle, insbesondere, weil er die unterschiedlichen konstruktiven Möglichkeiten der Materialien und die Ausdruckskraft der Anschlüsse auslotet. Letztendlich war all dies jedoch nur möglich durch die zu diesem Zeitpunkt schon gut integrierte Firmengruppe von Gerhard Seele und Siegfried Goßner. Diese starke Integration von Bauherr, Entwerfenden und Herstellern – die alle auf Innovation ausgerichtet sind – ist meiner Erfahrung nach sehr selten. Jeder Beteiligte nutzte die Chance, die Grenzen nach allen Richtungen zu erweitern.

CB: Wie gelang es, die Unterschiede zwischen den Entwurfskulturen, also zwischen Ländern, Arbeitsgruppen und -disziplinen, zu überwinden?
TM: Nachdem seele den Zuschlag für den Apple Store erhalten hatte, mussten wir unseren Entwurf einer rigorosen Überprüfung unterziehen. Dies lief auf eine Reihe von Tests und Analysen hinaus, denen wir uns als einem Teil der »gründlichen deutschen Vorgehensweise« unterwarfen. Der Vorteil einer solch umfangreichen Überprüfung war, dass wir unseren Entwurf letztlich besser verstanden. Auch bestätigte dieser Prozess uns in unserer Arbeitsweise, das heißt in der Suche nach und Entwicklung von neuen Ideen. Handwerkliche Meisterschaft, konstruktive Integrität, Funktionalität und Freude sind Merkmale eines erfolgreichen Projekts. Die Wertschätzung solcher Ergebnisse überwindet alle Grenzen von Kultur, Sprache und Arbeitsdisziplinen.

CB: Sie gelten als einer der besten Ingenieure für Glas. Wo sehen Sie das Potenzial von Glas als konstruktivem Baumaterial?
TM: Wir sind heute in der Lage, jedes Bauteil aus Glas als tragendes Element zu konstruieren. Die Bedingungen für eine Stütze, einen Träger oder eine Bodenplatte aus Glas sind wohlbekannt. Nun wird sich das Interesse meiner Ansicht nach zunehmend auf die umwelttechnischen Aspekte von Glas beziehen. Die Transparenz und die trägen Eigenschaften machen Glas zur ersten Wahl bei durchsichtigen Scheiben und Fassaden. Es ist daher sehr unwahrscheinlich, dass andere Materialien es hier in

32

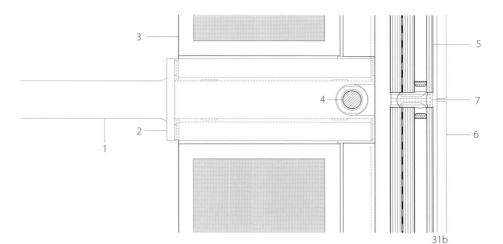

31b

der absehbaren Zukunft ersetzen. Bezüglich der Anforderungen an die Fassade gibt es aber sicher noch unterentwickelte Eigenschaften dieses Baumaterials.

CB: An welche Entwicklungen denken Sie?
TM: Auf den »Glass Processing Days« 2007 stellte eine deutsche Firma 12,9 mm starke Glasscheiben mit einem U-Wert von 0,4 W/m²/Celsius vor. Dies wurde dadurch erreicht, dass man in einem Vakuum zwei 6-mm-Scheiben im Abstand von 0,9 mm an den Rändern verschweißte. Die Scheiben zeichnen sich durch Abstandshalter in einem Raster von 50 auf 50 mm aus. Die Abstandshalter sind so klein, dass sie das menschliche Auge nicht erkennen kann. Ich finde diese Idee faszinierend, da sie eine bedeutende Effizienzsteigerung auf eine einfache nachvollziehbare Weise zeigt. Es bestehen auch Verfahren, in denen Flüssigkeiten durch die Kavitäten von Isolierglas gepumpt werden und auf diese Weise die durch Sonneneinstrahlung entstehende Wärme in speziellen Tanks gespeichert wird. Das ist zwar vergleichsweise kompliziert, aber es könnte eine nützliche Technik der Energiespeicherung sein.

In einer ähnlichen Art und Weise stellen Southwall Technologies aus Kalifornien Dreifachverglasungen her unter Verwendung von zwei Glasscheiben und zwei Lagen eines beschichteten Films, was zusammen einen U-Wert von 0,4 hat und 82 % der Sonneneinstrahlung reflektiert. Erstaunlicherweise sind die Gläser auch noch hochtransparent. Eine weitere Entwicklung ist, Glas mit anderen Materialien als Komposit zu verkleben. Ich hatte lange Zeit die Absicht, zwei 4-mm-Scheiben aus vorgespanntem Glas mit einem steifen Wärmedämmpaneel zu verkleben, um ein hartes, gut isoliertes und geschosshohes Wandelement zu kreieren. An bestimmten Stellen könnte man die Wärmedämmung entfernen und Sichtöffnungen schaffen. Des Weiteren gibt es die Möglichkeit, mit farbigen Gläsern zu experimentieren oder direkt hinter die Glasscheibe – innen wie auch außen – zum Beispiel reflektierende Metalle oder ähnliche Materialien zu legen.
Glas ist wie ein Backstein, absolut universell. Wie sagte schon Louis Kahn zu seinen Studenten: »Ask the brick what it wants to be.« Genauso könnten wir das Glas befragen, was es gerne sein möchte – es gibt da eine Menge zu lernen.

31 a + b Vertikal- und Horizontalschnitt der Unilever-Glasfassade Maßstab 1:5
    1 Druck-/Zugstab Ø 50 mm, Stahl S355 J2G3, nasslackiert RAL 9010
    2 Stahlschuh zur Aufnahme der horizontalen Glasfinnen
    3 horizontale Glasfinne, Float 4 mm + Folie/3M-Film 1,14 mm + TVG 2× 12 mm + PVB 1,52 mm
    4 Zugstab Ø 24 mm zur vertikalen Lastabtragung, Edelstahl 1.4571-K70, gebürstet
    5 Isolierglas, ESG 8 mm + SZR 16 mm + Float 2× 15 mm + PVB 1,52 mm
    6 horizontale Pressleiste mit Aufsatz-Klipp-Profil
    7 vertikale Silikonfuge
32 Der Transport großformatiger Gläser stellt im Konstruktiven Glasbau eine besondere Herausforderung dar: Für den Store eines führenden Computerherstellers musste seele eigens eine Frachtmaschine der Korean Air Cargo chartern. Die Toleranzen zwischen Container und Flugzeuginnerem betrugen nur 3 cm.
33 Westfassade des Unilever Headquarter (2008), Architekt Kohn Pedderson Fox: Das Glas wirkt als statisches Element. Die vertikale Lastabtragung der Scheiben erfolgt über hinter die Fugen gesetzte Zugstäbe, kraftschlüssig über Stahlschuhe mit den Fassadenriegeln verbunden. Waagerecht liegende Schwerter aus Verbundglas steifen die Fassade gegen Windlasten aus. Sie bestehen aus einem Dreischichtglas mit einer einlaminierten Regenbogen-Farbfolie, die je nach Blickwinkel ihren Farbwert ändert.

33

TEST- UND PRÜFVERFAHREN

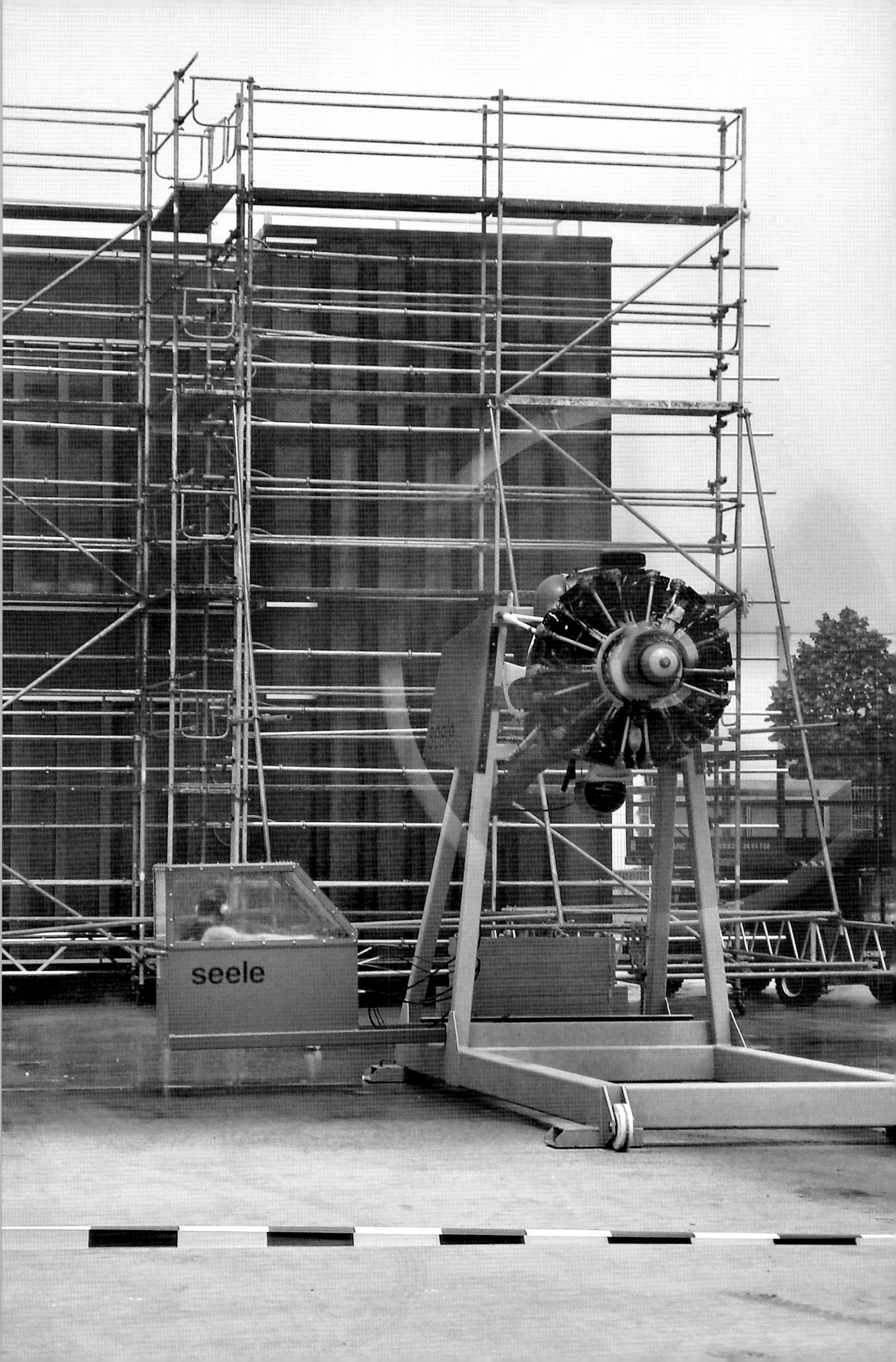

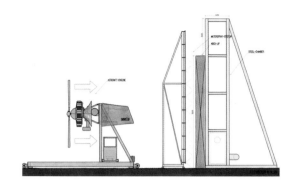

1

Test- und Prüfverfahren

Emil Rohrer, seele; Ömer Bucak, Hochschule München

Geprüfte und zugelassene Bauprodukte bilden die Grundlage eines jeden Bauvorhabens und die rechtliche Absicherung für die herstellende und ausführende Firma. Planer und Bauherren berufen sich auf das Baurecht, welches fordert, dass die Produkte den technischen Regeln der Bauregelliste entsprechen. Die darin aufgeführten Technischen Normen, Verordnungen und Richtlinien dienen dazu, Grundlagen für die Konstruktion zu schaffen und Anforderungen zu stellen. Es ist dabei klar zwischen Produkt-, Anwendungs- und Prüfnorm zu unterscheiden.

Normen und Richtlinien, die Bestandteil des Baurechts sind, müssen eingehalten werden. Abweichungen von den Normen können erfolgen, wenn für die Gebrauchstauglichkeit entsprechende Nachweise erbracht werden. Damit eröffnen sich, bei Erfüllung der Anforderungen, mit anderen Methoden und Materialien neue Wege für außergewöhnliche Konstruktionen und Innovationen.

Prüf- und Überwachungsstellen

Zur Sicherung der ordnungsgemäßen Herstellung und Umsetzung von Bauprodukten und Konstruktionen kann die Einschaltung von Prüf-, Überwachungs- und Zertifizierungsstellen (PÜZ-Stellen) vorgeschrieben sein. Die PÜZ-Stellen bedürfen einer Anerkennung nach den Landesbauordnungen (LBO) oder dem Bauproduktengesetz (BauPG). Als unparteiische Drittstellen führen sie auf nationaler Ebene im Übereinstimmungsverfahren die Erstprüfung durch, nehmen die Fremdüberwachung vor und erteilen Produktzertifikate. Auf europäischer Ebene können sie darüber hinaus im Konformitätsverfahren Stichprobenprüfung, Erstinspektion des Werkes und der werkseigenen Produktionskontrolle sowie die Zertifizierung durchführen.

Die Anerkennung der PÜZ-Stellen liegt in der Zuständigkeit der Länder. Das Deutsche Institut für Bautechnik (DIBt) bereitet die Anerkennung nach den Kriterien der Anerkennungsverordnungen der Länder und des Bundes vor oder erteilt die Anerkennungsbescheide für den Fall, dass die Länder die Zuständigkeit auf das DIBt übertragen haben. Das DIBt kann aber auch selbst als deutsche Zulassungsstelle allgemeine bauaufsichtliche Zulassungen (abZ) für Bauprodukte und Bauarten und europäische technische Zulassungen (ETA) für Bauprodukte und Bausätze erteilen.

Zustimmung im Einzelfall

Das Bauordnungsrecht unterscheidet zwischen geregelten und nicht geregelten Bauprodukten oder Bauarten, an die wesentliche Anforderungen gestellt werden. Bauprodukte oder Bauarten gelten als nicht geregelt, wenn es für sie keine technischen Baubestimmungen oder allgemein anerkannten Regeln der Technik, insbesondere DIN-Normen, gibt, oder wenn sie von diesen Technischen Regeln abweichen.

Die Verwendbarkeit nicht geregelter Bauprodukte und Bauarten muss durch eine allgemeine bauaufsichtliche Zulassung, durch ein allgemeines bauaufsichtliches Prüfzeugnis oder durch eine Zustimmung im Einzelfall nachgewiesen werden. Eine Zustimmung im Einzelfall ist für die Verwendung von nicht geregelten Bauprodukten oder Bauarten erforderlich, wenn für sie keine allgemeine bauaufsichtliche Zulassung oder kein allgemeines bauaufsichtliches Prüfzeugnis vorliegt oder wenn sie von der Zulassung oder vom Prüfzeugnis wesentlich abweichen. Die Entscheidung, ob eine wesentliche Abweichung vorliegt, ist grundsätzlich vom Hersteller zu treffen, ggf. im Zusammenwirken mit den Stellen, die im Übereinstimmungsnachweisverfahren tätig sind bzw. die allgemeine bauaufsichtliche Prüfzeugnisse und Zulassungen erteilen. Die Zustimmung im Einzelfall gilt – im Gegensatz zur Zulassung und zum Prüfzeugnis – immer nur für ein bestimmtes Bauvorhaben.

Vergleichbare Länderbestimmungen
Das Äquivalent der deutschen »Zulassung im Einzelfall« heißt in Frankreich ATEx (Appréciations Techniques d'Expérimentation). In Großbritannien gibt es keine vergleichbare Zulassungsform – die bauaufsichtliche Prüfung liegt in der Regel in der Verantwortung des lokalen, zuständigen Prüfingenieurs/Prüfbüros. Allerdings findet eine Endkontrolle und -abnahme statt. Sie erfolgt zum Zeitpunkt des Bauantrags, allerspätestens in der Bauphase, durch den Building Inspector. Als

Emil Rohrer studierte an der FH Augsburg Maschinenbau. Anschließend arbeitete er neun Jahre lang in der Entwicklungsabteilung eines Zulieferbetriebes für die Kraftfahrzeugindustrie. Dort befasste er sich mit der Entwicklung von Katalysatoren und Abgasanlagen. Seit 1992 ist er bei der Firma seele tätig, für die er die Abteilung Entwicklung und Anwendungstechnik leitet.

Prof. Ömer Bucak studierte und promovierte im Fach Bauingenieurwesen an der Universität Karlsruhe. Seit 1995 ist er Professor für Stahlbau und Schweißtechnik, Leiter des Labors für Stahl- und Leichtmetallbau und seit 2009 Leiter des Competence Center Kleben an der Hochschule München (ehem. FH München).

1 Das Performance-Mock-up der Fassade für 7 More London wird einer durch einen Flugzeugpropeller erzeugten Windbelastung ausgesetzt.

2a

2b

Die Landesbauordnungen schreiben vor, dass die von den obersten Bauaufsichtsbehörden der Länder durch öffentliche Bekanntmachung eingeführten technischen Regeln zu beachten sind. Die Listen werden jährlich überarbeitet und vom DIBt herausgegeben:

Bauregelliste A
Bauprodukte, für die in der Bauregelliste A Teil 1 technische Regeln angegeben sind, oder Bauprodukte, die in der Bauregelliste Teil 2 genannt sind, bedürfen für ihre Verwendung eines Übereinstimmungsnachweises. Hierzu wird unterschieden nach:
- ÜH – Übereinstimmungserklärung des Herstellers
- ÜHP – Übereinstimmungserklärung des Herstellers nach vorheriger Prüfung des Bauprodukts durch eine anerkannte Prüfstelle
- ÜZ – Übereinstimmungszertifikat durch eine anerkannte Zertifizierungsstelle

Bauregelliste B
Die Bauregelliste B Teil 1 ist Bauprodukten vorbehalten, die aufgrund des Bauproduktengesetzes in Verkehr gebracht werden und für die es technische Spezifikationen und in Abhängigkeit vom Verwendungszweck Klassen und Leistungsstufen gibt. Die Bauregelliste B Teil 2 nimmt Bauprodukte auf, die aufgrund anderer Richtlinien als der Bauproduktenrichtlinie in Verkehr gebracht werden, die CE-Kennzeichnung tragen und nicht alle wesentlichen Anforderungen nach dem Bauproduktengesetz erfüllen. Zusätzliche Verwendbarkeitsnachweise sind deshalb erforderlich.

Liste C
In der Liste C stehen geregelte Bauprodukte, für die es weder technische Baubestimmungen noch Regeln der Technik gibt und die für die Erfüllung baurechtlicher Anforderungen nur eine untergeordnete Rolle spielen.

Bewertungsgrundlage für das neue Bauprodukt bzw. die neue Bauart dienen ihm die für reguläre Produkte und Bauvorhaben gültigen Building Regulations, die er in seinem Ermessen interpretiert. Diese Art der Zulassung ist damit weit weniger strengen Kriterien unterworfen als vergleichbare Verfahren in Deutschland oder Frankreich. Zusätzlich kann das BBA (British Board of Agreement) BBA-Zertifikate erstellen. Diese Zulassungsbescheinigung ist freiwillig, die durchschnittliche Bearbeitungszeit von der Antragstellung bis zur Ausstellung dauert rund neun Monate.

Test- und Prüfverfahren bei seele
Für die Verwendbarkeit unserer Bauprodukte und -systeme muss unser Unternehmen Nachweise

Test 1	Air permeability/infiltration
Test 2	Air permeability/exfiltration
Test 3	Water penetration resistance – static
Test 4	Wind resistance – serviceability
Test 5	Repeat air permeability/infiltration
Test 6	Repeat air permeability/exfiltration
Test 7	Repeat water penetration resistance – static
Test 8	Water penetration resistance – dynamic
Test 9	Building movement regime
Test 10	Repeat air permeability/infiltration
Test 11	Repeat air permeability/exfiltration
Test 12	Repeat water penetration resistance – static
Test 13	Water penetration resistance – hose test
Test 14	Wind resistance – safety
Test 15	Additional structural tests: • Impact test on internal face • Impact test louvers • Pull-out test of restraint point
Test 16	Dismantling and inspection

2c

nach den gültigen Prüfnormen erbringen. Bei innovativen Bauvorhaben, die sich außerhalb der gängigen Normen bewegen, sind in der Regel Zustimmungen im Einzelfall durch die Baubehörden notwendig. Dies erfordert häufig zusätzliche Prüfverfahren.

Natürlich können wir eine Reihe von Prüfungen selbst durchführen. Für die Zulassungen durch die Baubehörden sind jedoch akkreditierte Prüfinstitute vorgeschrieben. Diese kommen häufig in unseren Stammsitz nach Gersthofen und nehmen dort die Tests ab. Hier arbeiten wir mit mehreren zertifizierten Prüfinstituten zusammen und können so auch von deren Know-how profitieren. Um einen hohen Informationsrückfluss zu gewährleisten und die aufwendigen Prüfungen außer Haus zu minimieren – in der Vergangenheit haben wir bereits große Testmuster nach England oder Amerika verschifft und mit einem eigenen Montageteam vor Ort aufgebaut –, legte unsere Firma 2003 in Gersthofen ein eigenes Testgelände an (siehe Auflistung S. 97).

Dichtheitstests
Die Dichtheitstests gehören zu den Standard-Prüfverfahren und untersuchen u. a. die Auswirkung von Umwelteinflüssen nach den Kriterien Luft, Wasser, Wind und Atmosphäre. Luft- und Regendichtheitsversuche finden an Prüfkörpern in Originalgröße als statische Laborversuche mit einer Unterdruckkammer statt. Windverformungstests können statisch mit einer Über- bzw. Unterdruckkammer erzeugt werden oder auch dynamisch mit einem Flugzeugpropeller. In der Klimakammer simulieren wir wechselnde Klimaeinwirkungen auf Materialmuster bei Langzeitversuchen.

Belastungstests
Zur zweiten Kategorie der Standardtests gehören Belastungstests, welche die Statik eines Baukörpers oder das Verhalten des Materials unter verschiedenen statischen Belastungen prüfen. Diese Untersuchungen führen wir in der Regel mit Pendelschlag- und Tragfähigkeitsversuchen durch. Hierfür sind Muster oder separate Versuchsaufbauten notwendig. Die Ergebnisse aus den durchgeführten Tests (gemäß den gesetzlichen Vorschriften oder den Anforderungen aus der Spezifikation des Kunden)

3a

3b

geben wir an entsprechende Fachplaner des Auftraggebers weiter, die dann die Erfüllung der Vorgaben nochmals überprüfen.

Sondertests

Forschung und Entwicklung sind für unser Unternehmen wichtige Voraussetzungen, um unseren eigenen Qualitätsansprüchen zu genügen und Innovationen voranzutreiben. Ein erfolgreiches Forschungsergebnis ist beispielsweise die Entwicklung der Kaltbiegetechnik für Glasscheiben, erstmals umgesetzt mit der Fassade des Bahnhofs Straßburg. Hier waren jedoch Prüfungen erforderlich, die von den standardisierten Tests abweichen. An mehreren Fassadentestmustern mit kaltgebogenen Originalscheiben untersuchten wir mit verschiedenen Krümmungsradien neben den standardisierten Tests u. a. durch Sandsackabwürfe die Widerstandsfähigkeit gegen Wind- und Anprallasten, die Tragfähigkeit bei Schneelasten sowie die Resttragfähigkeit bei Glasbruch (siehe Kapitel »Konstruktiver Glasbau«, S. 74ff.).

Kleinversuche und Machbarkeitsstudien

Sie können von der Entwicklungs- bis zur Ausführungsphase erfolgen und dienen der internen Qualitätssicherung und zur Stärkung der Innovationskraft des Unternehmens. Ein Beispiel ist das Projekt 7 More London: Neben den erforderlichen Dichtigkeitstests simulierten wir am 1:1-Fassaden-Performance-Mock-up unterschiedliche Szenarien von Montageprozessen und optimierten sie für die endgültige Ausführung auf der Baustelle.

Schallschutz

Die notwendigen Anforderungen und Nachweise für den Schallschutz im Hochbau legt in Deutschland die DIN 4109 fest. Die Prüfung des Schallschutzes übernehmen für seele akkreditierte Schallschutzlabors. Sie testen in Schallschutzkabinen Nebenwegsübertragungen an fertigen und originalgroßen Elementen von Fassaden. Nur eine einzelne Scheibe diesem Laborversuch zu unterziehen würde zu keinem aussagekräftigen Ergebnis führen, da hier der Einfluss der Rahmen und des Einbaues auf der Baustelle nicht berücksichtigt wird.

Praxisbeispiele

Fassadenprüfverfahren für 7 More London

Umfangreiche Tests erforderte das Projekt 7 More London (siehe Kapitel »Elementfassaden« S. 58ff.). Für die rund 18 600 m² große Aluminium-Elementfassade erstellten wir zwei 1:1-Performance-Mock-ups. An ihnen führten wir u. a. Untersuchungen zur Luft- und Regendichtigkeit sowie zur Windverformung durch. Außerdem wurden Geschossverschiebungen übereinander simuliert. Die Prüfungen konnten beweisen, dass die Fassade realen Belastungen und Verformungen standhalten und die erwartete Lebensdauer erreichen wird. Die aufwendigen Mock-ups hatten zwar nicht die volle Fassadenhöhe, doch waren alle repräsentativen Teile mit originalen Materialien ausgeführt, so dass die Testergebnisse auf die reale Fassade übertragbar sind.

Belastungstests für Central Library Seattle

Bei der Central Library in Seattle von OMA/Rem Kolhaas stand bei den Fassadentests die Beanspruchung durch seismische Lasten im Vordergrund. Das Gebäude soll sich, ohne dabei beschädigt zu werden, bewegen können. Dafür entwickelten wir spezielle Gleitlagerungen und gleitfähige Dichtungen für die Abdichtung. Der 5 mm verschiebbare Testaufbau bestand aus einer Musterscheibe in Originalgeometrie, welche die Prüfer auf einem Rahmen befestigten. Der Rahmen aus Aluminiumprofilen entsprach der Originalkonstruktion. Mittels eines pneumatischen Antriebes wurden die Rahmenkonstruktion deformiert und Verformungen der Fassade aus seismischen Lasten simuliert. An einem Lastzyklus von 50 000 Lastwechseln ließ sich testen, ob die Dichtung bzw. das Butyltape die Bewegungen aufnehmen würde. Nach einer visuellen Vorprüfung entschieden wir uns für ein spezielles Produkt eines Butyltape-Bandes, das trotz Faltenbildung dicht blieb. Die Verarbeitbarkeit werteten die Prüfer anhand des Mock-up bei verschiedenen Temperaturen aus. Dafür erhitzten sie z. B. das Band in einer Wärmekammer auf ca. 70 °C und setzten es leichten Deformationsbewegungen aus. Nach dem Abkühlen hatte das Band wieder seine ursprüngliche Konsistenz.

2 7 More London:
  a Luftdichtigkeitsprüfung mit Folie zur Kalibrierung der Testkammer
  b Wasserdichtigkeitsprüfung mit einem Wasserschlauch
  c Luft- und Wasserdichtigkeitstests
3 Central Library, Seattle
  a Mock-up der Musterscheibe in der Wärmekammer
  b Aufbau der Musterscheibe mit Aluminiumrahmen und Butyltape-Band für Erdbebensimulation

Prüf- und Testeinrichtungen von seele:
1. Testgelände mit Fassadenprüfstand (bis ca. 120 m²) zur Durchführung von:
  • Luft- und Wasserdichtigkeitstests: Dies beinhaltet statische Tests mit Unterdruckkammer sowie dynamische Tests mit Windbelastung, erzeugt durch einen Flugzeugpropeller
  • Durchführung von Verformungsmessungen bei statischen und dynamischen Tests
2. Klimakammer für Materialmuster zur Simulation von wechselnden Klimaeinwirkungen bei Langzeitversuchen
3. Ausrüstung zur Durchführung von verschiedenen Belastungstests wie Pendelschlagversuchen und Resttragfähigkeitsversuchen

Fremdeinrichtungen, die bei Bedarf hinzugezogen werden (Auswahl):
• Labor für Stahl- und Leichtmetallbau, Hochschule München, Karlstraße 6, 80333 München, D
• IFT Rosenheim, Institute for Window Technology, Theodor-Gietl-Straße 7–9, Rosenheim, D
• Taywood (Taylor Woodrow Engineering & Consultancy), 345 Ruislip Road, Southhall, GB

4

Versuchsaufbau zur Kaufhausfassade Chemnitz

Ein Versuchsrahmen mit einer Stahlschuhaufnahme wird mit einer pneumatischen Anlage zum Aufbringen von Wechsellasten versehen (Abb. 6). Ein Pneumatikzylinder vom Typ Festo DNGU 100/500 steuert einen Untersetzungshebel an. So wird die Kraft der Pneumatikanlage wesentlich erhöht. Die Steuerung geschieht rein kraftgelenkt über den einstellbaren Betriebsdruck der Anlage. Ein einstellbarer Taktgeber steuert die Lastwechselfrequenz. Zusätzlich lässt sich die am Schwert anstehende Kraft über verschiedene Anlenkpositionen bzw. Untersetzungsverhältnisse des Hebels in einem weiten Bereich einstellen. Um Verformungen im Rahmen und in der Stahlschuhaufnahme selbst zu minimieren, werden zusätzliche Verstärkungen eingeschweißt. Geeichte Messuhren am Übergang des Schwertes in den Stahlschuh (Bewegungen direkt in der Aufnahme/im Mörtelbett) und am Schwertende (maximale Auslenkung) nehmen die Messwerte bzw. Verformungen ab.

Shopping Mall »Lyon Confluences«

2010 wird mit dem Pole de Loisirs et de Commerces »Lyon Confluences« ein weiteres Großprojekt in Frankreich mit ETFE-Folienpneus fertig gestellt. Auffällig ist die filigrane, zum Teil freistehende Dachkonstruktion. Die lange Achse der rautenförmigen Pneus zwischen den Stahlträgern hat hier eine Länge von immerhin 24 m. Dies entspricht etwa der 1,5-fachen Länge der Pneus der Allianz Arena. Möglich macht dies die heute verfügbare, auch bei hohen Windlasten einsetzbare 300-μm-Folie. Sie befindet sich in den stark beanspruchten Randbereichen der Oberlage. Die kurze Achse ist mit ca. 4,5 m bei beiden Projekten in etwa gleich.

Lastniveau [%]	Moment im Schwert [kNm]	Lastspielzahl
100	54,0	1
75	41,0	35
50	27,0	1995
25	13,5	280 000

5b

	Moment im Schwert [kNm]	Lastspielzahl
pro Tag	5300	25 % Lastniveau
	2	50 % Lastniveau
je 2. Tag	2	75 % Lastniveau
am 10. Tag	1	100 % Lastniveau

5a

Belastungstests im Konstruktiven Glasbau

Bei der gewendelten, abgehängten Ganzglastreppe für ein Projekt in Osaka erzeugten wir an der Hälfte der Konstruktion mit Sandsäcken asymmetrische Lasten und führten einen Pendelschlagtest mit einem 55 kg schweren Autoreifen durch. Wir konnten feststellen, dass das System wegen der hohen Verbundwirkung der Scheiben trotz Beschädigungen in Form von Rissen und Sprüngen intakt blieb. Bei der Glasbrücke zur glasstec 2008 untersuchten wir mit einem speziell entwickelten Versuchsaufbau eine Silikonklebefuge, welche die Brüstung mit der Laufplatte verbindet und u.a. dafür sorgt, dass sich der Bogen nicht deformiert. Dazu erstellte der am Projekt beteiligte Tragwerksplaner ein Vergleichsrechenmodell, das er so lange kalibrierte, bis die Rechnung mit dem realen Tragverhalten übereinstimmte (siehe Kapitel »Konstruktiver Glasbau«, S. 88f.).

Kaufhof Chemnitz – Dauerfestigkeitsversuch einer Glasschwertaufnahme unter dynamischer Beanspruchung

Die Fassade für das Kaufhaus Chemnitz besteht zum größten Teil aus Glasscheiben, die durch Klemmhalter in den Fugen fixiert werden. Die Ableitung der horizontalen Windlasten aus der Fassade geschieht über die Geschossdecken aus Stahlbeton. Im Bereich des Haupteingangs sind keine Geschossdecken vorhanden. Hier erfolgt die Windlastableitung über waagerecht angebrachte Glas-

6

schwerter, welche über Stahlschuhe aus gefrästem Stahl verbunden sind. Auch die seitliche Auflagerung geschieht über das Stahlschuhsystem. Die Schuhe sind am Rand durch Aufnahme in Taschen biegesteif eingespannt, die Glasschwerter in den Stahlschuhen durch ein spezielles Mörtelsystem eingegossen (siehe »Werkverzeichnis«, S. 105).

Versuchsaufbau

Mit den Belastungsversuchen am Glasschwert beauftragten wir – zu einem Zeitpunkt, als unsere Firma noch kein eigenes Labor besaß – das Zentrallabor des Konstruktiven Ingenieurbaus der Universität Stuttgart (Prof. Werner Sobek). Das beauftragte Institut simulierte hierzu Verformungen des Schwertes unter verschiedenen Lastfällen bis hin zur theoretischen Bruchlast. Für den Test richtete das Prüfteam einen Versuchsrahmen mit einer Stahlschuhaufnahme ein. Diese war mit einer pneumatischen Anlage zum Aufbringen von Wechsellasten versehen (Abb. 6). Geeichte Messuhren am Übergang des Schwertes in den Stahlschuh (Bewegungen direkt in der Aufnahme/im Mörtelbett) und am Schwertende (maximale Auslenkung) nahmen die Messwerte bzw. Verformungen ab. Da das Spaltmaß in Abhängigkeit zur Dicke des Mörtelbetts steht, setzten die Prüfer in einem zweiten Versuch ein dünneres Mörtelbett ein (3 mm anstatt ursprünglich 7 mm). Zusätzlich verringerten sie das Einspannungsmoment von 84,0 KNm auf 54,0 KNm. Das Beanspruchungsprofil

7

8

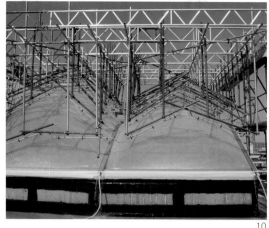

9

10

für die Lastwechsel lief ohne Unterbrechung mit einer Frequenz von ca. 3,7 Lastwechseln pro Minute (bzw. 222 Lastwechseln pro Stunde). Insgesamt wurden ca. 280 000 Lastwechsel gefahren.

Ergebnisse
Zu Beginn des ersten Belastungsversuches war eine spürbare Zunahme des Spaltmaßes erkennbar. Diese kam aber nach relativ wenigen Lastwechseln zu einem asymptotischen Abflachen. Eine Schädigung des Mörtelbetts war auch nach 12 000 Lastwechseln mit 100 % der Gebrauchslast nicht erkennbar. Das dadurch resultierende Spiel des Schwertes in der Aufnahme und die verminderten Auflagerflächen ließen dennoch keine unzulässig hohen Spannungsspitzen im Glasschwert befürchten. Das Glasschwert erfüllt damit Anforderungen gemäß der erstellten Statik. Nicht zufriedenstellend war jedoch das eintretende relativ große Spaltmaß der Glasschwertaufnahme. Durch die Verringerung der Dicke des Mörtelbetts minimierte sich das nach einigen Lastwechseln entstehende Spaltmaß gegenüber der Messreihe 1 um rund 50 %. Auch nach über 280 000 Lastwechseln mit dem beschriebenen Programm und zusätzlichen Extrembelastungen konnten die Prüfer keine wesentlichen Verschleißerscheinungen der Glasschwertauflagerung bzw. Einspannung feststellen. Wesentlich größeren Einfluss als die Mörtelbettaufnahme des Glasschwerts haben die Verformungen der Stahlseile auf das Gesamtverformungsverhalten der Konstruktion. Damit müsste für eine Gebäudebestandszeit von mehr als 50 Jahren eine sichere Aufnahme und Ableitung aller auftretenden Windlasten der Fassade gewährleistet sein.

Membranen und Folien – Licht- und Klimatests
Das Forschungs- und Entwicklungslabor der seele cover in Obing befasst sich mit der Materialprüfung von Membranen und Folien. Die dort installierte Universalprüfmaschine mit Temperaturkammer (-40 °C bis +100 °C) und kontaktfreier Dehnungsmessung ermöglicht die Ermittlung wichtiger Kennwerte unter simulierten Umgebungsbedingungen. Große 1:1-Folienkissen-Mock-ups werden in der Regel am Standort Gersthofen auf-

gebaut und getestet; Beispiele hierfür sind das Regendichtigkeitstestmuster für die Kletterhalle in Neydens oder der Musteraufbau für die Shopping Mall in Lyon. Bei Letzterem testeten wir die Farbeffekte von unterschiedlich bedruckten opaken sowie transparenten Membranen. Ein eigens dafür angemieteter Kran hob das 20 t schwere und 25 × 10 × 5 m große Muster auf eine Höhe von 30 m. Der spektakuläre Versuch fand in den Nachtstunden unter Beteiligung von Architekt und Lichtplaner statt (Abb. 9).

Das Labor für Stahl- und Leichtmetallbau der Hochschule München, Prof. Ö. Bucak
Themen des Konstruktiven Glas- und Fassadenbaus wie z. B. Verbundglaszwischenschichten, Verbundglastragverhalten, geklebte Stahl-Glas-Konstruktionen und das Tragverhalten von gebogenen Scheiben sind einige der Forschungsschwerpunkte des Labors für Stahl- und Leichtmetallbau an der Hochschule München. Hinzu kommen versuchstechnische Untersuchungen für neuartige Konstruktionen und Produkte sowie das Erstellen der entsprechenden gutachterlichen Stellungnahmen.
Die Beauftragung unseres Labors erfolgt durch die Industrie, öffentliche Stellen, Gerichte sowie durch Architektur- und Ingenieurbüros. Wir beschäftigen neun Ingenieure, von denen sich sechs vorwiegend mit Themen des Glasbaus und gläserner Konstruktionen befassen.

11

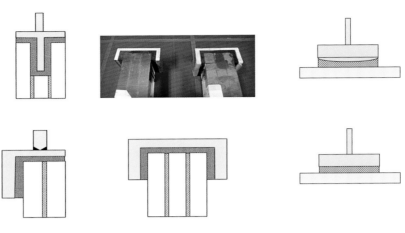

12

13

DIBt
Das Deutsche Institut für Bautechnik (DIBt) ist eine gemeinsame Einrichtung des Bundes und der Länder zur einheitlichen Erfüllung bautechnischer Aufgaben auf dem Gebiet des öffentlichen Rechts. Dies sind insbesondere:
• Erteilung europäischer technischer Zulassungen für Bauprodukte und -systeme
• Erteilung allgemeiner bauaufsichtlicher Zulassungen für Bauprodukte und Bauarten
• Anerkennung von Prüf-, Überwachungs- und Zertifizierungsstellen für Aufgaben im Rahmen des Ü-Zeichens und der CE-Kennzeichnung von Bauprodukten
• Bekanntmachung der Bauregellisten A und B und der Liste C für Bauprodukte (siehe S. 96)
Das Deutsche Institut für Bautechnik ist Mitglied der EOTA (Europäische Organisation für Technische Zulassungen) und der UEAtc (Union Européenne pour l'Agrément technique dans la construction).

Das Labor für Stahl- und Leichtmetallbau ist vom DIBt für viele Produkte, u. a. für Glasprodukte im Bauwesen, sowohl national (BAY27) als auch europäisch (NB1643) als Prüfstelle zertifiziert. Die jüngsten Forschungsprogramme (z. B. 3TVB, LAKKI, BackPoint) beschäftigen sich thematisch mit der Erforschung und Weiterentwicklung der Klebtechnik als alternative Fügemethode im Konstruktiven Glasbau. Diese bearbeiten wir zum Teil in Kooperation mit anderen Forschungsstellen. Dazu gehören u. a. der Lehrstuhl für Stahlbau der RWTH Aachen oder die Arbeitsgemeinschaft Werkstoff- und Oberflächentechnik der Technischen Universität Kaiserslautern (AWOK). Neben den Tätigkeiten als Forschungsstelle und als Prüfinstitut veranstalten wir in jedem Frühjahr die zweitägige Fachtagung »Glas im Konstruktiven Ingenieurbau«. Die Veranstaltung ist für etwa 300 bis 350 Teilnehmer ausgelegt und richtet sich hauptsächlich an Anwender aus dem Konstruktiven Glasbau, Ingenieure und Architekten.

Versuchsaufbauten
Im Folgenden sind einige Konstruktionen bzw. Versuchsaufbauten aus den oben genannten Forschungsvorhaben dargestellt. Im Forschungsprogramm »Geklebte Verbindungen für den Konstruktiven Glasbau« befassten wir uns mit neuartig entwickelten Verbindungselementen speziell für Silikonklebeverbindungen. Hierbei untersuchten wir verschiedene Klebegeometrien (Abb. 12) sowie unterschiedliche Typen neuartiger, gekleb-

ter Punkthalter auf ihr Trag- und Verformungsverhalten (Abb. 13). Für das Forschungsprojekt 3TVB belasteten wir einen geklebten Verbundträger (Spannweite 6 m) durch einen Vierpunktbiegeversuch bis zum Versagen (Abb. 14a + b). Das Programm, das sich mit neuartigen Komponenten für den Konstruktiven Glasbau beschäftigt, beinhaltet neben geklebten Biegeträgern auch Untersuchungen an geklebten Stahl-Glas-Stützen sowie an volltransparenten, besonders filigran wirkenden geklebten Glas-Glas-Rahmenecken.
Neben den genannten Beispielen für öffentlich geförderte Forschung besteht ein Großteil unserer Projekte aus Aufträgen aus der Industrie. Hierbei sind insbesondere die innovativen Unternehmen aus dem Konstruktiven Glas- und Fassadenbau zu nennen, die z. B. die Tragfähigkeit neu konzipierter Elemente versuchstechnisch absichern lassen. Diese Untersuchungen betreffen oftmals Einzelbauteile besonders innovativer Konstruktionen. So prüften wir für die Firma seele u. a. die Treppen und Geländer für die Stores eines Computerherstellers. Hierbei handelt es sich um neuartige Ganzglaskonstruktionen, die bis dato in Deutschland noch nicht ausgeführt worden waren und für die keine anerkannten technischen Regeln bzw. Bemessungswerte existierten. Aus diesen Gründen waren umfangreiche Versuchsprogramme u. a. zur Trag- und Resttragfähigkeit notwendig (Abb. 17). Diese zeigten, dass die Konstruktionen das notwendige Sicherheitsniveau erreichen.

14a

14b

15

16

Prüfeinrichtungen

Neben den für den Glas- und Fassadenbau spezifischen Prüfvorrichtungen, u.a. einem Vakuumprüfstand mit den Abmessungen 2,60 × 6,0 m, verfügt das Labor über Prüfmaschinen von 10 kN (Kilonewton) bis 12 MN (1200 t) Zugkraft und eine 8 MN (800 t) Druckpresse (Abb. 15). Außerdem sind Einzelzylinder-Anlagen vorhanden, die uns erlauben, große Bauteilversuche durchzuführen. Mit den oben genannten Anlagen erbringen wir auch die versuchstechnischen Nachweise zu verschraubten Seilkonstruktionen (Seile für die Firma seele, Abb. 18). Eine Prüfmaschine des Labors rüsteten wir im Rahmen eines Forschungsprogramms für Explosionsversuche um, sodass wir Explosionsbelastungen auf Materialien im Bereich hoher Dehnraten simulieren konnten. Hinzu kommen Prüfmaschinen für Ermüdungsversuche an Stahlproben. Diese stellen einen weiteren Schwerpunkt unserer Arbeit dar. Insgesamt verfügt das Labor über mehr als 25 Prüfmaschinen und mehrere Öfen, Tieftemperaturkammern und Klimaschränke sowie eine Klimaprüfanlage von 2,80 × 7,50 m Innenabmessung.

Projektbeispiele

Einige unserer Projekte sind:
- Trag- und Resttragfähigkeitsuntersuchungen der Treppen und Geländer der Stores eines Computerherstellers in San Francisco, New York, Tokio und München für die Firma seele (Abb. 17; Abb. 11, S. 99)
- Trag- und Resttragfähigkeitsuntersuchungen der

sphärisch gebogenen Isolierglasscheiben der Elbphilharmonie in Hamburg (Fa. Gartner, Interpane)
- Petuelring-Tunnel in München (Stadtwerke München)
- Stabilitäts- und Tragfähigkeitsuntersuchungen an Glasbalken und Schwertern
- Dauerhaftigkeits- und Resttragfähigkeitsuntersuchungen an Stein-Glas-Laminaten
- Tragfähigkeitsuntersuchungen und Beständigkeitsuntersuchungen an tragenden Verklebungen mit hochfesten Klebstoffen
- Prüfungen für verschiedene Zoos (Anlagen mit gläserner Abtrennung; Ermittlung von Anprallasten u.a. für Rinder, Tiger, Eisbär und Gorilla)

Für ein Rindergehege in einem deutschen Zoo wurde unser Labor beauftragt, im Rahmen einer gutachterlichen Stellungnahme eine Aussage zur Dimensionierung der geplanten Glasschutzscheiben zu treffen. Die Stärke der Belastung, die durch einen Ausbruchsversuch entsteht, hängt in erster Linie von der Geschwindigkeit und dem Gewicht der Tiere ab. Diese Werte lagen von Zoologen vor, waren aber nur für Tiere in freier Wildbahn gültig. Tiere in Gefangenschaft hingegen haben meist eine größere Masse und sind allgemein als »träge« zu bezeichnen. Auf Basis dieser Daten konzipierten wir einen Ersatzkörper mit äquivalenten dynamischen Eigenschaften und führten einen Pendelversuch an den geplanten Glasscheiben durch. Hieraus konnten wir die entsprechenden Lasten und die Glasdicken bestimmen (Abb. 16).

12 Arten von Klebegeometrien
13 geklebte Punkthalter
14a + b geklebter Stahl-Glas-Hybridträger vor und nach dem Versagen
15 Vierendeelträger mit Glasaussteifungen unter Biegebelastung in einer 800-Tonnen-Prüfmaschine
16 Pendelschlagversuch für Tiergehege
17 Tragfähigkeitsversuch Glasstufe
18 Wechsellastuntersuchungen an Stahlseilklemmen für eine Stahl-Glas-Fassade

17

18

WERKVERZEICHNIS SEELE · ANHANG

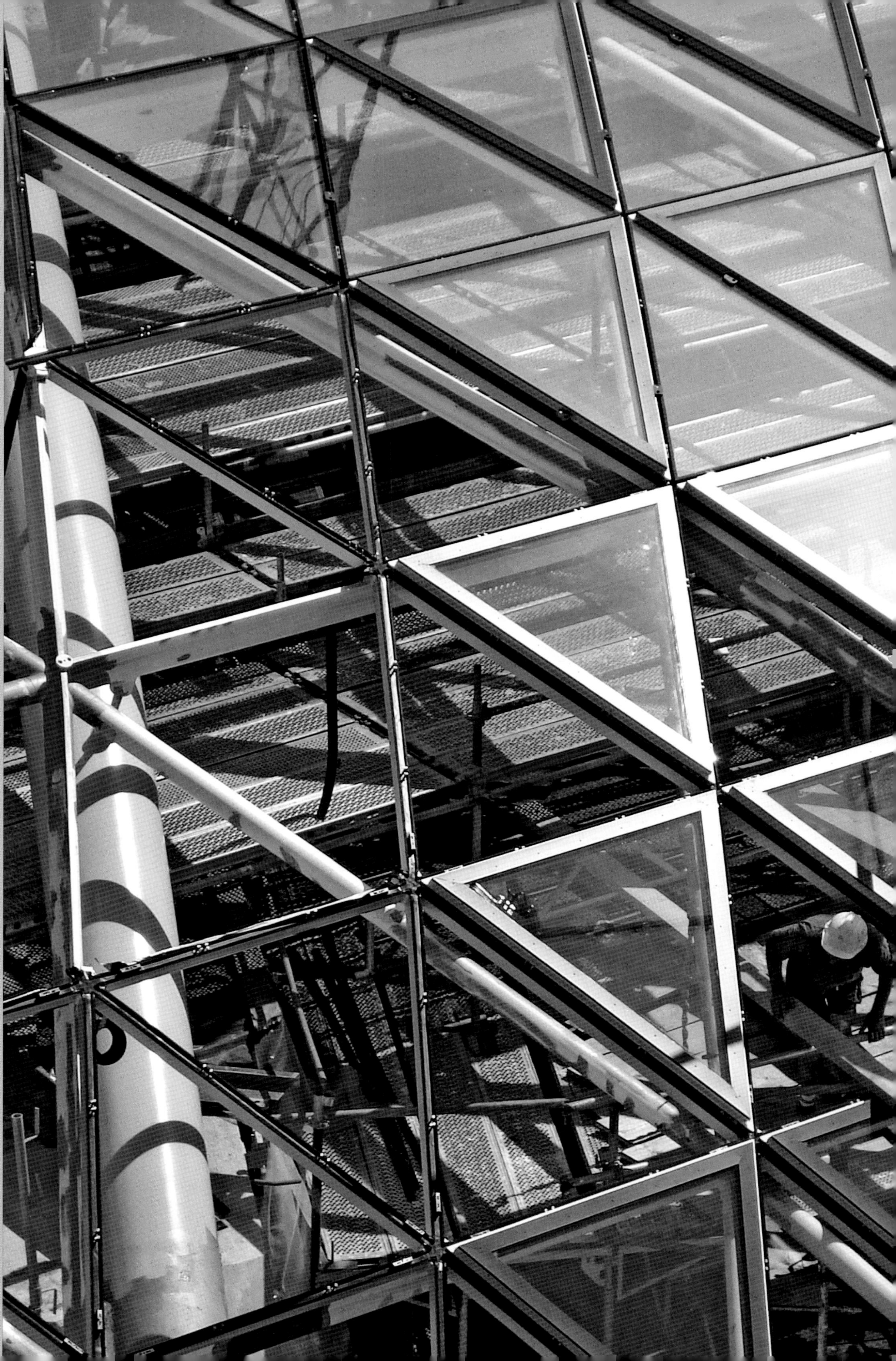

Flughafen Berlin Brandenburg International, D

Ab 2011 wird der gesamte nationale und internationale Flugverkehr der Region Berlin-Brandenburg auf dem Airport Schönefeld im Südosten der Stadt konzentriert sein. Das Terminalgebäude ist das zentrale Element und Kopf der Anlage. Das Konzept sieht eine Mittelachse des parallelen Start- und Landebahnsystems als »Rückgrat« vor. Sie ordnet die Haupterschließungselemente. Das Passagierterminal besteht aus einem Hauptterminal mit vorgelagerter Pier. Die Firma seele wurde mit der Ausführung und Montage von Fassaden und Dachflächen für das Fluggastterminal Los 2, die Terminalhalle und das Pier beauftragt.

Architekt
pgbbi: gmp Architekten/
J.S.K Architekten/IGK-IGR
Bauherr
Flughafen Berlin Schönefeld GmbH
Tragwerks-/Fassadenplanung
Schlaich Bergermann und Partner/
Schüßler-Plan Ingenieurgesellschaft/
Prof. Michael Lange Ingenieurgesellschaft mbH
Fertigstellung
2011

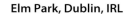

Museum of Fine Arts, Boston, USA

Das Projekt umfasst, neben der Neukonzeption und Sanierung der beiden historischen Eingangssituationen und des Besucherzentrums, den Neubau eines Ausstellungsflügels und einer gläsernen Hofüberdachung im Zentrum des Komplexes. Mit der Wiedereröffnung der beiden Museumszugänge entsteht eine zentrale, Nord-Süd-orientierte Achse. Der glasgedeckte Innenhof, genannt Ruth and Carl J. Shapiro Family Courtyard, fungiert als Verbindungselement zwischen den Bestandsbauten und dem neuen American Wing. Zentral und in nächster Nähe zum Besucherzentrum gelegen ist er ein Treffpunkt für die Besucher und Veranstaltungsort außerhalb des regulären Museumsbetriebs.

Architekt
Foster + Partners
Bauherr
Museum of Fine Arts
Tragwerks-/Fassadenplanung
Buro Happold/Simpson Gumpertz & Heger
Fassadenfläche
8000 m²
Fertigstellung
2011

Elm Park, Dublin, IRL

Im Zentrum der irischen Hauptstadt liegt Dublin 4, einer der vornehmeren Wohnbezirke der Stadt, mit seinem Sport- und Freizeitgebiet Elm Park. Die Büro-, Wohn- und Freizeitanlage der Architekten Bucholz McEvoy steht auf einer 6 ha großen Grünanlage inmitten des Parks. Das architektonische Grundkonzept der lang gestreckten Gebäude orientiert sich an einer natürlichen Be- und Entlüftung, die über eine zweischalige Fassade realisiert ist. seele übernahm die Planung und Ausführung der Doppelfassaden, der freistehenden Glasdächer sowie der Wintergärten.

Die großflächige Doppelfassade auf der Westseite stellt eine gelungene Kombination aus Holzträgern, Stahlbau, Aluminiumprofilen, farbigen Gläsern und Holzverkleidungen dar. Sie ragt über das Niveau des inneren kompakten Baukörpers hinaus. Lüftungsflügel auf der Rückseite des Fassadenüberstandes ermöglichen eine Querlüftung der Etagen. Der häufig wehende Seewind aus Westen erzeugt an windabgewandten Lüftungsflügeln einen kräftigen Unterdruck, der die kühlere Luft vor der Ostfassade ansaugt. Wirkungsvoll unterstützt wird diese Luftströmung, sobald sich die Luft in der Doppelfassade erwärmt und thermisch aufsteigt. An den Wintergärten wird die Doppelfassade in eine Dachebene weitergeführt. Ein längs liegender, 30 m langer Holzleimbinder mit Stahlfachträger übernimmt die Lastabtragung der Dachkonstruktion.

Architekt
Bucholz McEvoy Architects
Tragwerks-/Fassadenplanung
RFR Paris
Fertigstellung
2008

Architekt
Make
Bauherr
Geoff Springer London & Regional
Properties London
Tragwerks-/Fassadenplanung
Expedition Engineering
Fertigstellung
2008

Architekt
BPR Architects
Bauherr
Middlesex University
Tragwerks-/Fassadenplanung
Dewhurst Macfarlane and Partners
Fertigstellung
2005

Architekt
Murphy/Jahn
Bauherr
Bayer AG
Tragwerks-/Fassadenplanung
Werner Sobek
Fassadenfläche
11 850 m²
Fertigstellung
2001

Baker Street London, UK

Die gläserne Dachkonstruktion in der Baker Street London entstand im Zuge der Sanierung eines Gewerbekomplexes aus den Fünfzigerjahren. Sie setzt sich zusammen aus drei Dächern, deren zentrales Element in 17 m Höhe über einem 400 m² großen Atrium »schwebt«. Die drei Einheiten sind mit einem diagonal gespannten Stahlband zu einer selbsttragenden Konstruktion zusammengeschlossen, die über Pendelstützen bewegungsentkoppelt auf dem Gebäudebestand aufsitzt. Um die Geometrien des Anschlusses der Glashaut an den Bestand konstruktiv und ausführungstechnisch umsetzen zu können, wurden alle Teile und Baugruppen in 3D entworfen.

Hendon Quadrangle, London, UK

Der mit einem Stahl-Glas-Faltdach gedeckte Hof der Londoner Hendon University fungiert als Forum und Treffpunkt für die Studenten der Middlesex University Business School und der School of Computing Sciences. Der Raum wird beherrscht durch das auf vier symmetrisch angeordneten »Baumstützen« liegende Glasdach. Eine der größten konstruktiven Herausforderungen stellte die wind- und wetterdichte Anbindung an den Gebäudebestand dar. Das über Pendelstützen auf den Dachgesimsen aufgesetzte Dachfaltwerk wird umlaufend durch 30 cm hohe Balgdichtungen angeschlossen. Es ist damit in allen Richtungen frei beweglich und gleichzeitig dicht.

Konzernzentrale Bayer AG, Leverkusen, D

Unter der Federführung des Architekten Helmut Jahn entstand auf dem Werksgelände der Bayer AG in Leverkusen ein modernes Verwaltungsgebäude, das mit transparenter Ästhetik und einer ökologisch nachhaltigen Ausrichtung einen Kontrapunkt zu den bestehenden Altbauten der Umgebung setzt. Der halbelliptische Baukörper wird an seinen Flügeln von einer Doppelfassade abgeschlossen, die aus einer Aluminium-Konstruktion als Innenschale und einer abgehängten Ganzglasfassade als Außenschale besteht. Die Doppelfassade ist eine entscheidende Komponente im Energiekonzept des Gebäudes.

Die ESG- bzw. VSG-Verglasung der Fassade wird über Edelstahl-Gussbeschläge an senkrecht stehenden Glasschwertern gelagert. Zur Belüftung des Fassadenzwischenraumes stehen über 966 Glasklappen mit Edelstahl-Antriebsmechanik und zentraler Anordnung der Antriebsmotoren zur Verfügung. Blickfang und repräsentativer Glanzpunkt des Gebäudes ist die gläserne Eingangshalle, die den Baukörper mittig in zwei Flügel teilt. Die knapp 1250 m² große Seilfassade besticht durch hohe Transparenz und Lichtdurchlässigkeit. Um diese Wirkung zu erzielen, wurden rund 70 in die Dachkonstruktion eingehängte Stahlseile über Federböcke im Boden verankert. Ihre Spannung ist so ausgelegt, dass eine Amplitudenauslenkung der Ganzglasfassade durch Winddruck von bis zu 90 cm möglich ist.

Galeria Kaufhof, Konzernzentrale, Chemnitz, D

Das Kauf- und Parkhaus Galeria Kaufhof steht in prominenter Lage direkt gegenüber dem Chemnitzer Rathaus. Bei der Fassadenverglasung kamen hängende und stehende Konstruktionen zur Ausführung. Knapp 1000 Isolierglasscheiben, 2 × 4 m groß, setzen sich über Klemmteller zu einer hoch entmaterialisierten Glasfläche zusammen. Die Fassaden sind über Zugstäbe abgehängt, die in den Vertikalfugen vom 4. bis ins 1. Obergeschoss verlaufen. Zusätzlich wird die Konstruktion über einen hinten am Spider sitzenden Zugstab stabilisiert. Am Haupteingang überspannt die Fassade 18 m, in Längsrichtung ausgesteift durch liegende Glasschwerter aus Verbundsicherheitsglas.

Architekt
Murphy/Jahn
Bauherr
MRE – Metro Real Estate Management GmbH
Tragwerks-/Fassadenplanung
Werner Sobek
Fassadenfläche
7400 m²
Fertigstellung
2001

Flughafen Köln/Bonn, D

Wesentliche Gestaltungselemente des Terminals sind die 12 000 m² große, komplett verglaste Seilfassade und ein knapp 23 000 m² großes Glas-Stahl-Dach, dessen aufgeklappte Flügel und filigran verästelte Stützenkonstruktion Assoziationen an die Leichtbauweise von Flugzeugtragflächen wecken. Scheinbar schwerelos ruhen die einzelnen, durchschnittlich 40 m langen und 6,5 m breiten Dachsegmente über den 22 Baumstützen aus Stahl. Eine technische Herausforderung ergab sich aus der fortlaufenden Aneinanderreihung von Firstgiebeln, die in einem Winkel von 45° zur Fassade stehen und sich geometrisch überschneiden.

Architekt
Murphy/Jahn
Bauherr
Flughafen Köln/Bonn GmbH
Tragwerks-/Fassadenplanung
IG Tragwerksplanung
Fassadenfläche
35 000 m²
Fertigstellung
1999

Eingangshalle Universität Bremen, D

Die gläserne Eingangshalle der Universität Bremen gilt neben dem Fallturm als Wahrzeichen des Campus. Sie schließt mit einer Grundfläche von 22 auf 43,5 m mit zwei Seiten an das bestehende Universitätsgebäude an. In 15 m Höhe »schwebt« ein filigran anmutender Stahlrost, der im Eingangsbereich auf sechs V-Stützen gelagert ist und sich rückseitig mit sechs Pendelstützen auf dem Universitätsgebäude abstützt. Die Dachfläche besteht aus einer begehbaren Dreifachverglasung aus 6 mm starkem ESG-Glas mit Bedruckung und 2 × 8 mm dickem TVG-Glas. Fünf Hologrammscheiben in der Dachebene verstärken das Tageslicht in der Halle.

Architekt
Störmer Murphy and Partners
Bauherr
Bremer Hochbaumanagement
Tragwerks-/Fassadenplanung
Werner Sobek
Fassadenfläche
1100 m²
Fertigstellung
1999

Grand Theatre, Shanghai, VRC

Das Grand Theatre im historischen Zentrum der chinesischen Metropole Shanghai gilt als eines der modernsten Opernhäuser Asiens. Jean-Marie Charpentier entwarf für diesen Bau ein gewölbtes Dach. Ein wesentliches Gestaltungsmerkmal ist die Foyerverglasung, die wie ein matter Schleier vor der plastisch ausgeformten Innenkonstruktion liegt. Die Statik »auf den Kopf gestellt«, ruht die massiv ausgebildete Beton-Halbschale auf dem transparent verglasten Sockelbau aus Säulenkolonnaden. Großformatige, 15 mm starke ESG-Scheiben aus Weißglas setzen sich zwischen der weit auskragenden Dachkonstruktion und der Bodenplatte zu einer glatten Glasfassade zusammen.

Architekt
Arte Charpentier Architectes
Bauherr
Engineering Department of Shanghai Grand Theatre
Fassadenfläche
3600 m²
Fertigstellung
1997

Architekt
Herzog & de Meuron
Design Consortium
Herzog & de Meuron, Arup, China
Architectural Design & Research
Group
Artistic Advisor
Ai Weiwei, Peking
Bauherr
National Stadium Co., Ltd., Peking/
VRC
Material
EFTE, PTFE
Membranfläche
46 000 m²
Fertigstellung
2008

Nationalstadion »Bird's Nest«, Peking, VRC

Das Nationalstadion von Peking, inoffiziell »Bird´s Nest« genannt, gilt in Fachkreisen als logistisches und technisch-handwerkliches Meisterwerk. Das Stadion besteht aus einer »geflochtenen« Stahlstruktur und einem innenliegenden Betonkessel. Die Primärkonstruktion bilden 24 Portalträger. Die Sekundärstruktur aus Stützen und Streben unterstützt diese Konstruktion. Als Witterungsschutz dient eine lichtdurchlässige Membran. Diese 250 µm starke ETFE-Folie reduziert den Lichteinfall durch einen silbergrauen Punktraster-Aufdruck. Die Membran von 38 000 m² besteht aus 880 Feldern von jeweils bis zu 216 m², die von 4690 Edelstahlseilen unterstützt werden.

Architekt
HOK Asia Pacific
Bauherr
Suzhou Harmony Group
Material
ETFE, PTFE
Membranfläche
9500 m² + 800 m²
Fertigstellung
2008

Suzhou Industrial Parks, Suzhou, VRC

SIP ist einer der modernsten Industrieparks in China unter singapurischer/chinesischer Leitung. Die Grundfläche der gesamten Anlage beträgt 210 000 m² und besteht im Wesentlichen aus einer Business Zone, einer Erholungszone und einer Shopping-Mall. Der Mittelpunkt der Shopping-Meile ist eines der längsten LED-Dächer der Welt. Mit einer Länge von 500 m und einer Breite von 32 m stehen ca. 20 Mio. auf einer PTFE-Mesh-Membran montierte LEDs zur Verfügung. 292 Luftkissen machen das Dach wasserdicht. Besonderes Augenmerk legte die ausführende Firma auf die Kontrolle des Stahlbaus und den faltenfreien Einbau der Luftkissen.

Architekt
Grand Architects
Bauherr
Fondation du Centre Mondial du Cyclisme Aigle
Material
PVC-PES
Membranfläche
10 000 m³
Fertigstellung
2001

Velodrom Aigle, CH

Das Büro Grand Architects aus Lausanne überspannte die elliptische Grundfläche des Velodroms in Aigle stützenfrei mit einer zweilagigen pneumatischen Membrankonstruktion. Bei Achsmaßen von 90 × 70 m und einer Membranfläche von knapp 5000 m² zählt das Membrankissen zu den weltweit größten Konstruktionen seiner Art. Im Grundriss besteht die Stahlkonstruktion aus drei nebeneinanderliegenden Druckringen, die durch Speichen aus Rundrohrprofilen verbunden sind. Der äußere Ring ist als Raumfachwerk ausgebildet. Dazwischen hängen vertikale »Luftstützen«, die nach oben und unten durch je vier Zugstäbe pyramidenförmig abgespannt sind.

Architekt
ABB Architekten
Bauherr
BMW AG
Material
PVC-PES, ETFE
Membranfläche
6500/1500 m²
Fertigstellung
2001

BMW-Messestand Frankfurt a.M., D

Für die Präsentation der neuen BMW-7er-Serie zur IAA 2001 entwickelten ABB Architekten einen futuristisch anmutenden Pavillon, den sogenannten »Dynaform«. Mit Laser geschnittene Stahl-Hohlkastenprofile bilden die 130 m lange und 700 t schwere Tragstruktur, 6600 m² Membranen aus PVC-beschichtetem Polyestergewebe die Dachhaut. Entgegen der üblichen Praxis wurden die PVC-PES-Gewebemembranen nur eindimensional, das heißt in Längsrichtung des Pavillons, über die Stahlkonstruktion gespannt. Die beiden Stirnseiten sind mit Unterdruckkissen, hergestellt aus 1500 m² transparenter ETFE-Folie und weißem PVC-Polyestergewebe, geschlossen.

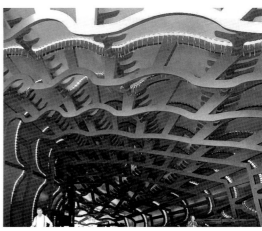

Hotel Wagram, Paris, F

Das Hotel Wagram liegt in der gleichnamigen Avenue Wagram, einer der auf den Arc de Triomphe zulaufenden Prachtstraßen von Paris. Die Hotelfront gliedert sich in drei gestalterisch und konstruktiv unterschiedliche Glasfassaden: das Restaurant, die »Vitrine« und eine den Hotelzimmern vorgesetzte, wellenförmige Hauptfassade. Die beiden ersten Fassadenkonstruktionen verlaufen geradlinig mit Glasformaten von 2 auf 4,30 m und einer Silikonverfugung der vertikalen Scheibenstöße. Die wellenförmige Obergeschossfassade setzt sich aus gebogenen Isoliergläsern mit elf Geometrien mit Radien von 900 bis 2300 mm zusammen.

Architekt
Atelier Christian de Portzamparc
Bauherr
SAS Wagram
Tragwerks-/Fassadenplanung
Van Santen & Associés
Fassadenfläche
1400 m²
Fertigstellung
2009

John Lewis Department Leicester, UK

Im Wettbewerb um die Gestaltung des neuen John-Lewis-Kaufhauses setzten sich Foreign Office Architects (FOA), London, mit einem radikalen Vorschlag durch: Ein schillernder, netzartiger Vorhang – bei Dunkelheit in 256 Farben wechselnd hinterleuchtet – umgibt den 25 000 m² großen Neubau. Die ornamentierte Ganzglasfassade verweist auf den Ursprung des John-Lewis-Unternehmens, den weltweiten Handel mit Stoffen. Abgebildet ist ein historisches Muster aus dem 18. Jahrhundert. Die Fassade setzt sich aus zwei im Abstand von knapp 80 cm hintereinanderliegenden Glasebenen zusammen. Beide sind mit dem Ornament deckungsgleich, jedoch in unterschiedlicher Ausführung, bedruckt.

Architekt
Foreign Office Architects
Bauherr
Shires GP Ltd.
Tragwerks-/Fassadenplanung
Adams Kara Taylor
Fertigstellung
2008

Seattle Public Library, USA

Wie ein überdimensionaler Bücherstapel ragt die Central Library aus dem Zentrum von Seattle. Rem Koolhaas fügte fünf durchgängig gläserne, zueinander versetzte, mehrgeschossige Gebäudeteile zu einem elfstöckigen Bibliotheksbau mit einer Grundfläche von 60 auf 65 m zusammen. So entstand ein lichtdurchfluteter, kubisch gefalteter Baukörper. Jedes Element definiert dabei einen nutzungsbedingten Bibliothekscluster. Die knapp 12 000 m² Glasfassade geben dem »Kristall« sein Gesicht. Vertikale Außenflächen verschmelzen mit nach innen und außen geneigten Teilfassaden und setzten so höchste Anforderungen an die Detaillierung und die Montage der Außenhaut. 9994 Scheiben wurden montiert, ein Drittel von ihnen waren Sonderformate. Der Primärstruktur aus groß dimensionierten Stahlträgern ist als Sekundärkonstruktion ein kleinformatiges, rautenförmiges Stahlnetz aufgesetzt, das die erforderliche Erdbebensteifigkeit gewährleistet und die Architektur des Gebäudes prägt. Hierauf aufgedoppelt liegen eloxierte Aluminiumprofile für die Verglasung der Fassade. Verschiebbar eingespannt über eine Deckleiste, sind die Glasscheiben von Bewegungen des Gebäudes entkoppelt. Die Konstruktion erfüllt so die erhöhten Anforderungen an das erdbebengefährdete Gebiet. Gläser unterschiedlichen Aufbaus sorgen trotz aller Transparenz für eine angenehme Atmosphäre im Gebäude.

Architekt
OMA/LMN Joint Venture
Bauherr
Seattle Public Library
Tragwerks-/Fassadenplanung
Skilling Ward Magnusson Berkshire
Fassadenfläche
11 900 m²
Fertigstellung
2004

Architekt
Gabellini Sheppard Associates LLP
Bauherr
Westfield Shoppingtowns Ltd.
Tragwerks-/Fassadenplanung
Eckersley o'Callaghan
Fassadenfläche
4000 m²
Fertigstellung
2008

Westfield West Village London, UK

Blickfang der Shopping Mall Westfield ist neben
der spektakulären Passagen-Überdachung die
Verglasung der Schaufenster. Auf 4000 m² setzen
sich die bis zu 8,5 m hohen Scheiben zu einer ge-
schuppten Ganzglasfassade zusammen. Sie besitzen offene Fugen und sind in wenigen Punkten
über Klemmplatten miteinander verbunden. Die
statisch erforderliche Aussteifung erfolgt durch
senkrecht hinter den hohen Frontscheiben montierte Glasstege aus 3 × 10 (12) mm-Float-Verbund-
glas, die mit SPG-Folien verklebt sind. Die Schwerter liegen von der Kante aus gesehen nach innen
versetzt und sitzen rückseitig an der Glasfläche des
Schaufensters.

Architekt
RMJM
Bauherr
Abu Dhabi National Exhibitions
Company
Fassadenfläche
8000 m²
Fertigstellung
2007

Abu Dhabi National Exhibition Centre, UAE

Wie ein Mäander schlängeln sich elf lang gestreckte
Hallen U-förmig über das Messegelände und bilden
Innenatrien, Hallen oder, etwas weiter auseinander-
gesetzt, große Erschließungshöfe für die Anlieferung
oder zum Parken. Auffällig sind die sanft gerundeten
Gebäudeecken und die Dachkonstruktion, die in
einer weichen Bewegung in die umlaufende Schräg-
verglasung übergeht. Gelenkig gelagert gleichen
die 8,5 m hohen Glasfinnen Bewegungen der stählernen Dachkonstruktion aus und nehmen über
stirnseitig gesetzte Klemmhalter die Glasfassade auf.
Fast 8000 m² Isolierglas – flach oder an den Gebäudeecken gebogen und sich konisch verjüngend –
reihen sich zu einem transparenten Band.

Architekt
Gensler / Daroff Design
Bauherr
Comcast Philadelphia
Tragwerksplanung
Thornton Tomasetti
Fertigstellung
2007

Comcast-Glastreppe, Philadelphia, USA

Comcast ist ein US-amerikanischer Telekommuni-
kationskonzern mit Sitz in Philadelphia, Pennsylva-
nia. Im 51. Stock des neuen Headquarter verbindet
eine frei stehende Ganzglastreppe die Manage-
ment-Abteilung über drei Etagen hinweg. Die Konstruktion liegt vollständig auf der Grundebene auf,
während die beiden rund 20 m hohen Stahlträger
in der Mitte der Treppe an der obersten Geschoss-
decke fixiert sind. Die Zugänge sind – statisch nicht
tragend – an die Ebenen angebunden. Neben den
laminierten Glasschwertern ist auch der Handlauf
als statisch tragendes Element ausgebildet. Die Auf-
nahmepunkte in den Wangen sind verschraubt, die
Fittings direkt an die Stufen laminiert.

Architekt
Kohn Pedersen Fox Associates
Bauherr
Unilever Plc
Tragwerks-/Fassadenplanung
Arup
Fassadenfläche
6800 m²
Fertigstellung
2007

Unilever Headquarters, London, UK

Mitten im Herzen der britischen Hauptstadt steht
die Konzernzentrale von Unilever, des drittgrößten
Herstellers von Nahrungsmitteln weltweit. Der
kompletten Entkernung eines bestehenden Gebäudes folgte ein großzügiger Innenausbau mit durch-
gängigem Atrium, welches über Dachverglasungen
sowie die vollflächig verglaste Westfassade natürlich belichtet wird. Die Atriumverglasung verbindet
sich durch kaum wahrnehmbare Vertikalfugen zu
einem nahtlos mäandrierenden Glasband. Die
Betonung der Horizontale wird verstärkt durch die
wie aus einem Guss ineinandergreifenden Brüs-
tungsverkleidungen aus glasfaserverstärktem
Kunststoff (GFK).

Maximilianmuseum Augsburg, D

Das Maximilianmuseum ist das Stammhaus der Kunstsammlungen und Museen Augsburgs. Zwischen 1999 und 2002 erfolgte eine umfassende Sanierung und Modernisierung des aus zwei historischen Bürgerhäusern bestehenden Gebäudekomplexes. Um auch den Innenhof für die Aufstellung von Skulpturen nutzen zu können, ist dieser mit einem filigranen, tonnenförmigen Glasdach überspannt. Zusammen mit den Tragwerksplanern Ludwig & Weiler entwickelten die Ingenieure von seele eine filigrane, leichte Konstruktion – modern und zugleich sensibel gegenüber der historischen Bausubstanz. Auf einer Länge und Breite von 37 × 14 m überspannen 527 Glasscheiben selbsttragend den historischen Innenhof.

Die Ganzglas-Schalenkonstruktion benötigt ein Minimum an massiven Bauteilen. Nur der Rohrrahmen definiert die Kanten der Tonnenform und ruht auf dünnen Stützgliedern, die flexibel auf die komplizierte Auflagesituation der linken und rechten Seite eingehen. Das Schalentragwerk der Tonne mit ihrer zweidimensionalen Krümmung ermöglicht eine kostengünstige Vorproduktion einheitlicher Scheiben. Die Einleitung der Druckspannungen in die Konstruktion erfolgt in den Knoten. Hierzu besitzen die Scheiben an den Ecken Edelstahlkappen, mit denen sie auf dem Knotenblech lagern. Über einen zentral im Knoten angebrachten Dorn mit Stellschrauben wird dieser kraftschlüssig zu den Stahlkappen positioniert.

Glasziegel

Die Idee, einen Ziegel zu formen und ihn zu Mauern zu schichten, ist annähernd so alt wie die Geschichte der Menschheit selbst. Das System »Ziegel plus Fuge« wird über Jahrhunderte variiert und optimiert. Diese Entwicklung hält bis heute an. Der aus Scheiben zu einem Block laminierte neue Glasziegel besticht besonders durch die ihm Schwerelosigkeit verleihende Transparenz. Seine kristalline Erscheinung, kombiniert mit traditionellen Maurertechniken, ermöglicht noch unbekannte gestalterische Lösungen im Interieurbereich und an der Fassade. Die Idee der Wand muss überdacht werden, damit der Planer das Potenzial des Glasziegels entdecken kann.

Tragende Isolierglasscheibe

Ein weiterer Entwicklungsschritt, weit gespannte Glasfassaden möglichst losgelöst von einer statisch tragenden Unterkonstruktion zu realisieren, stellt die Isolierglasscheibe mit starrem Randverbund dar. Sie ist ein transparentes »Hohlkastenprofil« mit geradezu verblüffender Tragwirkung. Die »Flansche«, gebildet durch die äußere und innere Verbundscheibe der Isolierglaseinheit, werden durch die »Stege«, eine neu entwickelte schubsteife Verbundtechnik, entlang der Scheibenkanten verbunden. Spannweiten von 6 bis 8 m Höhe bei Scheibenbreiten bis 3 m mit nahezu standardmäßigen Isolierglasdicken lassen transparente Wände entstehen.

Architekt
Hochbauamt der Stadt Augsburg
Leitung: Dipl.-Ing.(Univ.) Günter Billenstein
Bauherr
Kulturreferat der Stadt Augsburg
Tragwerks-/Fassadenplanung
Ludwig & Weiler Ingenieurgesellschaft mbH, Augsburg
Fassadenfläche
560 m²
Fertigstellung
2000 (1.BA)

Spannweite
6–8 m
Scheibenbreiten
bis 3,0 m
Wärmeschutz
UCw bis 0,8 W/m²K
Absturzsicherung
alle Kategorien
Schallschutz
sehr gut

Prüfnormen Glas
(Auswahl)

DIN EN 356:2000-02	Glas im Bauwesen – Sicherheitssonderverglasung – Prüfverfahren und Klasseneinteilung des Widerstandes gegen manuellen Angriff; Deutsche Fassung EN 356:1999
DIN EN 1279-1:2004-08	Glas im Bauwesen – Mehrscheiben-Isolierglas – Teil 1: Allgemeines, Maßtoleranzen und Vorschriften für die Systembeschreibung; Deutsche Fassung EN 1279-1:2004
DIN EN 1279-2:2003-06	Glas im Bauwesen – Mehrscheiben-Isolierglas – Teil 2: Langzeitprüfverfahren und Anforderungen bezüglich Feuchtigkeitsaufnahme; Deutsche Fassung EN 1279-2:2002
DIN EN 1279-3:2003-05	Glas im Bauwesen – Mehrscheiben-Isolierglas – Teil 3: Langzeitprüfverfahren und Anforderungen bezüglich Gasverlustrate und Grenzabweichungen für die Gaskonzentration; Deutsche Fassung EN 1279-3:2002
DIN EN 1279-4:2002-10	Glas im Bauwesen – Mehrscheiben-Isolierglas – Teil 4: Verfahren zur Prüfung der physikalischen Eigenschaften des Randverbundes; Deutsche Fassung EN 1279-4:2002
DIN EN 1279-6:2002-10	Glas im Bauwesen – Mehrscheiben-Isolierglas – Teil 6: Werkseigene Produktionskontrolle und Audit-prüfungen; Deutsche Fassung EN 1279-6:2002
DIN EN 1288-3:2000-09	Glas im Bauwesen – Bestimmung der Biegefestigkeit von Glas – Teil 3: Prüfung von Proben bei zweiseitiger Auflagerung (Vierschneiden-Verfahren); Deutsche Fassung EN 1288-3:2000
DIN EN 1288-4:2000-09	Glas im Bauwesen – Bestimmung der Biegefestigkeit von Glas – Teil 4: Prüfung von Profilbauglas; Deutsche Fassung EN 1288-4:2000
DIN EN 12150-1:2000-11	Glas im Bauwesen – Thermisch vorgespanntes Kalknatron-Einscheibensicherheitsglas - Teil 1: Definition und Beschreibung; Deutsche Fassung EN 12150:2000
DIN EN 12153:2000-09	Vorhangfassaden – Luftdurchlässigkeit – Prüfverfahren; Deutsche Fassung EN 12153:2000
DIN EN 12155:2000-10	Vorhangfassaden – Schlagregendichtheit – Laborprüfung unter Aufbringung von statischem Druck; Deutsche Fassung EN 12155:2000
DIN EN 13830:2003-11	Vorhangfassaden – Produktnorm; Deutsche Fassung EN 13830:2003

Prüfnormen Folien
(Auswahl)

DIN 16906:2007-10	Prüfung von Kunststoffbahnen und Kunststoff-Folien – Probe und Probekörper – Entnahme, Vorbehandlung
DIN 18204-1:2007-05	Raumabschließende Bauteile aus textilen Flächengebilden und Folien (Zeltplanen) für Hallen und Zelte – Teil 1: PVC-beschichtetes Polyestergewebe
DIN 53122-1:2001-08	Prüfung von Kunststoff-Folien, Elastometerfolien, Papier, Pappe und anderen Flächengebilden – Bestimmung der Wasserdampfdurchlässigkeit – Teil 1: Gravimetrisches Verfahren
DIN 53351:2003-09	Prüfung von Kunstleder und ähnlichen Flächengebilden – Dauerfaltverfahren (Flexometer-Verfahren)
DIN 53363:2003-10	Prüfung von Kunststoff-Folien – Weiterreißversuch an trapezförmigen Proben mit Einschnitt
DIN 53370: 2006-11	Prüfung von Kunststoff-Folien – Bestimmung der Dicke durch mechanische Abtastung
DIN 53377: 2007-10	Prüfung von Kunststoff-Folien – Bestimmung der Maßänderung
DIN 53380-2: 2006-11	Prüfung von Kunststoffen – Bestimmung der Gasdurchlässigkeit – Teil 2: Manometrisches Verfahren zur Messung an Kunststoff-Folien
DIN 53380-3:1998-07	Prüfung von Kunststoffen – Bestimmung der Gasdurchlässigkeit – Teil 3: Sauerstoffspezifisches Trägergas-Verfahren zur Messung an Kunststoff-Folien und Kunststoff-Formteilen
DIN 53380-4:2006-11	Prüfung von Kunststoffen – Bestimmung der Gasdurchlässigkeit – Teil 4: Kohlenstoffdioxidspezifisches Infrarotabsorptions-Verfahren zur Messung an Kunststoff-Folien und Kunststoff-Formteilen
DIN EN 495-5:2001-02	Abdichtungsbahnen – Bestimmung des Verhaltens beim Falzen bei tiefen Temperaturen – Teil 5: Kunststoff- und Elastometerbahnen für Dachabdichtungen; Deutsche Fassung EN 495-5:2000
DIN EN ISO 62: 2008-05	Kunststoffe – Bestimmung der Wasseraufnahme (ISO 62:2008)
DIN EN ISO 291:2008-08	Kunststoffe – Normalklima für Konditionierung und Prüfung (ISO 291:2008)
DIN EN ISO 527-1:1996-04	Kunststoffe – Bestimmung der Zugeigenschaften – Teil 1: Allgemeine Grundsätze (ISO 527-1:1993 einschließlich Corr 1: 1994); Deutsche Fassung EN ISO 527-1:1996
DIN EN ISO 527-3:2003-07	Kunststoffe – Bestimmung der Zugeigenschaften – Teil 3: Prüfbedingungen für Folien und Tafeln (ISO 527-3:1995 + Corr 1:1998 + Corr 2:2001) (enthält Berichtigung AC:1998 + AC:2002); Deutsche Fassung EN ISO 527-3:1995 + AC:1998 + AC:2002
DIN EN ISO 2286-1:1998-07	Mit Kautschuk oder Kunststoff beschichtete Textilien – Bestimmung der Rollencharakteristik – Teil 1: Bestimmung der Länge, Breite und Nettomasse (ISO 2286-1:1998); Deutsche Fassung EN ISO 2286-1:1998
DIN EN ISO 6721-1:2003-01	Kunststoffe – Bestimmung dynamisch-mechanischer Eigenschaften – Teil 1: Allgemeine Grundlagen (ISO 6721-1:2001); Deutsche Fassung EN ISO 6721-1:2002
DIN EN ISO 6721-2:2008-09	Kunststoffe – Bestimmung dynamisch-mechanischer Eigenschaften – Teil 2: Torsionspendel-Verfahren (ISO 6721-2:2008); Deutsche Fassung EN ISO 6721-2:2008
DIN EN ISO 10350-1: 2008-11	Kunststoffe – Ermittlung und Darstellung vergleichbarer Einpunktkennwerte – Teil 1: Formmassen (ISO 10350-1:2007); Deutsche Fassung EN ISO 10350-1:2008

DIN EN ISO 11403-1: 2003-09	Kunststoffe – Ermittlung und Darstellung von vergleichbaren Vielpunkt-Kennwerten – Teil 1: Mechanische Eigenschaften (ISO 11403-1: 2001); Deutsche Fassung EN ISO 11403-1:2003
Entwurf DIN EN 15977:2009-08	Mit Kautschuk oder Kunststoff beschichtete Textilien – Mechanische Eigenschaften – Bestimmung der Dehnung unter Last und der verbleibenden Verformung; Deutsche Fassung prEN 15977:2009
DIN ISO 1817: 2008-08	Elastomere – Bestimmung des Verhaltens gegen-über Flüssigkeiten (ISO 1817:2005)
ISO 11502:1995-09	Kunststoffe – Folien und Bahnen – Bestimmung der Gleitfähigkeit
ISO 20753:2008-03	Kunststoffe: Probekörper
Entwurf DIN 16726:2008-02	Kunststoffbahnen – Prüfungen
Entwurf DIN EN 15977: 2009-08	Mit Kautschuk oder Kunststoff beschichtete Textilien – Mechanische Eigenschaften – Bestimmung der Dehnung unter Last und der verbleibenden Verformung; Deutsche Fassung prEN 15977:2009
Entwurf DIN EN ISO 4611:2008-05	Kunststoffe – Bestimmung des Verhaltens bei Ein-wirkung von warmfeuchtem Klima, Sprühwasser und Salznebel (ISO/FDIS 4611:2008)
Entwurf DIN EN ISO 6721-1/ A1:2008-05	Kunststoffe – Bestimmung dynamisch-mecha-nischer Eigenschaften – Teil 1: Allgemeine Grundlagen – Änderung 1 (ISO 6721-1:2001/DAM 1:2008); Deutsche Fassung EN ISO 6721-1:2001/ prA1:2008
Entwurf DIN EN ISO 6721-2:2008-01	Kunststoffe – Bestimmung dynamisch-mechanischer Eigenschaften – Teil 2: Torsionspendel-Verfahren (ISO/FDIS 6721-2:2008)
Entwurf DIN EN ISO 11357-1:2008-04	Kunststoffe – Dynamische Differenz-Thermo-analyse (DSC) – Teil 1: Allgemeine Grundlagen (ISO/DIS 11357-1:2008)
Entwurf prEN ISO 1043-1: 2008-12	Kunststoffe – Kennbuchstaben und Kurzbezeichnun-gen – Teil 1 – Basis-Polymere und ihre besonderen Eigenschaften (ISO/DIS 1043-1:2008)
Entwurf prEN ISO10432:2008-12	Kunststoffe – Kennbuchstaben und Kurzzeichen – Teil 2 – Füllstoffe und Verstärkungsstoffe (ISO/DIS 1043-2:2008)
Entwurf DIN ISO 812: 2008-08	Elastomere oder thermoplastische Elastomere – Bestimmung der Kältesprödigkeitstemperatur (ISO 812:2006)

Statistische Auswertung von Prüfergebnissen

DIN 53598-1: 1983-07	Statistische Auswertung an Stichproben mit Beispie-len aus der Elastomer- und Kunststoffprüfung
DIN 53803-1: 1991-03	Probenahme; Statistische Grundlagen der Probe-nahme bei einfacher Aufteilung
DIN 55303-2: 1984-05	Statistische Auswertung von Daten; Testverfahren und Vertrauensbereiche für Erwartungswerte und Varianzen
DIN 55303-2 Beiblatt 1: 1984-05	Statistische Auswertung von Daten; Operations-charakteristiken von Tests für Erwartungswerte und Varianzen
DIN ISO 3534-1: 2009-10	Statistik – Begriffe und Formelzeichen – Teil 1: Wahrscheinlichkeit und allgemeine statistische Begriffe (ISO 3534-1:2006)
DIN ISO 10576-1: 2009-10	Statistische Verfahren – Leitfaden für die Beurteilung der Konformität mit vorgegebenen Anforderungen – Teil 1: Allgemeine Grundsätze (ISO 10576-1:2003)

Literatur

Achilles, Andreas u. a.: Glasklar: Produkte und Technologien zum Einsatz von Glas in der Architektur. München 2003

Ambrose, James/Tripeny, Patrick: Simplified Design of Steel Structures. Hoboken 2007

Arbeitsgemeinschaft für Industriebau e. V.: Stahl, Glas und Membranen im Industriebau. Ein Leitfaden für Architekten, Ingenieure und Unternehmen. München 2003

Behfar, S. M. u. a: Stahl im Hochbau. Düsseldorf 1995

Behling, Stefan u. Sophia: Konstruktion und Technologie in der Architektur. München 2000

Behnisch, Günter/Hartung, Giselher: Glas- und Eisenkonstruktionen des 19. Jahrhunderts in Grossbritannien. Darmstadt 1984

Bell, Michael: Engineered Transparency – The Technical, Visual, and Spatial Effects of Glass. New York 2009

Bißbort, Sonja u. a.: DVG Hannover. Stuttgart 2003

Blanc, Alan/McEnvoy, Michael: Architecture and Construction in Steel. London 1993

Compagno, Andrea: Intelligente Glasfassaden: Material, Anwendung, Gestaltung. Basel 2002

Crafti, Stephen: Houses of steel. Mulgrave 2009

Crisinel, Michel u. a.: EU COST C13 Glass and Interactive Building Envelopes. Delft 2007

Crosbie, Michael J.: Curtain Walls. Recent Developments by Cesar Pelli and Associates. Basel 2006

Eggen, Arne P., Sandaker, Bjørn N.: Stahl in der Architektur. Konstruktive und gestalterische Verwendung. Stuttgart 1996

Elstner, Michael: Beschichtungen auf Glas für die architektonische Anwendung. In: Detail, Nr. 07+08/2009

Friemert, Chup: Die gläserne Arche. Kristallpalast London 1851 und 1854. München 1988

Fröhler, Alfons W.: Lexikon für Glas und Glasprodukte. Schorndorf 2005

Grimm, Friedrich: Energieeffizientes Bauen mit Glas. Grundlagen – Gestaltung – Beispiele – Details. München 2004

Grimm, Friedrich/Richarz, Clemens: Hinterlüftete Fassaden. Stuttgart 2000

Hank Haeusler, Matthias: Media Facades. History, Technology, Content. Ludwigsburg 2009

Hausladen Gerhard u. a.: Einführung in die Bauklimatik. Berlin 2003

Hausladen, Gerhard u. a.: ClimaSkin. München 2006

Heinz, Thomas A.: Frank Lloyd Wright's Stained Glass & Lightscreens. Layton 2005

Herzog, Thomas u. a.: Fassaden Atlas. Basel 2004

Hess, Rudolf / Weller, Bernhard: Glasbau-Praxis in Beispielen. Berechnung und Konstruktion. Berlin 2005

Heusler, Winfried/Hindrichs, Dirk U.: Fassaden – Gebäudehüllen für das 21. Jahrhundert. Basel 2004

Hix, John: The Glasshouse. London 2005

Hochschule für Technik und Architektur (Hrsg.): Atrium. Glasüberdeckte Höfe und Hallen – ein interdisziplinäres Planungswerkzeug. Basel 2004

Holl, Christian/Siegele, Klaus: Metallfassaden. München 2007

Institution of Structural Engineers: Structural use of glass in buildings. London 1999

Kaltenbach, Frank: Transluzente Materialien. München 2003

Knaack, Ulrich u. a.: Fassaden. Basel 2007

Knaack, Ulrich u. a.: The Future Envelope 1. Amsterdam 2008

Kohlmaier, Georg/v. Sartory, Barna: Das Glashaus. Ein Bautypus des 19. Jahrhunderts. München 1988

Krampen, Martin: Glasarchitekten/Glass Architects – Konzepte, Bauten, Perspektiven. Ludwigsburg 1999

Kunz, Martin Nicholas u. a.: Glass Design. Köln 2005

Leatherbarrow, David/Mostafavi, Mohsen: Surface Architecture. Cambridge 2005

LeCuyer, Annette: Stahl & Co. Neue Strategien für Metalle in der Architektur. Basel 2003

Lefteri, Chris: Glas – Material, Herstellung, Produkte. Ludwigsburg 2002

Loughran, Patrick: Falling Glass. Glasschäden in der neueren Architektur. Basel 2003

Lückmann, Rudolf: Baudetail-Atlas Fassaden. Kissing 2008

Marpillero, Sandro: James Carpenter. Environmental Refractions. Basel 2006

McGrath, Raymond: Glass in Architecture and Decoration. London 1961

Moor, Andrew: Architektur – Glas – Farbe: Zeitgenössische Beispiele. München 2006

Nijsse, Robert: Tragendes Glas. Elemente, Konzepte, Entwürfe. Basel 2003

Oberacker, Reiner: Glas- und Fenstertechnik 2008. Stuttgart 2008
Oesterle, Eberhard u. a.: Doppelschalige Fassaden. München 1999
Pottgiesser, Uta: Fassadenschichtungen – Glas: Mehrschichtige Glaskonstruktionen.
    Typologie, Energie, Konstruktionen, Projektbeispiele. Berlin 2004
Reichel, Alexander u. a.: Bauen mit Stahl. München 2006
Rice, Peter/Dutton, Hugh: Transparente Architektur. Glasfassaden mit
    Structural Glazing. Basel 2000
Richards, Brent, with photographs by Dennis Gilbert: New Glass Architecture.
    London 2006
Rothen, Beat u. a.: Wohnbau. Stuttgart 2005
Schulitz, Helmut C. u. a.: Stahlbau Atlas. München/Basel 2001
Sedlacek, Gerhard: Glas im Konstruktiven Ingenieurbau. Berlin 2009
Siebert, Geralt: Entwurf und Bemessung von tragenden Bauteilen aus Glas.
    Berlin 2001
Slessor, Catherine: See-Through Houses: Inspirational Homes and Features
    in Glass. London 2002
Stacherl, Rudolf: Das Glaserhandwerk. Renningen 2006
Staib, Gerald u. a.: Elemente und Systeme. München 2008
Thiekötter, Angelika u. a.: Kristallisationen, Splitterungen. Bruno Tauts Glashaus.
    Basel 1993
Uffelen, Chris van: Clear Glass: Creating New Perspectives. Berlin 2009
Voigt, Wolfgang: Felsen aus Beton und Glas. Die Architektur von Gottfried Böhm.
    Frankfurt am Main 2006
Wagner, Ekkehard: Glasschäden. Oberflächenbeschädigungen –
    Glasbrüche in Theorie und Praxis. Schorndorf 2008
Watts, Andrew: MBF Moderne Baukonstruktion Fassaden. Wien 2005
Weitkamp, Mareike: Weitergedacht... Energetisches Optimierungspotential
    von Glasfassaden: Wärmebrückenanalysen, U-Werte, Oberflächen-
    temperaturen. Saarbrücken 2008
Weller, Bernhard u. a.: Kleben im Bauwesen – Glasbau. In: Detail, Nr. 10/2004
Weller, Bernhard/Rexroth, Susanne: Material wirkt – Neue Entwicklungen an der
    Fassade. In: Detail, Nr. 11/2005
Weller, Bernhard u. a.: Konstruktiver Glasbau. Grundlagen, Anwendung,
    Beispiele. München 2008
Wigginton, Michael: Glas in der Architektur. Stuttgart 1997
Wörner, Johann-Dietrich: Glasbau. VDI-Buch. Berlin 2009
Woods, Mary/Warren, Arete: Glass Houses. A History of Greenhouses, Orangeries
    and Conservatories. London 1990
Wurm, Jan: Glas als Tragwerk: Entwurf und Konstruktion selbsttragender Hüllen.
    Basel 2007
Zahner, William L.: Architectural Metal Surfaces. Hoboken 2005

Membran- und Folienarchitektur

Barthel, Rainer u. a.: Frei Otto, das Gesamtwerk: Leicht bauen –
    natürlich gestalten. Basel 2005
Berger, Horst: Light Structures – Structures of Light: The Art and Engineering of
    Tensile Architecture. Bloomington 2005
Brinkmann, Günther: Leicht und Weit. Zur Konstruktion weitgespannter
    Flächentragwerke. Weinheim 1990
Boxer, Keith/Scheuermann, Rudi: Tensile Architecture in the Urban Context.
    New York 1996
Bubner, Ewald u. a.: Membrankonstruktionen. Essen 1999
Dalland, Todd/Goldsmith, Nicholas: FTL. Softness, Movement and Light:
    Innovations in Tensile Structures. London 1997
Höller, Ralf: FormFindung. Architektonische Grundlagen für den Entwurf
    von mechanisch vorgespannten Membranen und Seilnetzen.
    Mähringen 1999
Hoppe, Diether S.: Freigespannte Textile Membrankonstruktionen.
    Geschichtliche, materialtechnische, konstruktive und gegenwärtige
    Entwicklungen. Wien 2007
Ishii, Kazuo: Membrane Designs and Structures in the World. Tokyo 1999
Koch, Klaus-Michael: Bauen mit Membranen. München 2004
LeCuyer, Annette: ETFE. Technologie und Entwurf. Basel 2008
Moritz, Karsten: Membranwerkstoffe im Hochbau. In: Detail, Nr. 06/2000
Moritz, Karsten/Barthel, Rainer: Transparente Architektur – Bauen mit ETFE-Folien.
    In: Detail, Nr. 12/2002
Moritz, Karsten: ETFE-Folie als Tragelement, Dissertation, Technische Universität
    München. München 2007
Schock, Hans-Joachim: Segel, Folien und Membranen –
    Innovative Konstruktionen in der textilen Architektur. Basel 1997
Seidel, Michael: Textile Hüllen – Bauen mit biegeweichen Tragelementen.
    Materialien, Konstruktion, Montage. Berlin 2008
Wagner, Rosemarie: Bauen mit Seilen und Membranen. Berlin 2009

Abbildungsnachweis

Allen, die durch Überlassung ihrer Bildvorlagen, durch Erteilung von Reproduktions-
erlaubnis und durch Auskünfte am Zustandekommen des Buches mitgeholfen
haben, sagen die Autoren und der Verlag aufrichtigen Dank. Sämtliche Zeichnungen in diesem Werk sind eigens angefertigt. Nicht nachgewiesene Fotos stammen
aus dem Archiv der Architekten oder aus dem Archiv der Zeitschrift »DETAIL, Zeitschrift für Architektur und Baudetail«.
Trotz intensiver Bemühungen konnten wir einige Urheber der Fotos und Abbildun-
gen nicht ermitteln, die Urheberrechte sind aber gewahrt. Wir bitten um dement-
sprechende Nachricht.

Die von der Firma seele zur Verfügung gestellten Fotos stammen aus den Archiven
folgender Fotografen:
· René Müller Photographie
· Matthias Reithmeier, Diamond Graphics
· Dominik Obertreis
· Jochen Thieser
· Weiss Werbefotografie

S. 6, 10 rechts, 12–18, 24–27, 29 oben, 31, 34 Mitte, 35–37, 38 oben, 39, 48–49,
50 unten, 54–56, 58, 60–69, 74, 76–79, 84, 86 unten rechts, 90, 92–98, 99 oben,
102–109: seele holding GmbH & Co. KG

S. 8: IBK Forschung + Entwicklung/Michael Meyer, Stuttgart

S. 9 oben, 10 links, 83 unten, 86 unten links, 89 unten: IBK Forschung + Entwicklung/
Andreas Fuchs, Stuttgart

S. 9 unten: Jens Willebrandt, Köln

S. 19, 20 unten, 21–23: Hans Georg Esch, Hennef

S. 20 oben: Roland Pawlitschko, München

S. 21 oben, unten: DS-Plan, Stuttgart

S. 28, 38 unten rechts: Westfield Shoppingtowns Limited, London

S. 30, 31 oben, 32–33, 34 oben, 34 unten: Knippers Helbig Ingenieure, Stuttgart

S. 38 unten links, 44, 46 unten, 57 oben, 85: Christian Schittich, München

S. 40, 43 oben, 47, 50 oben, 51: Frank Kaltenbach, München

S. 43 unten: Klaus Leidorf, Buch am Erlbach

S. 46 oben: Sailer Stepan Partner, München

S. 52: Wacker Ingenieure, Birkenfeld

S. 53: schlaich bergermann partner/Michael Zimmermann, Stuttgart

S. 57: Max Prugger, München

S. 70 unten: SOM/Tim Griffith, Chicago

S. 70 oben, 71 links, 72, 73 oben: SOM, Chicago

S. 71 rechts: Miller Hare Limited, London

S. 73 unten: SOM/Chuck Choi, Chicago

S. 80–81: RFR, Paris

S. 82–83 oben: IBK Forschung + Entwicklung, Stuttgart

S. 88, 89 oben: Peters Engelsmann Ingenieure, Stuttgart

S. 91 oben: Pixelio/Chris

S. 91 unten: TriPyramid, Boston

S. 99 unten, 100–101: Labor für Stahl- und Leichtmetallbau, München